HOW MANY?

HOW MANY?

HOW MANY?

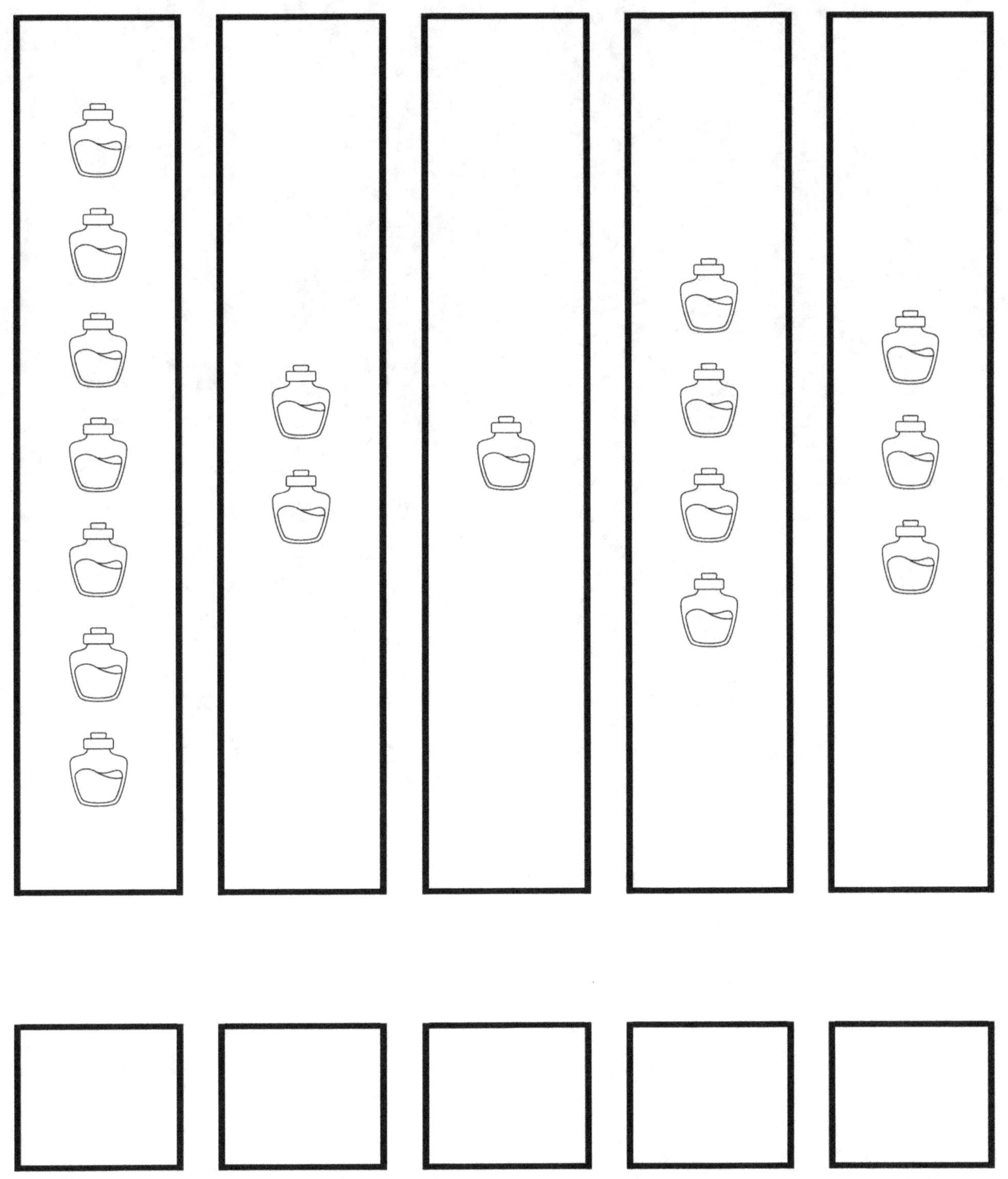

HOW MANY?

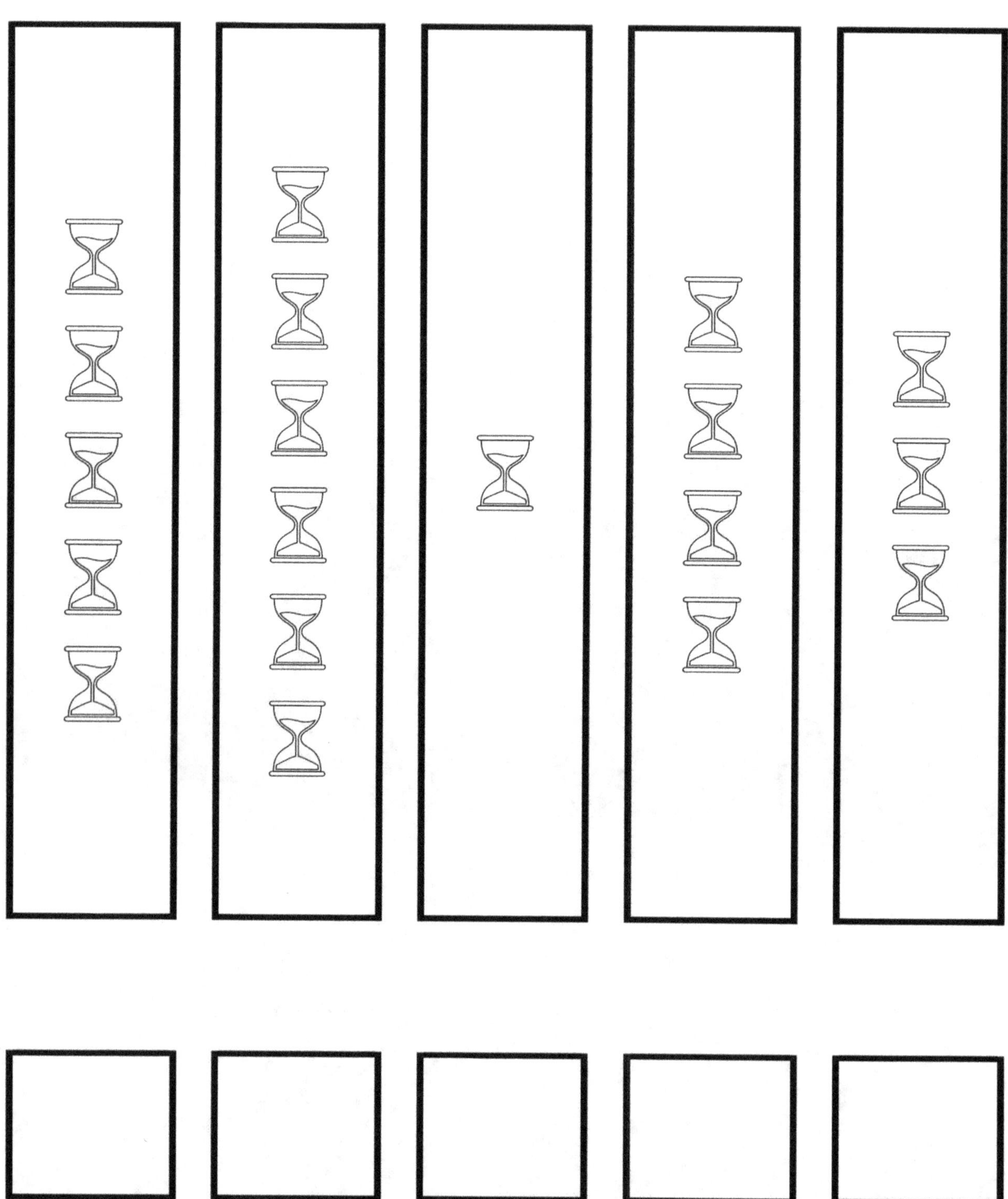

HOW MANY?

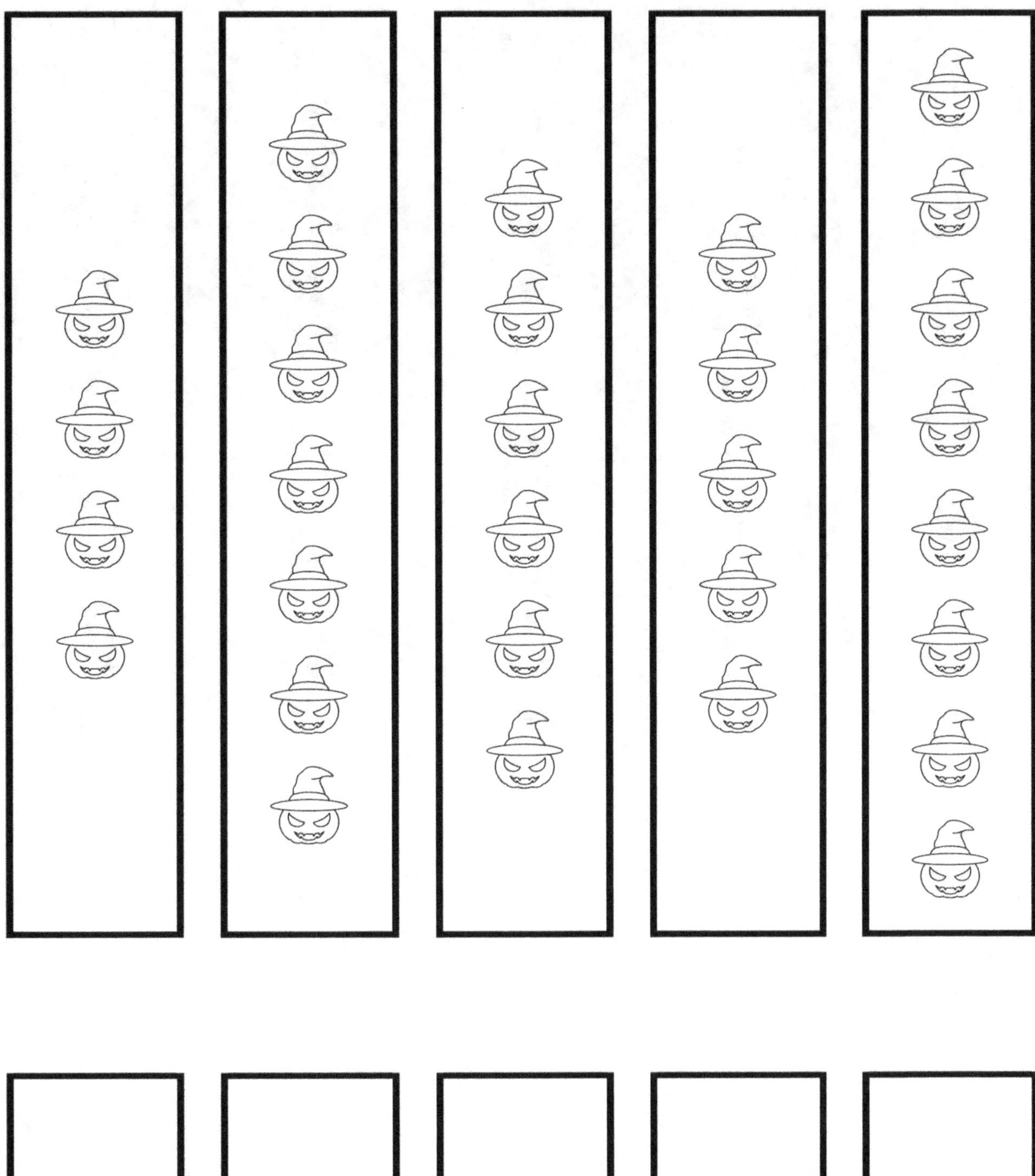

HOW MANY?

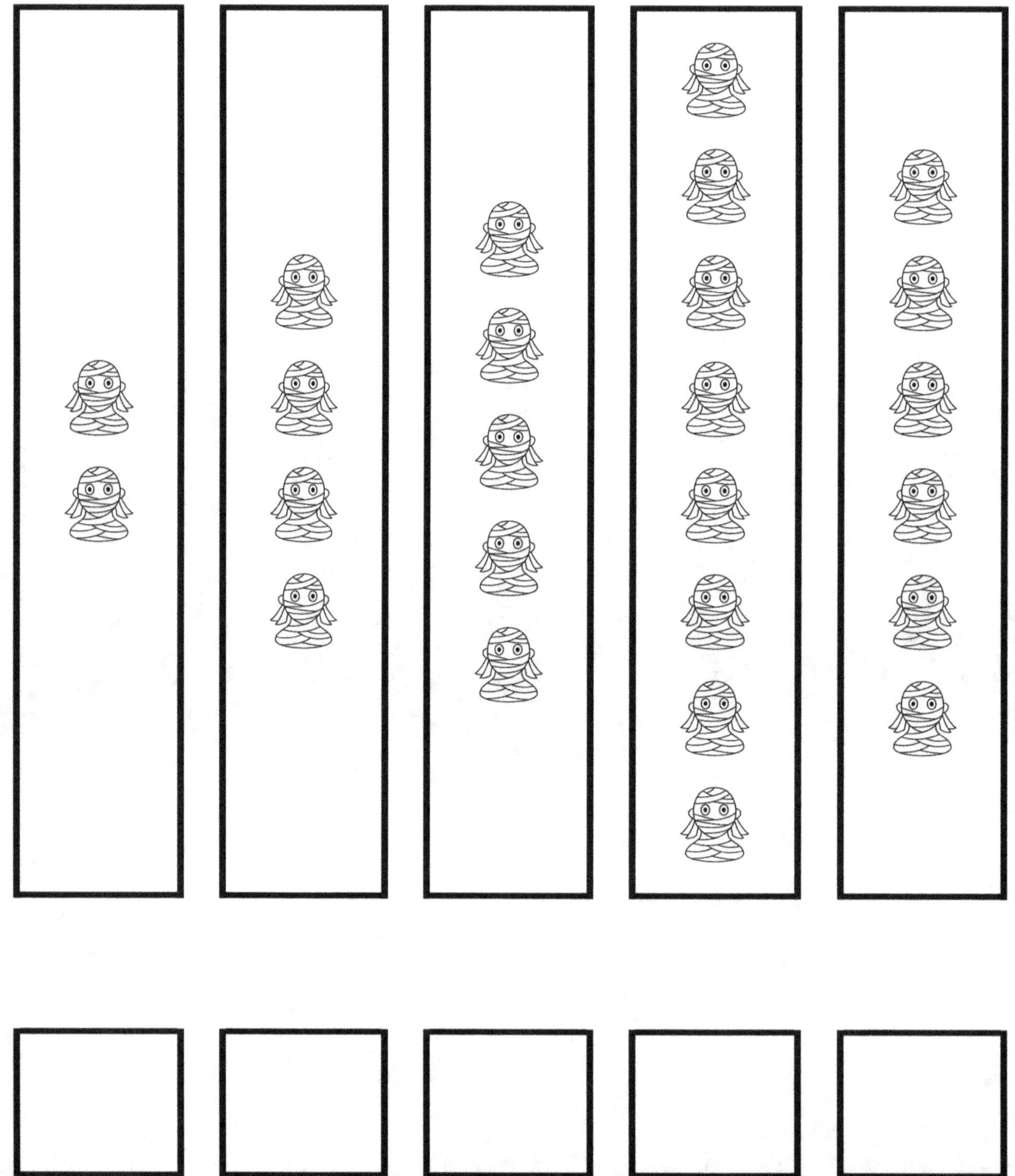

HOW MANY?

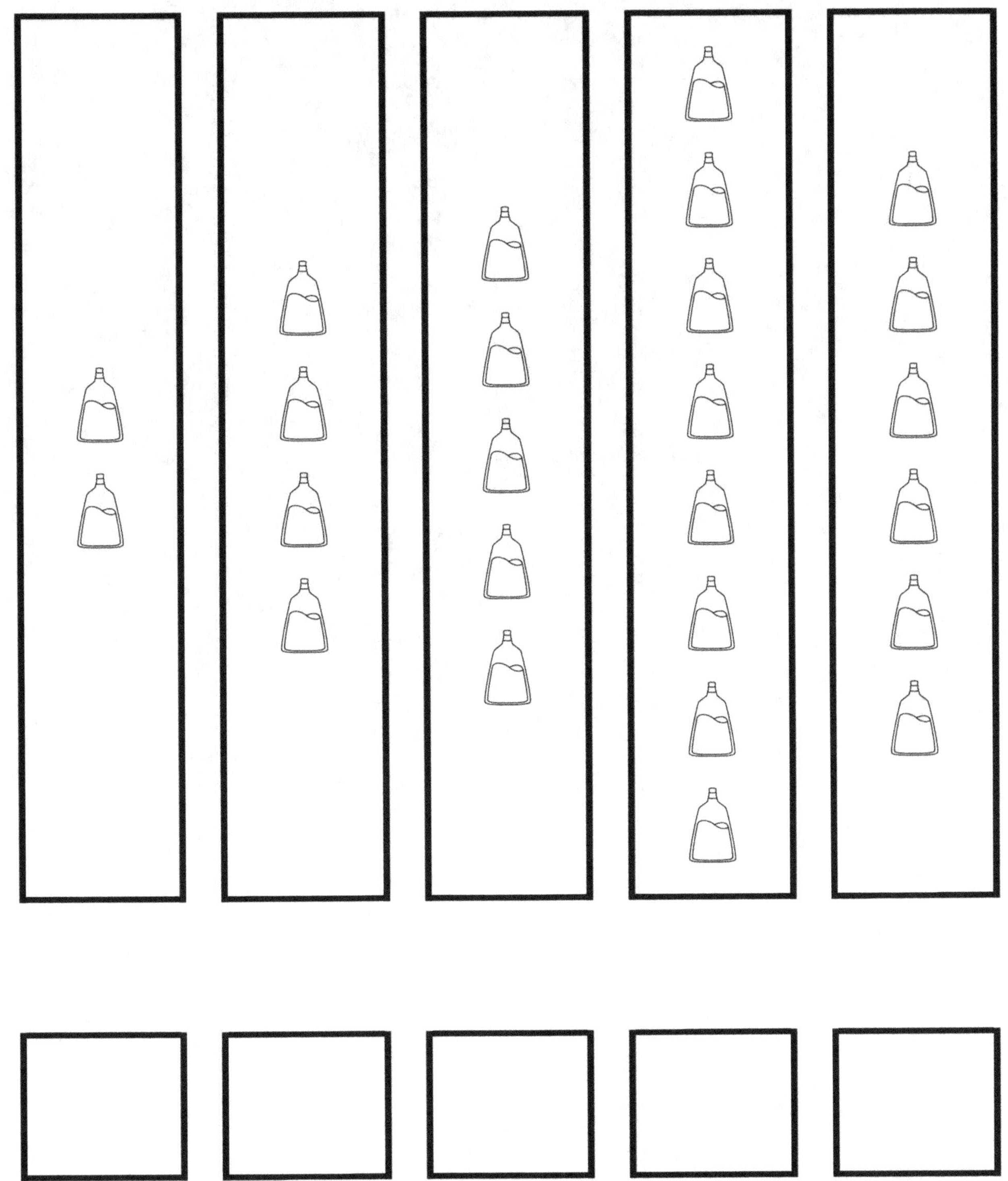

HOW MANY?

HOW MANY?

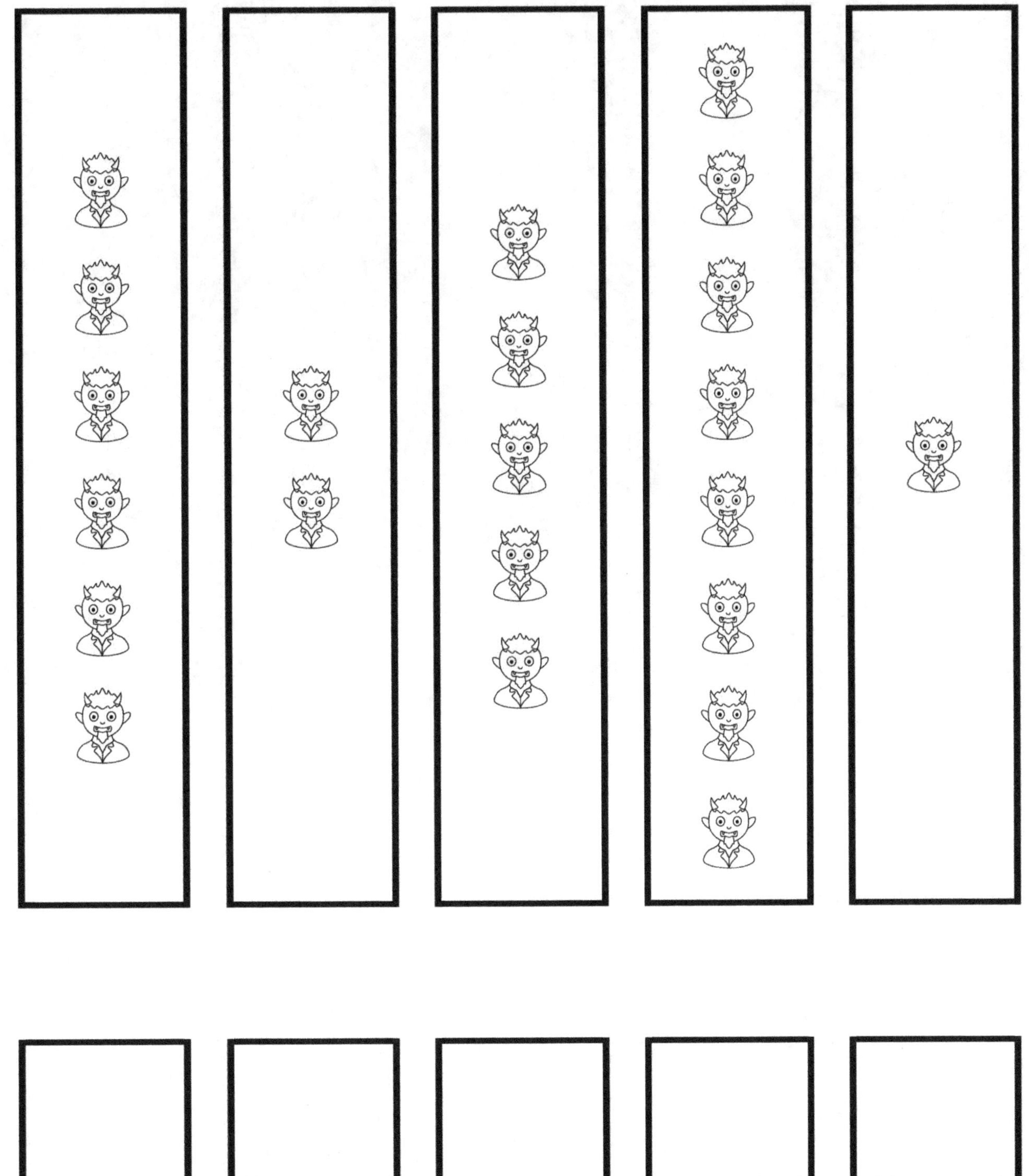

HOW MANY?

HOW MANY?

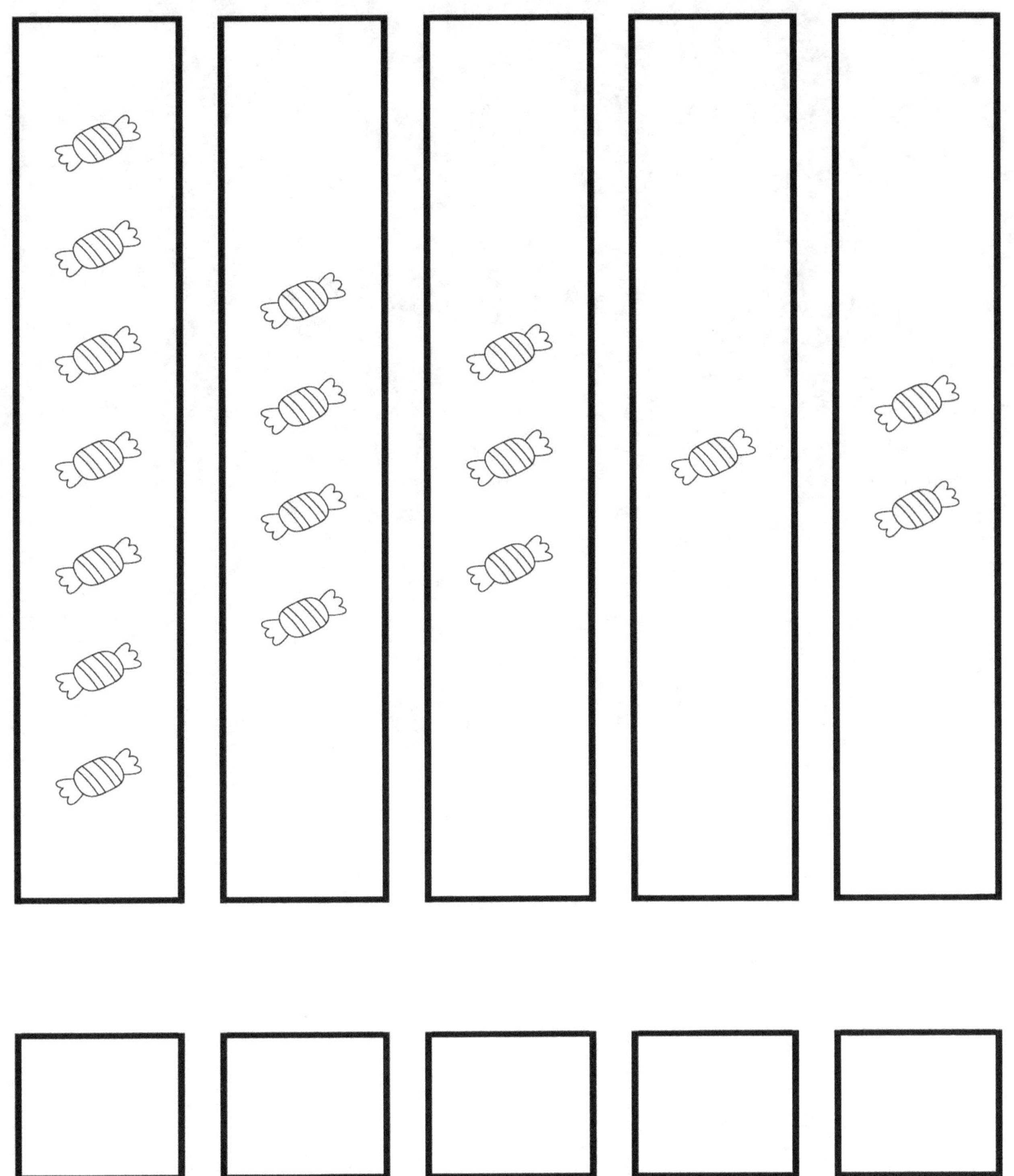

HOW MANY?

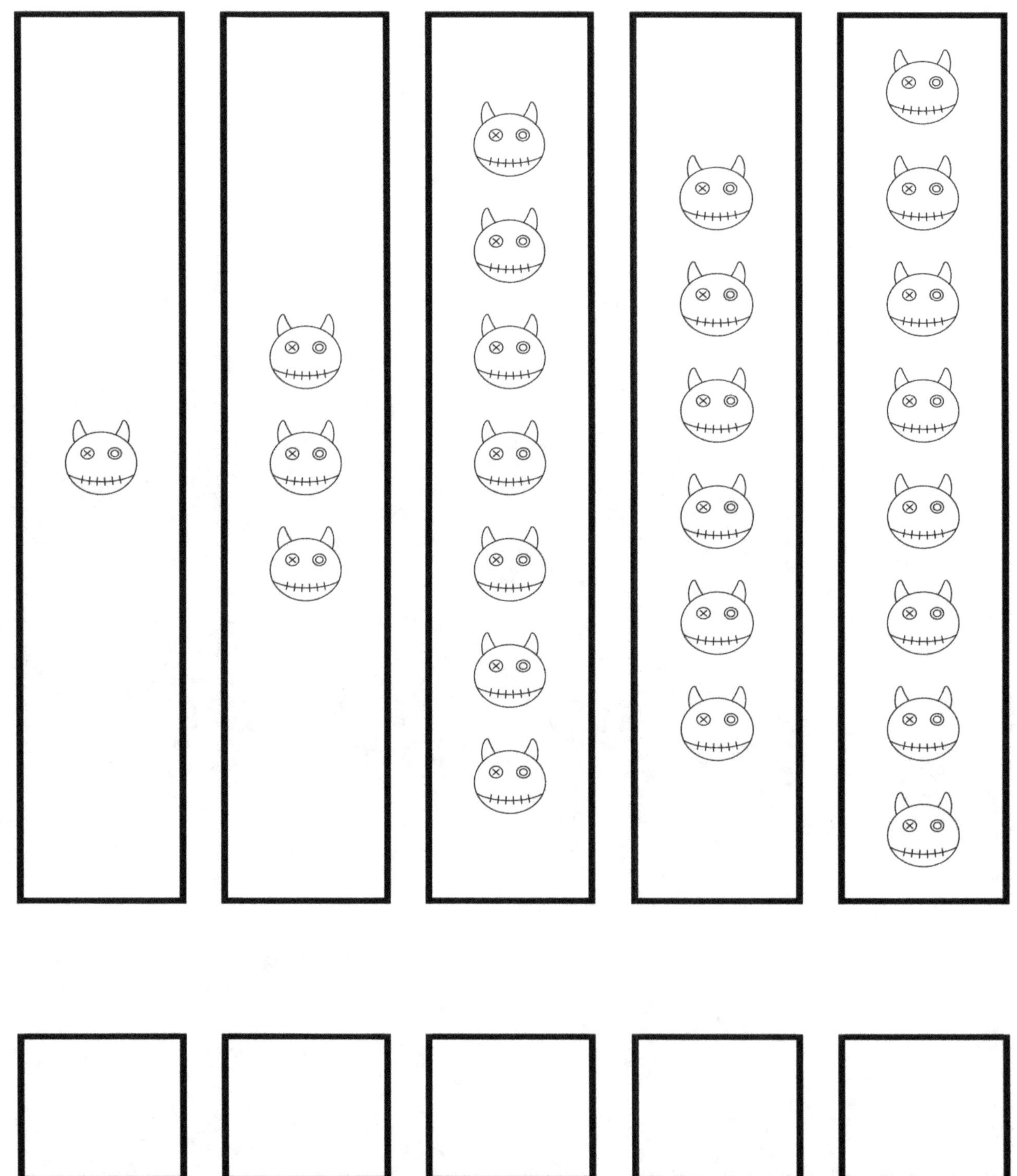

HOW MANY?

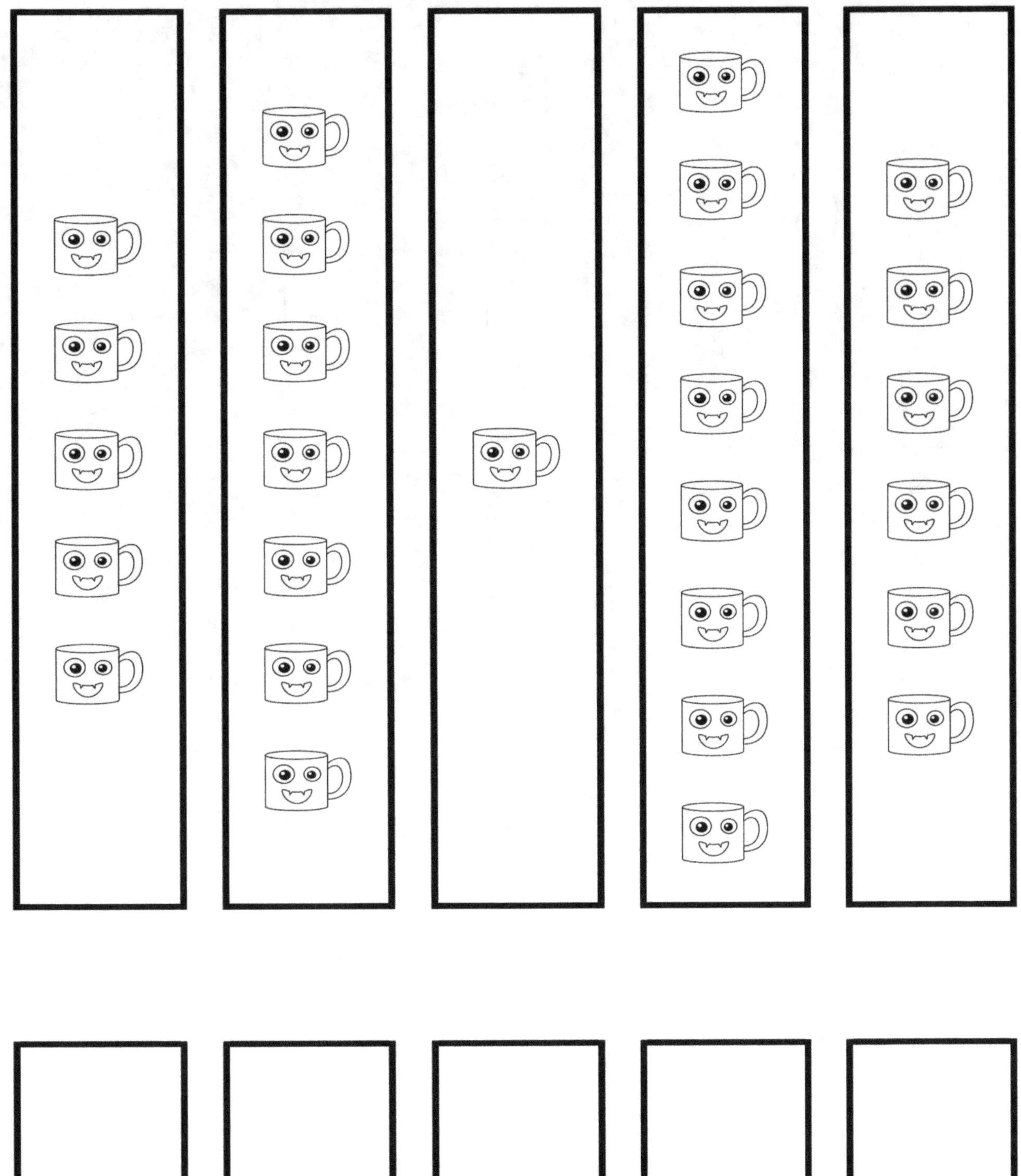

HOW MANY?

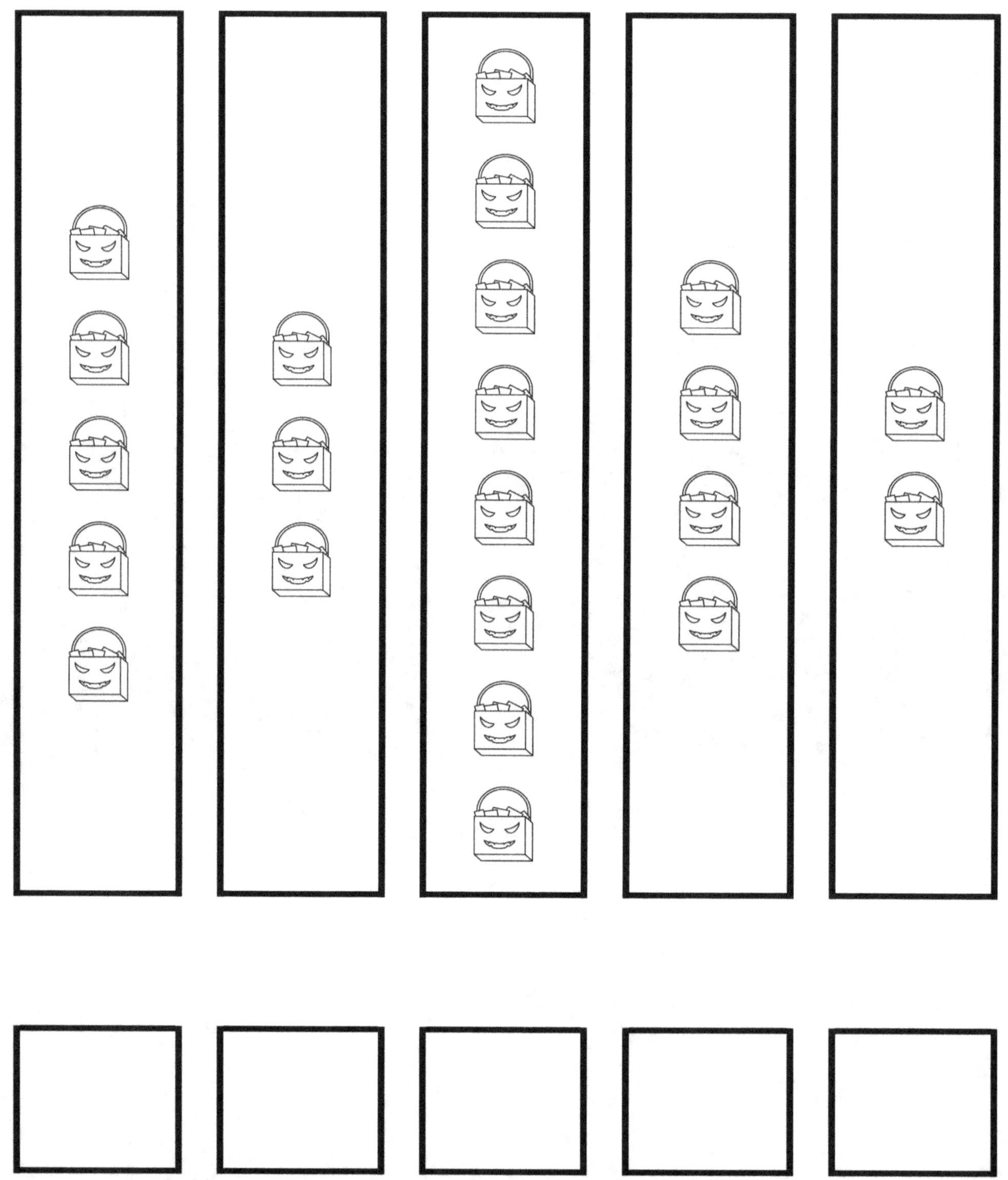

HOW MANY?

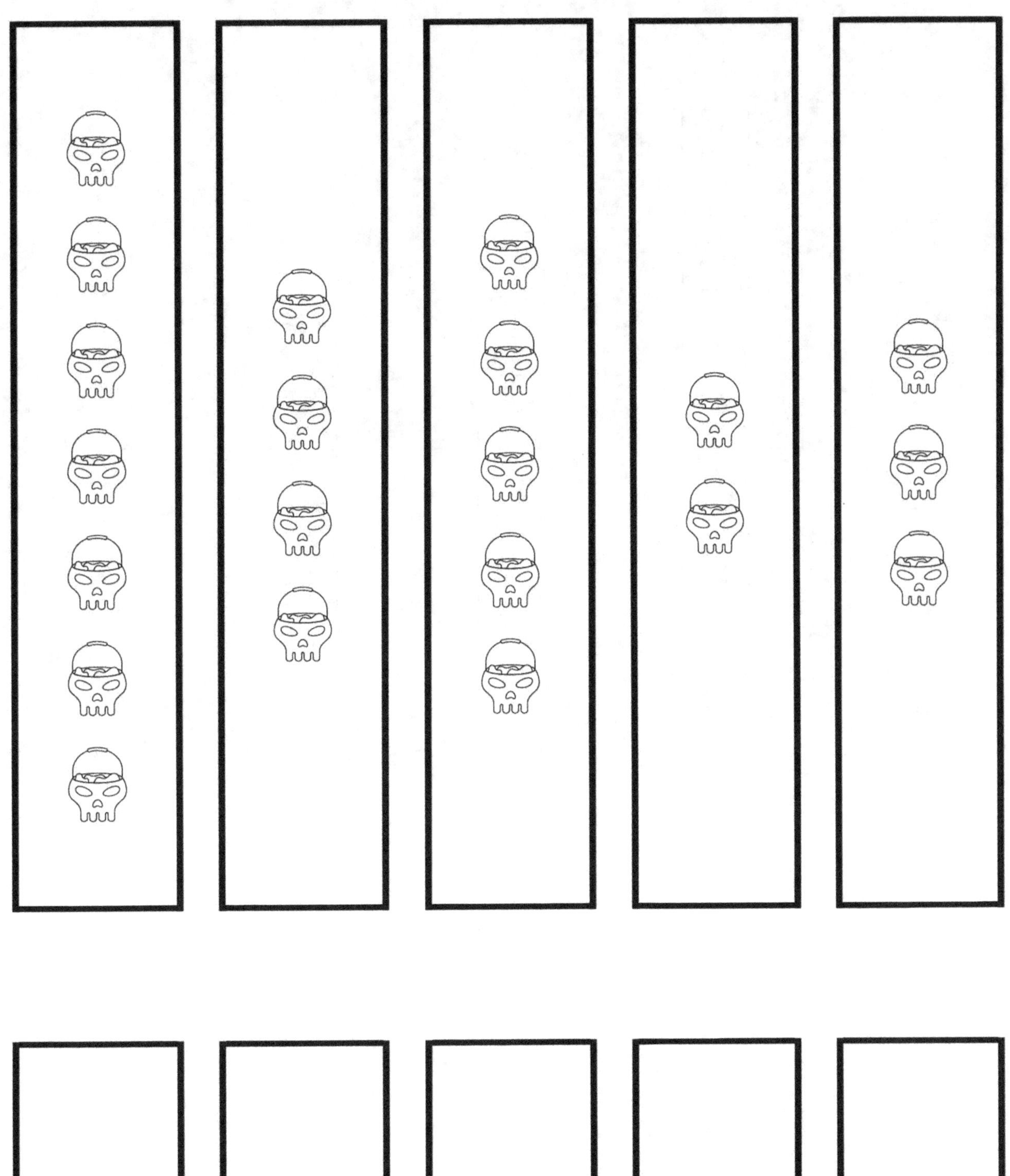

HOW MANY?

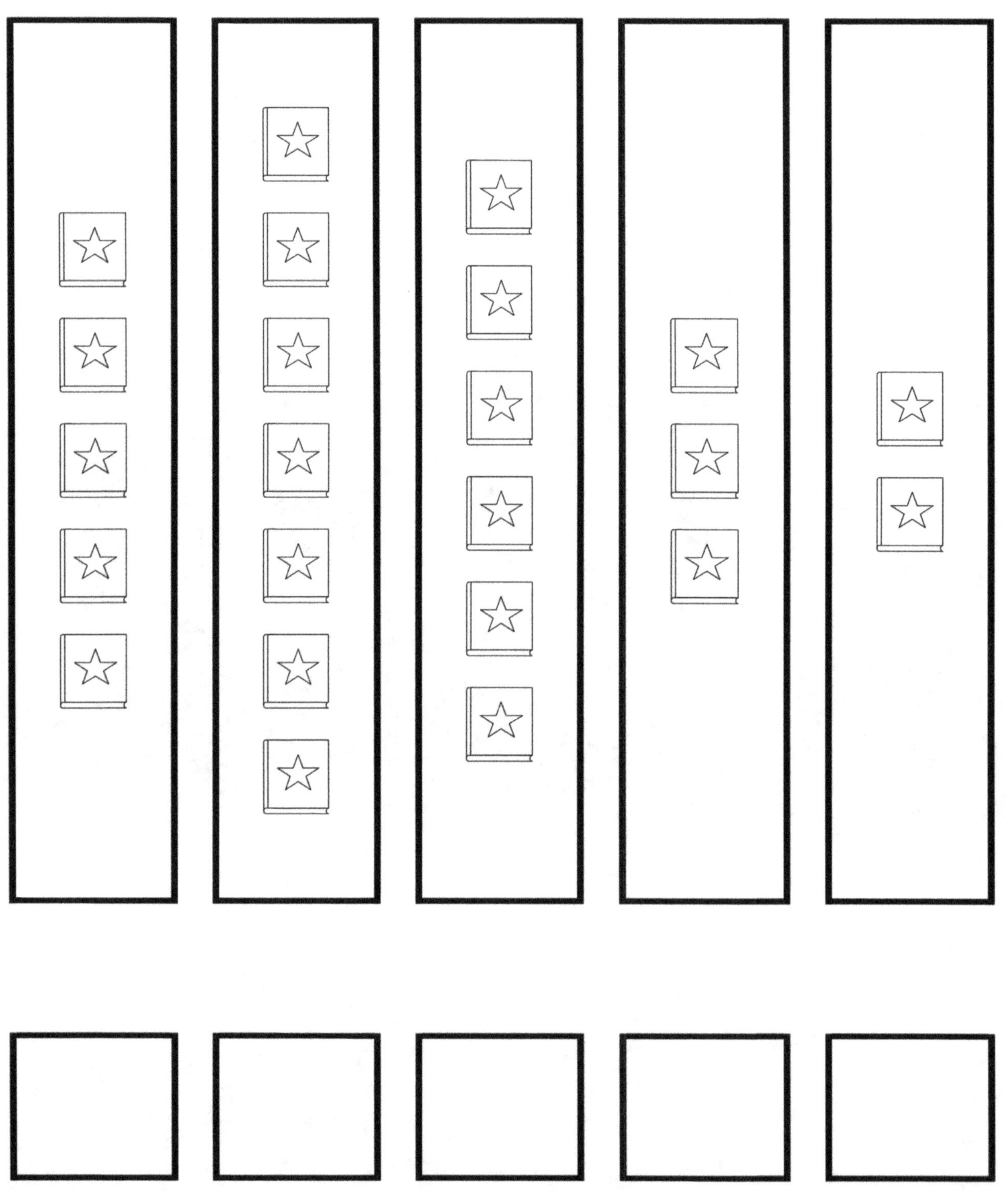

HOW MANY?

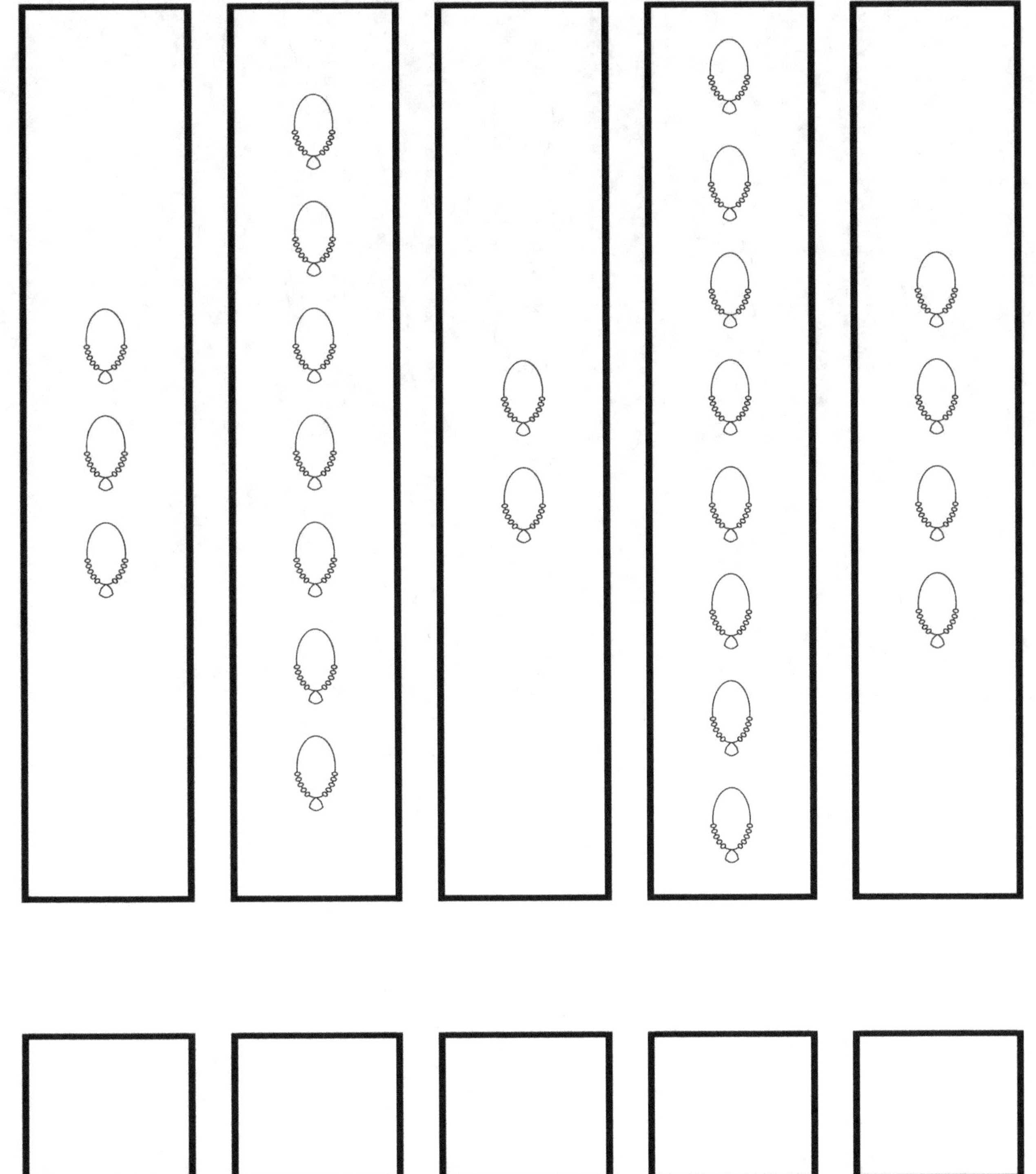

HOW MANY?

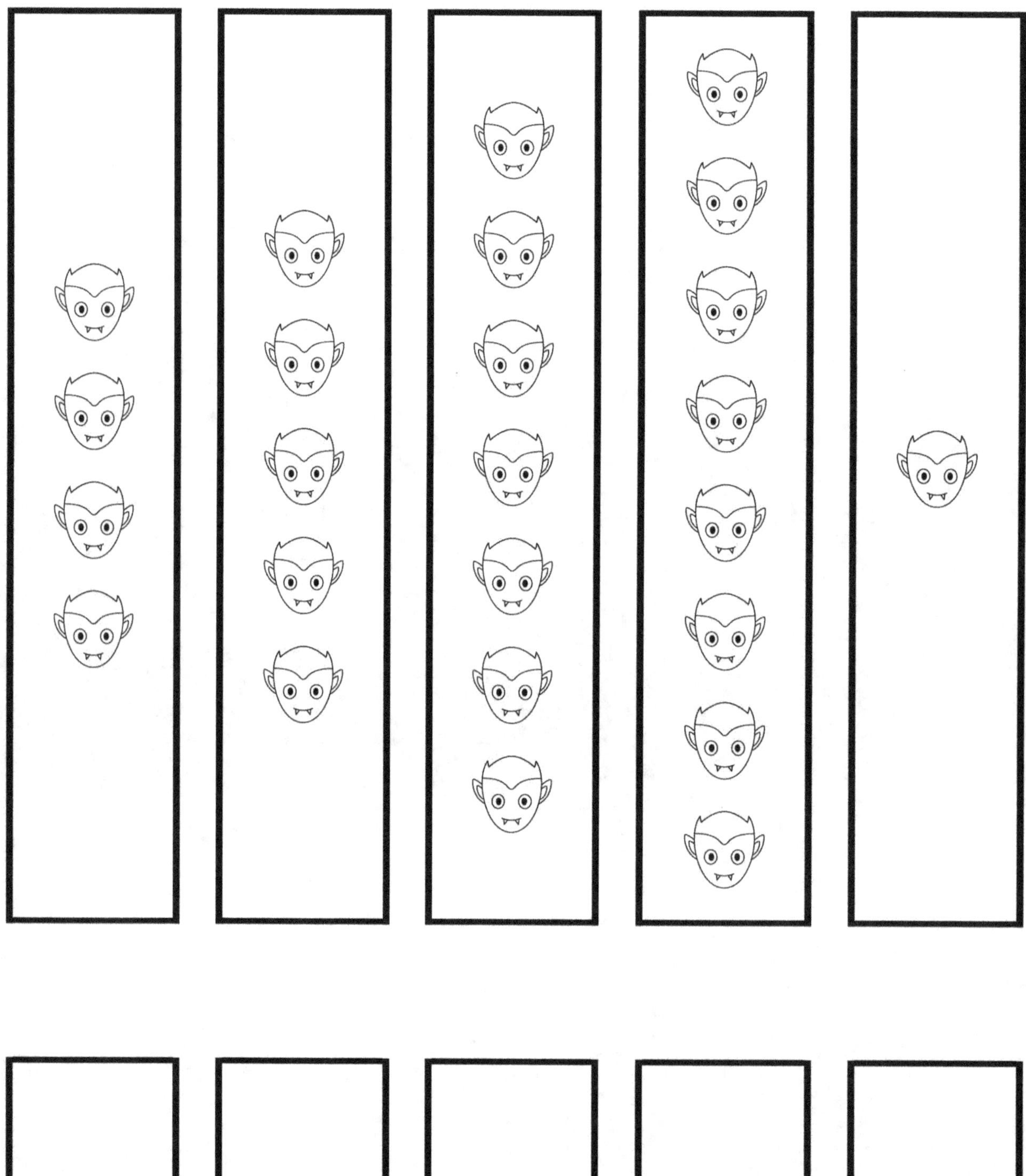

HOW MANY?

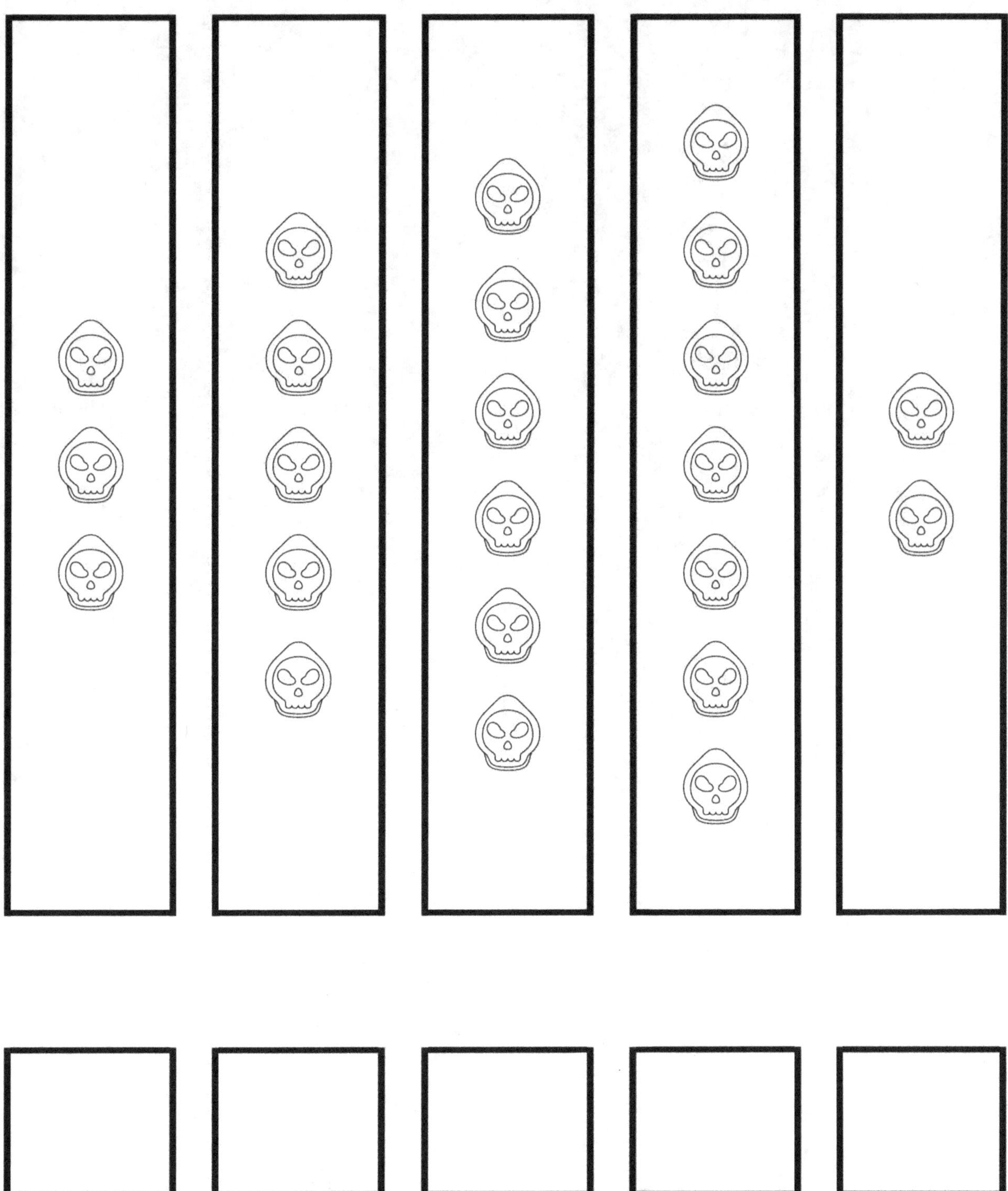

HOW MANY?

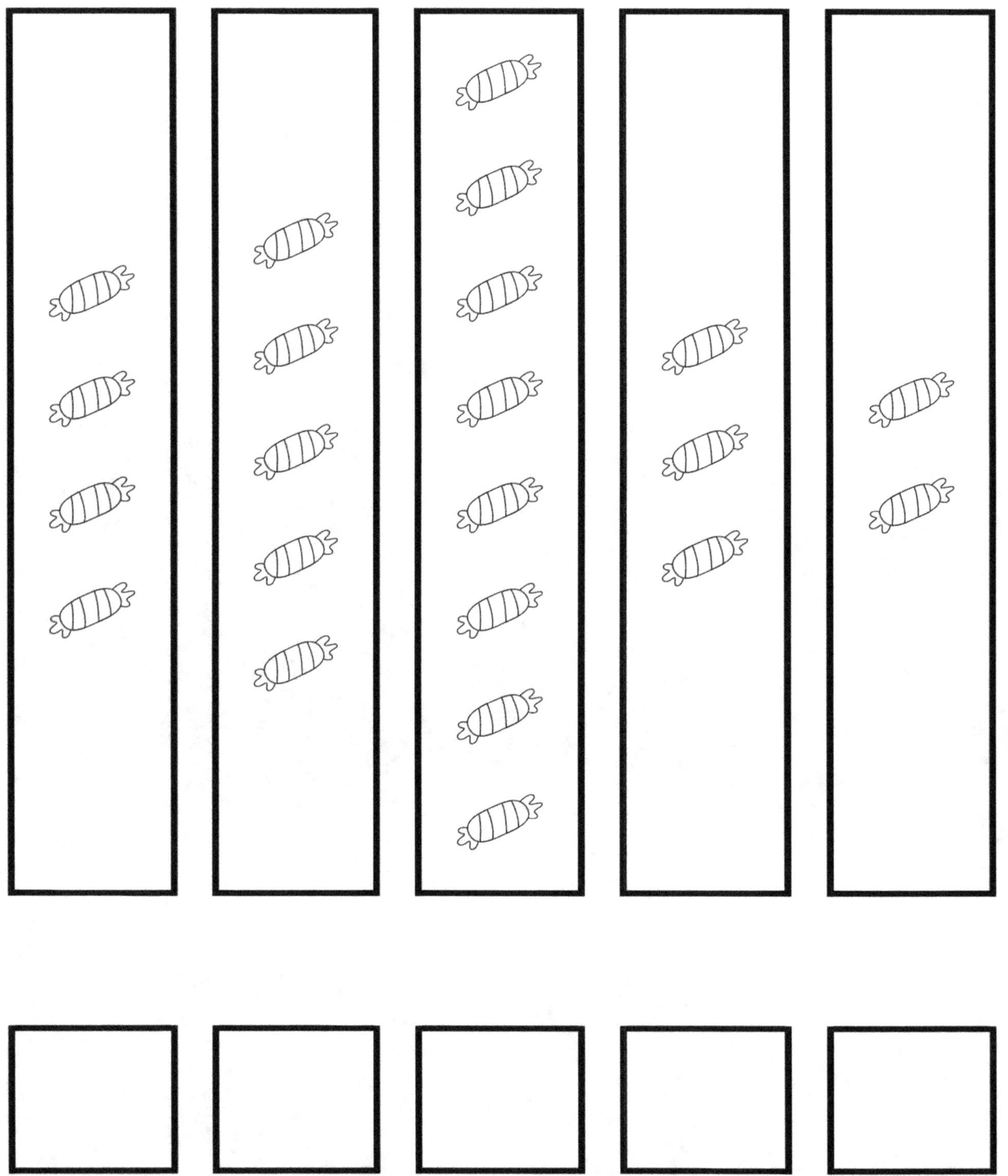

HOW MANY?

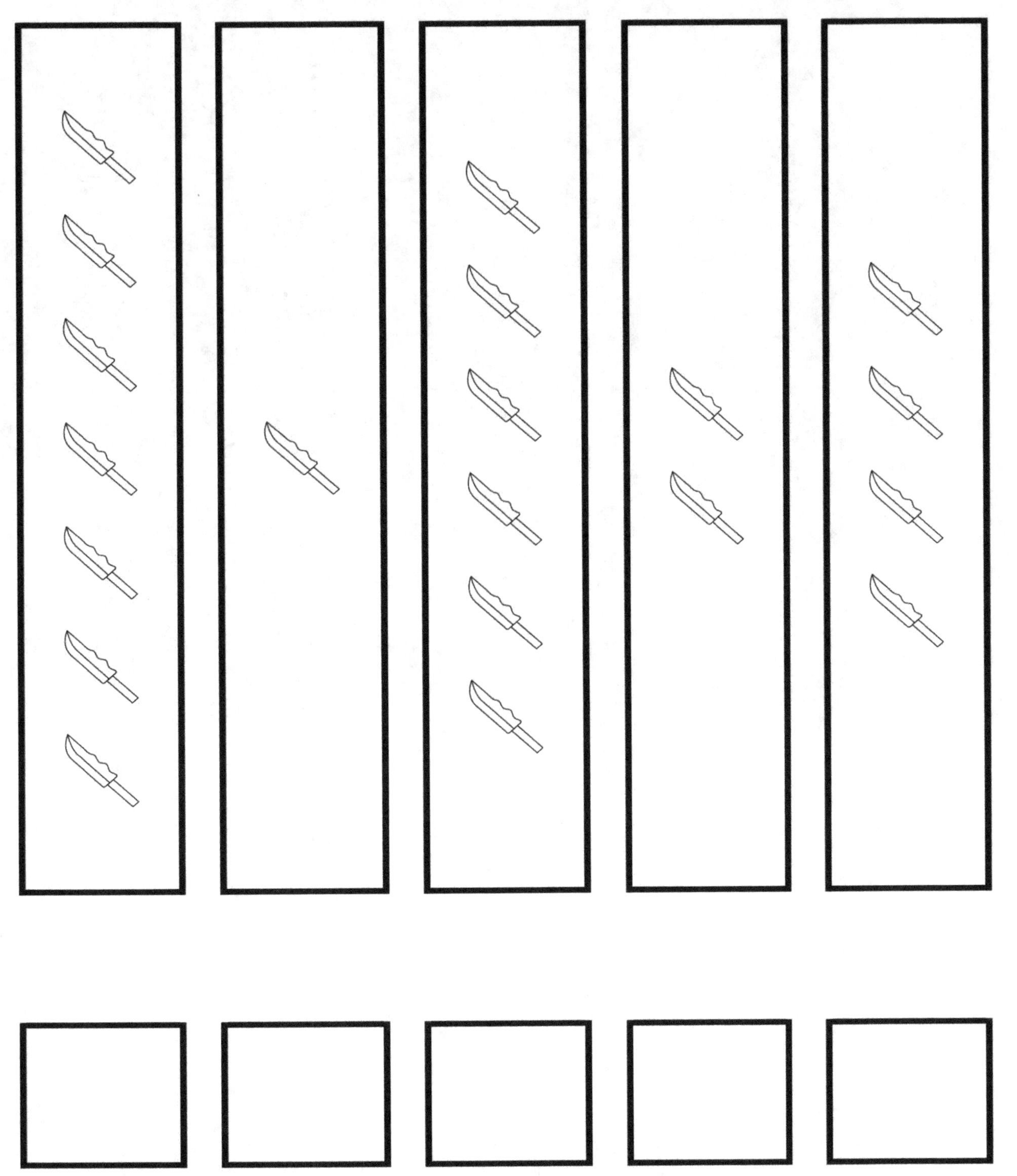

HOW MANY?

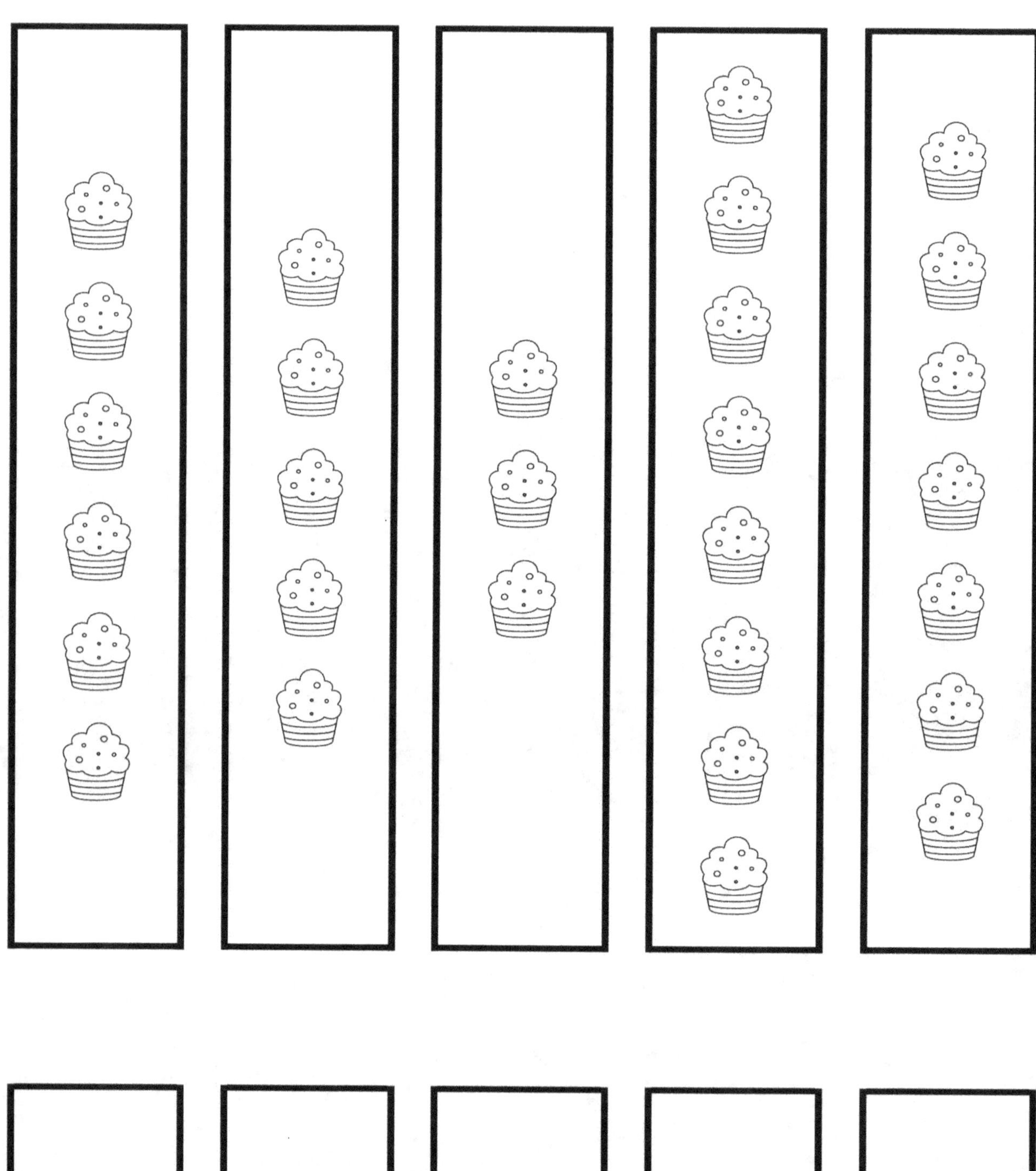

HOW MANY?

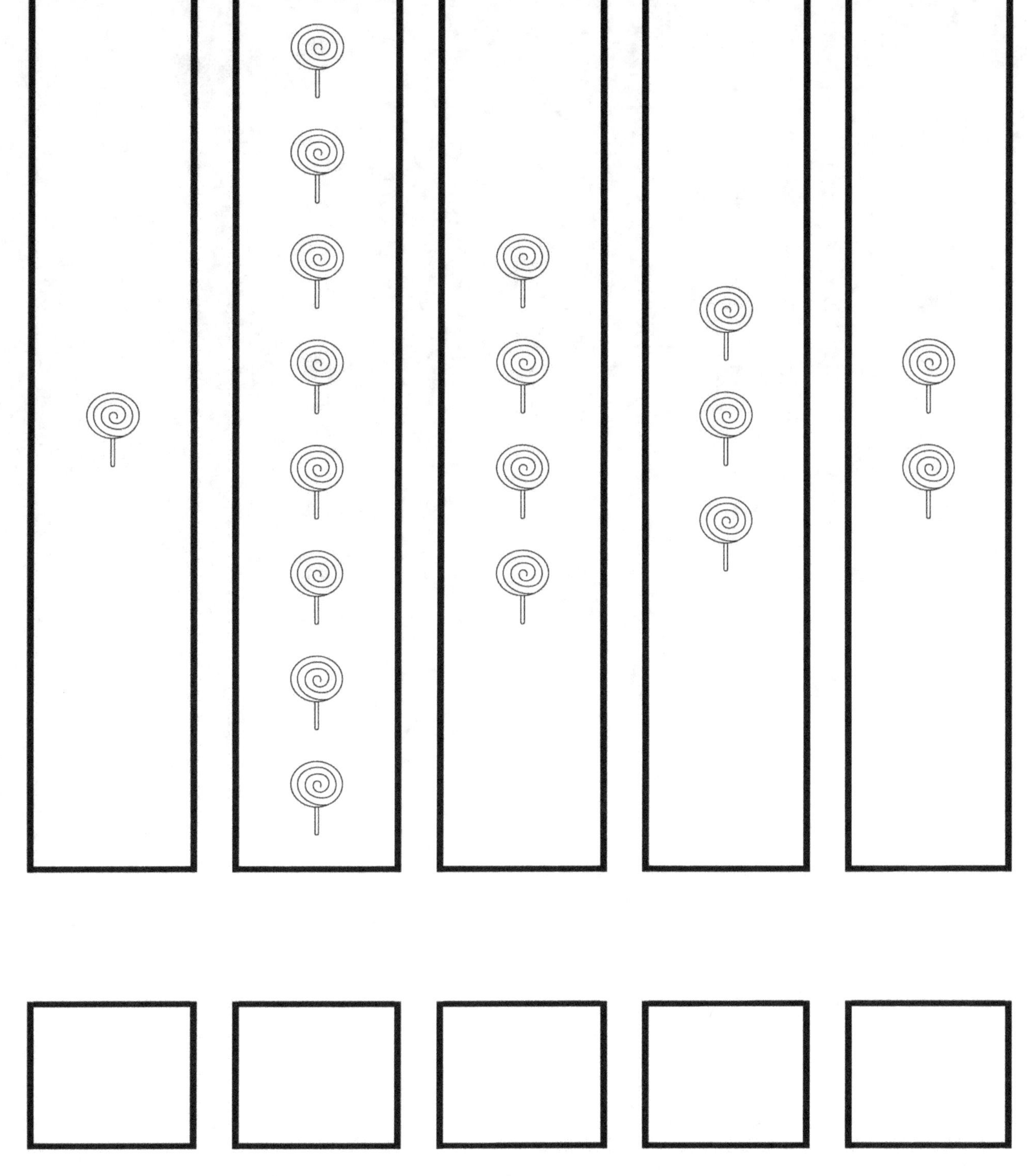

HOW MANY?

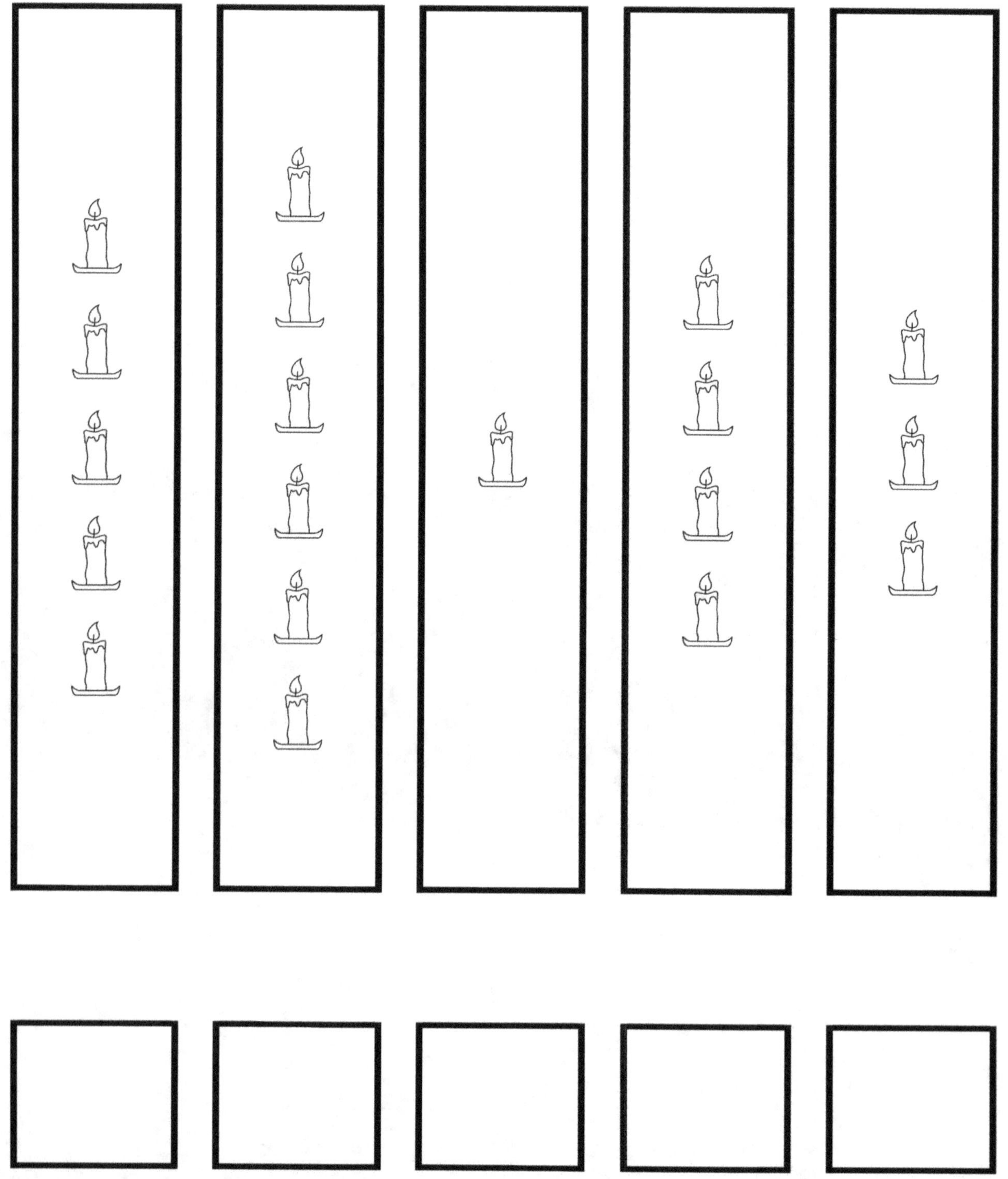

HOW MANY?

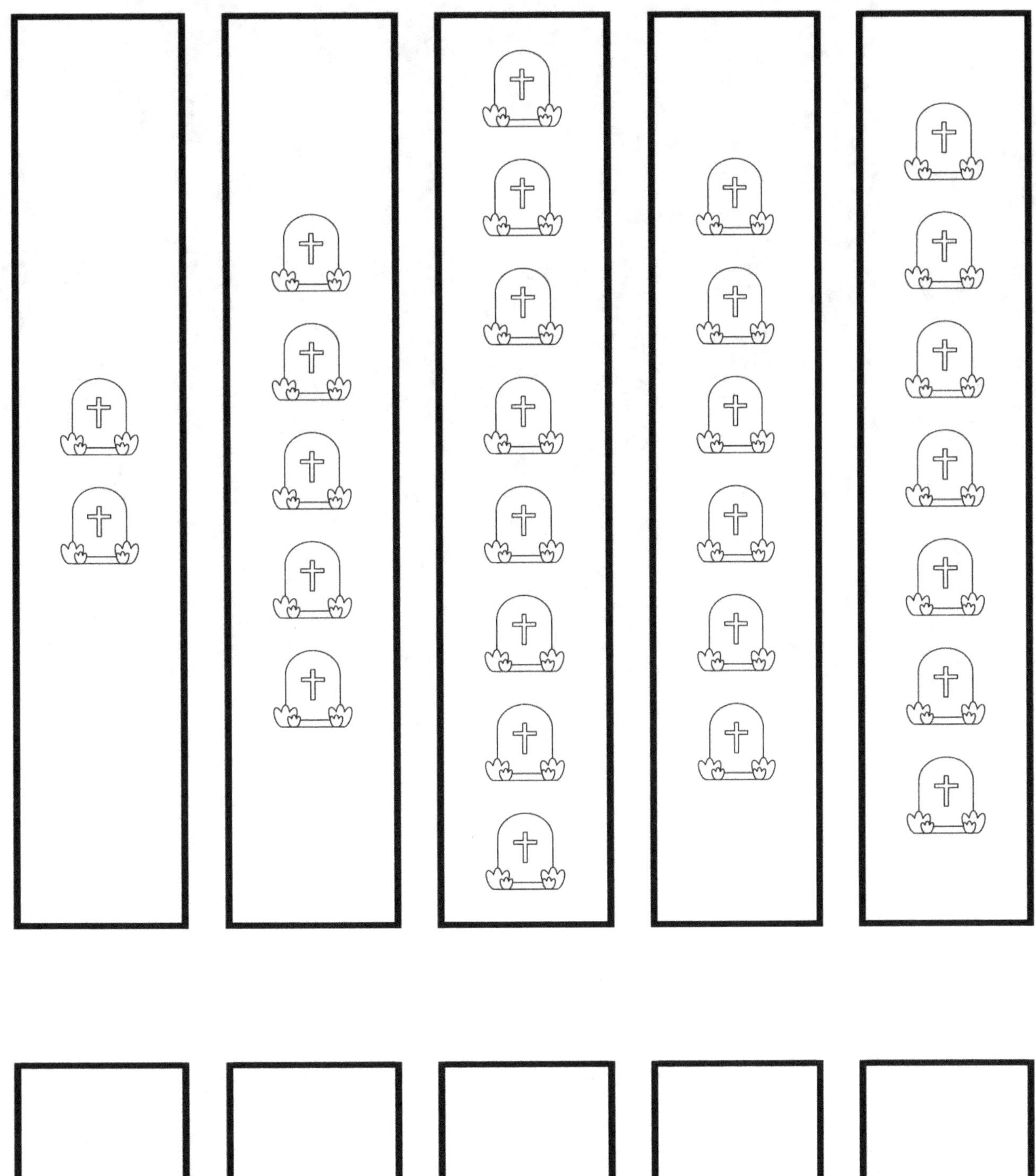

HOW MANY?

HOW MANY?

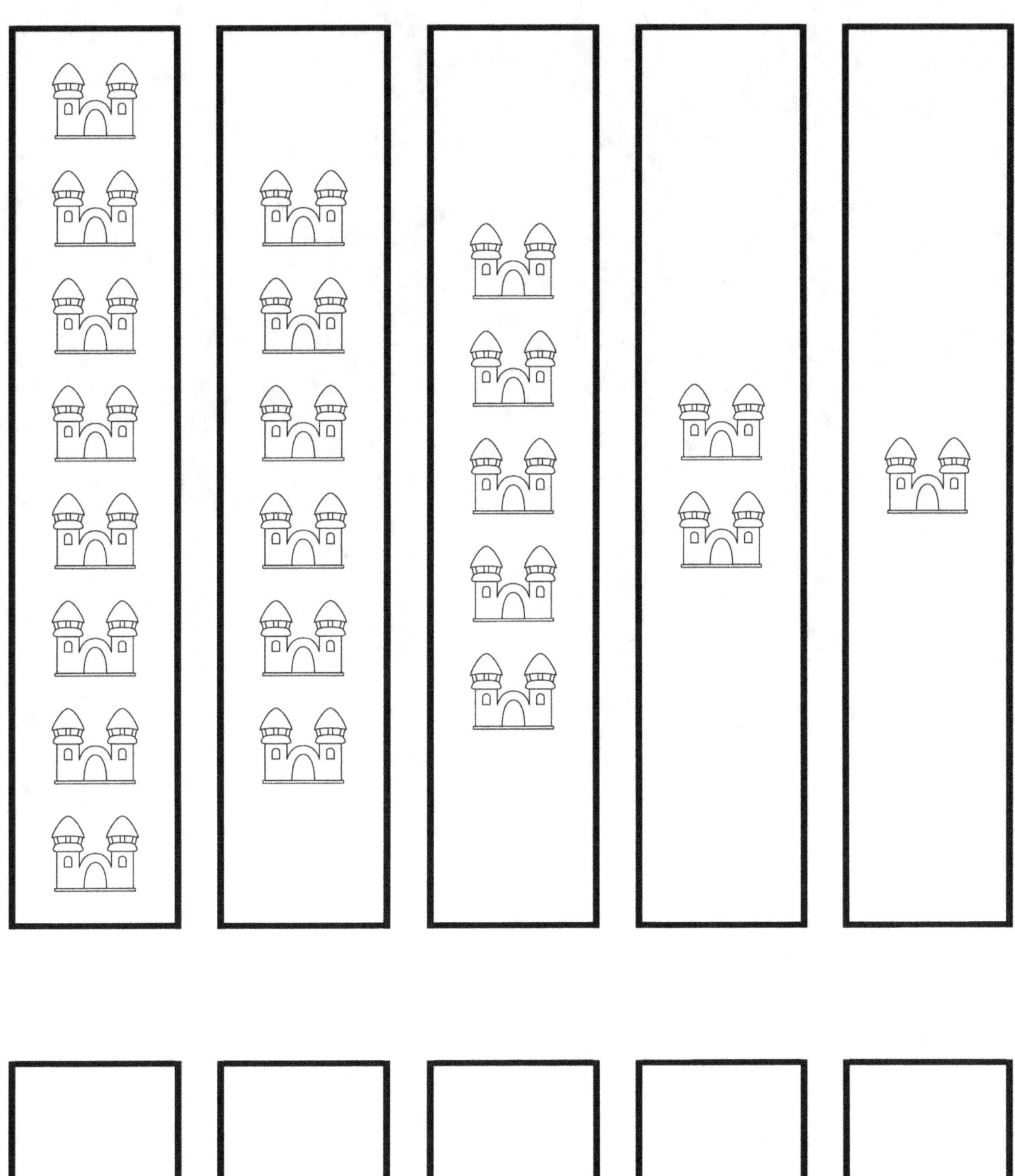

HOW MANY?

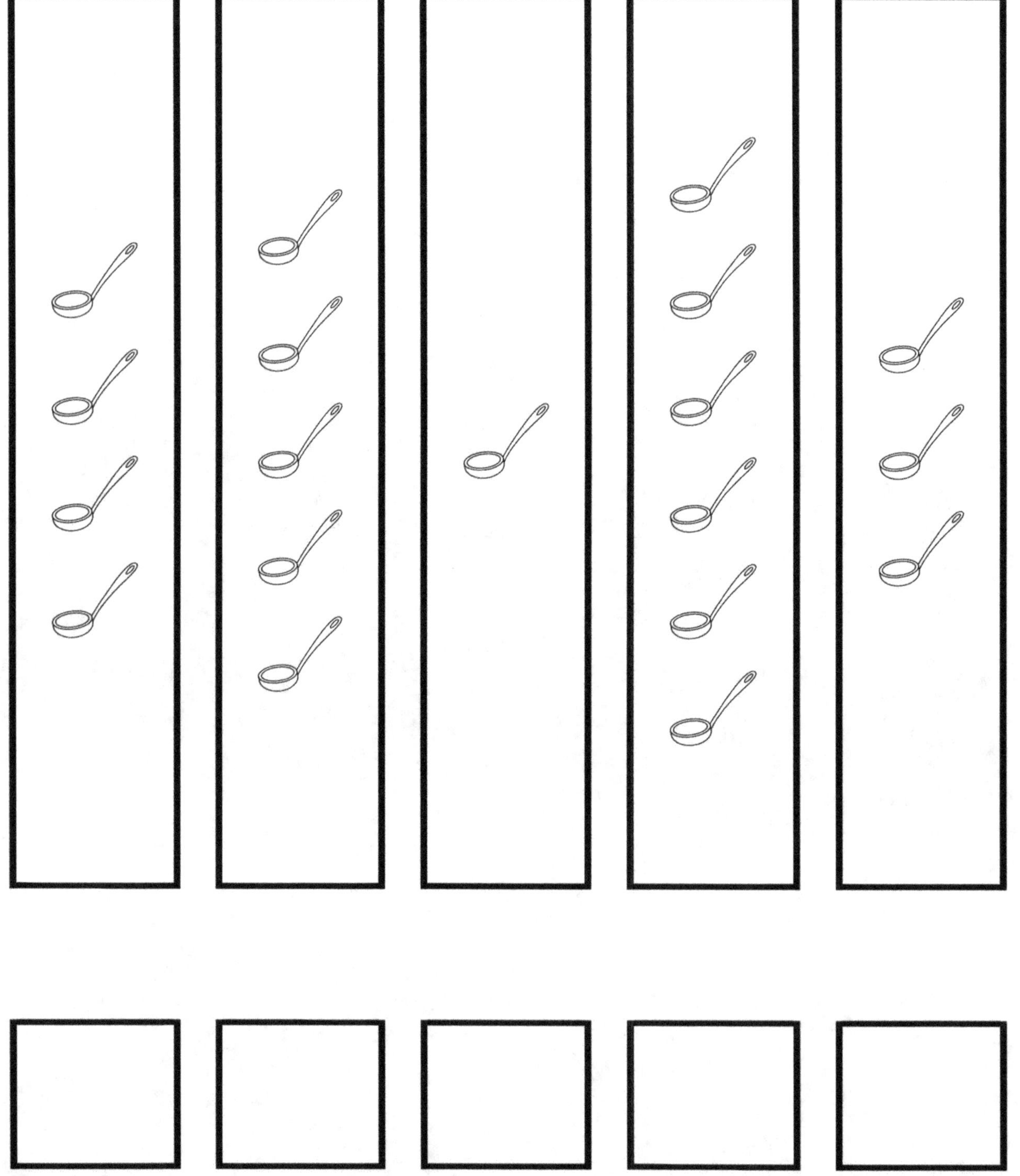

HOW MANY?

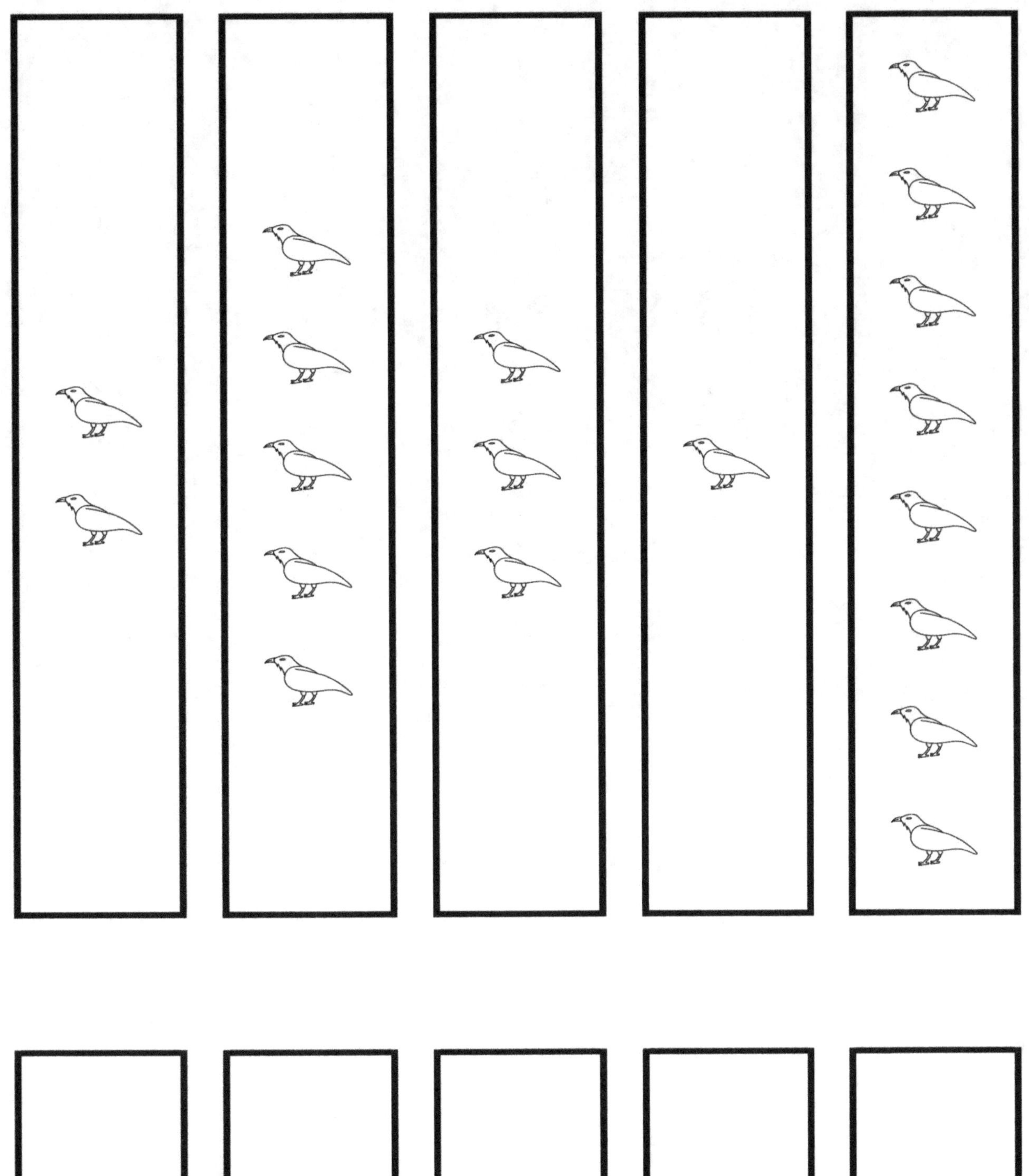

HOW MANY?

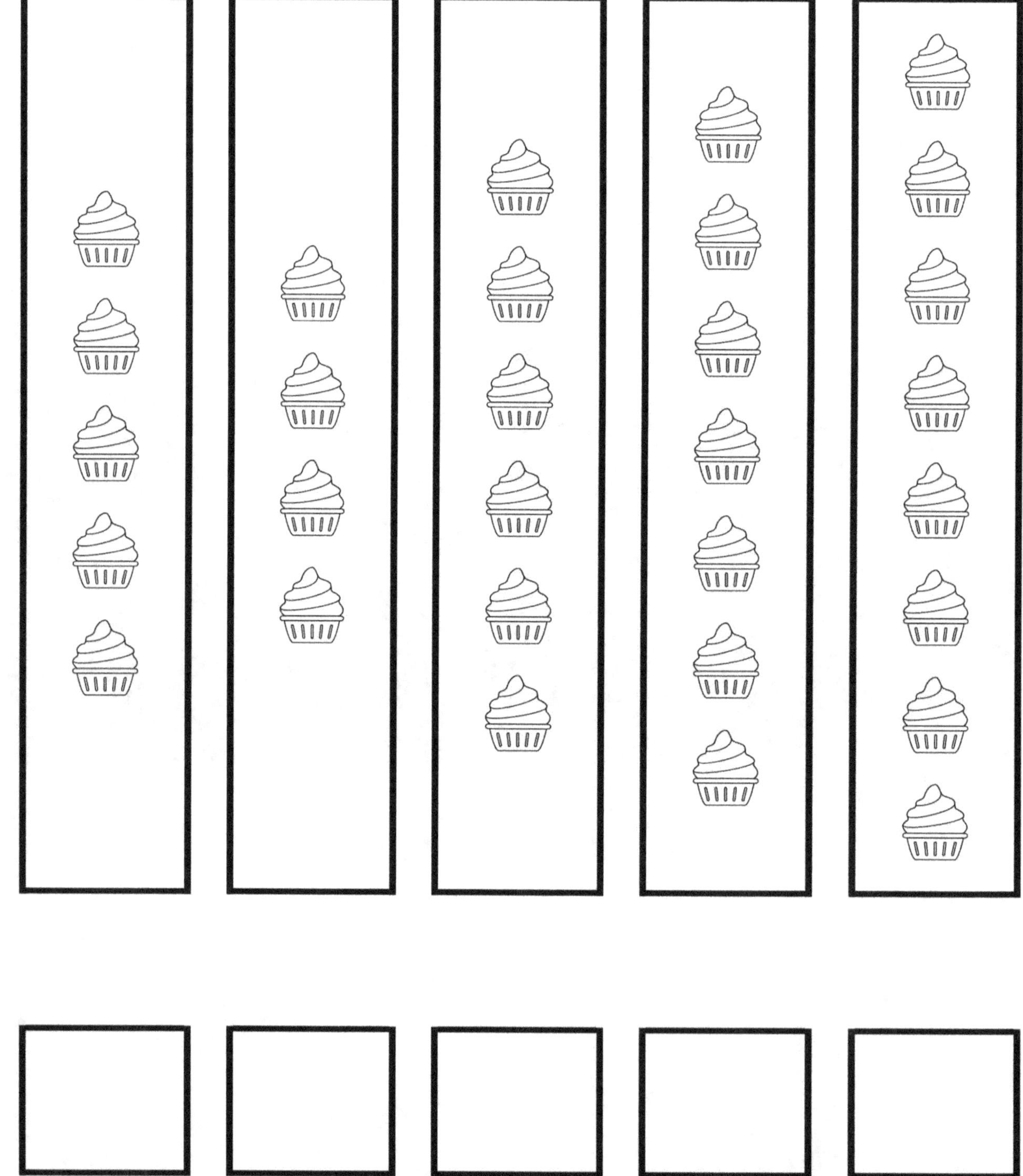

HOW MANY?

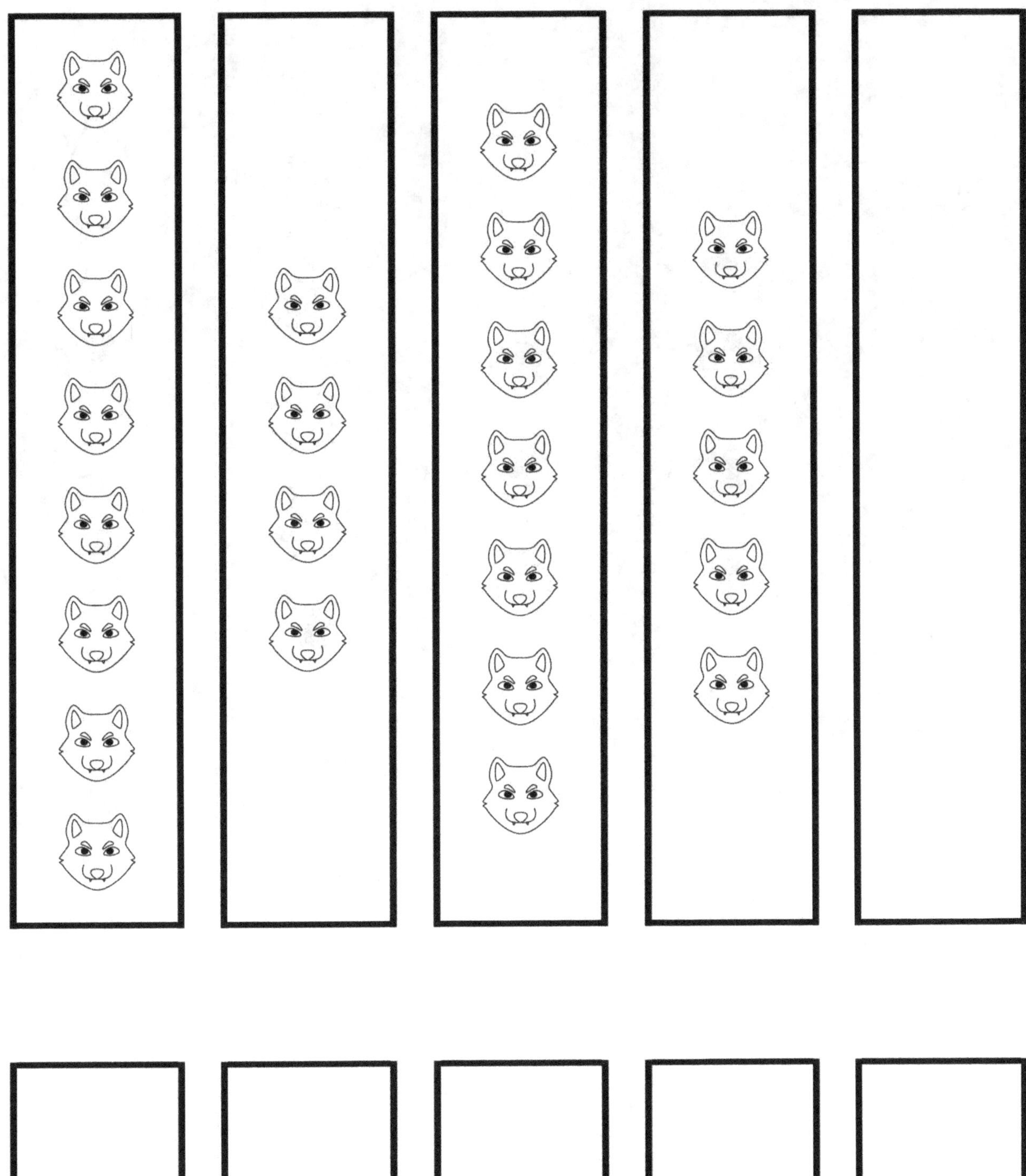

HOW MANY?

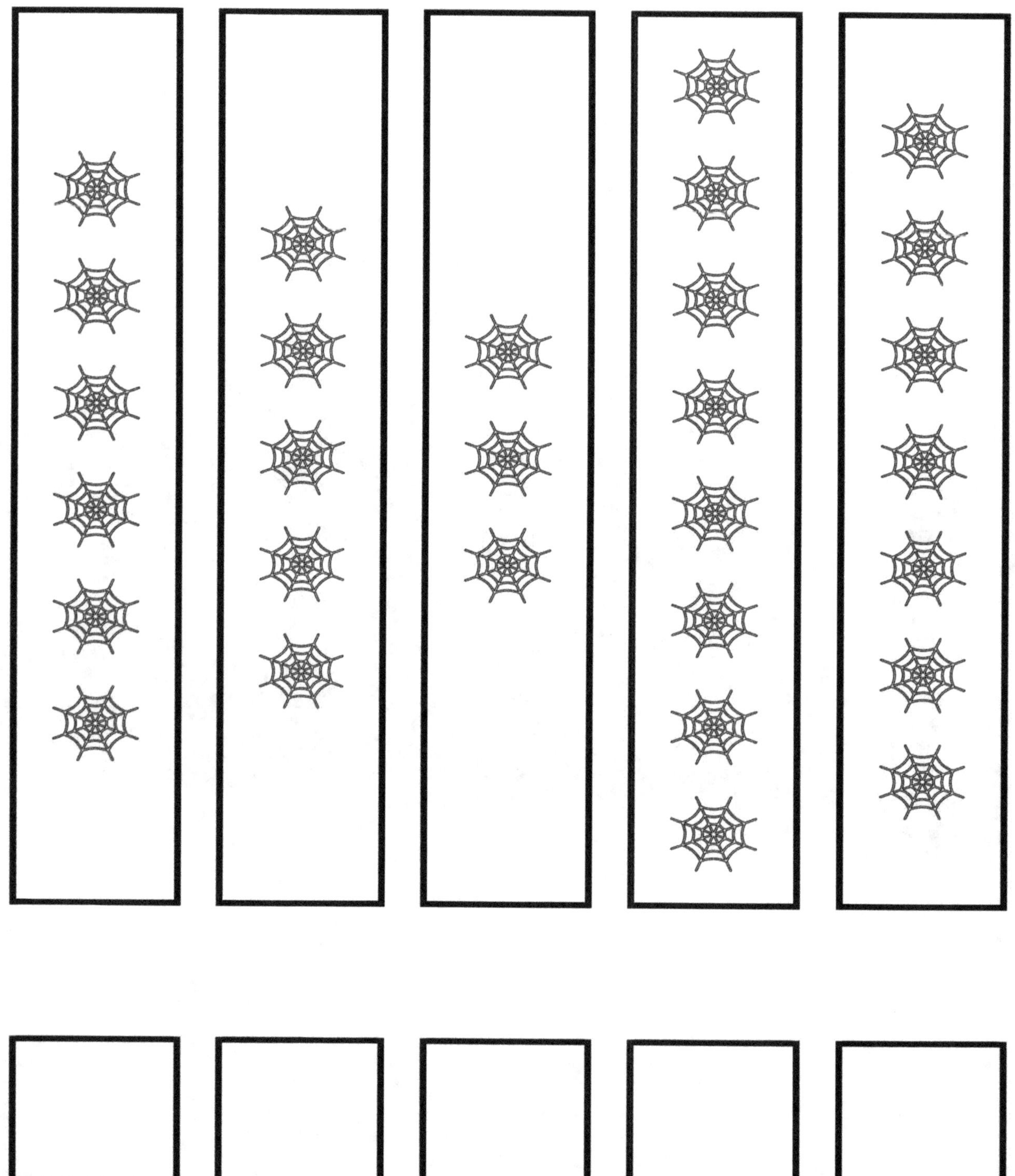

HOW MANY?

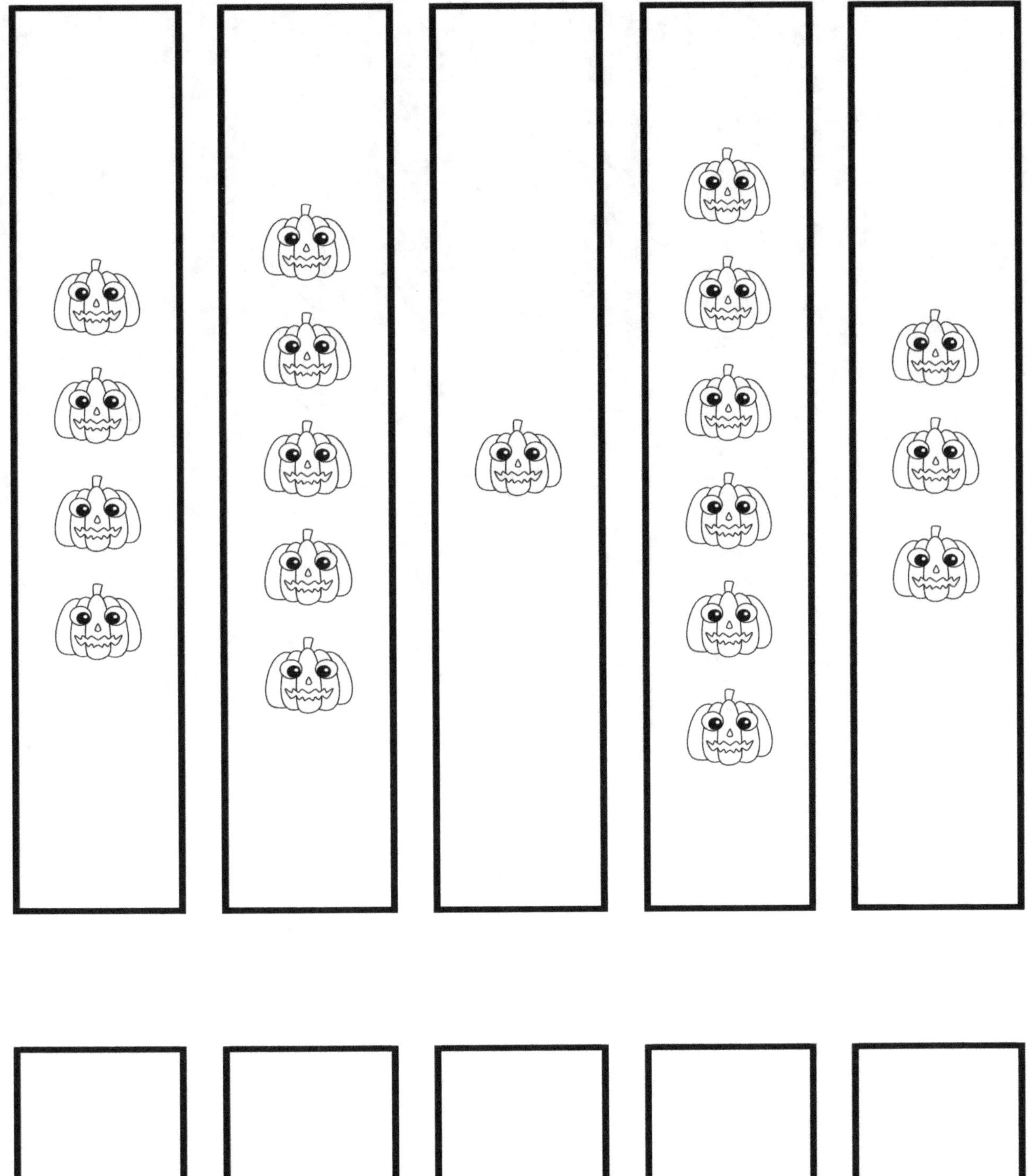

HOW MANY?

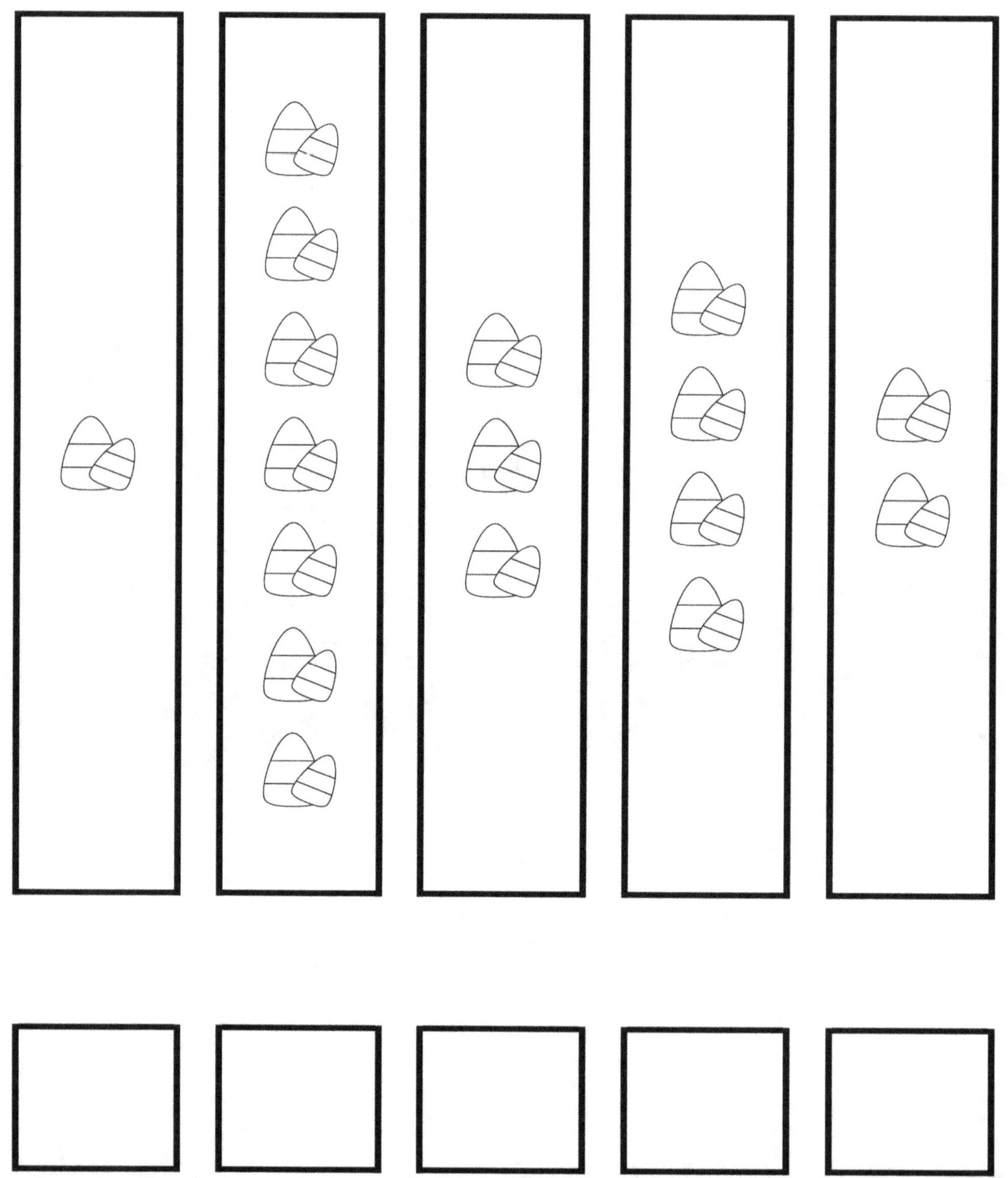

HOW MANY?

HOW MANY?

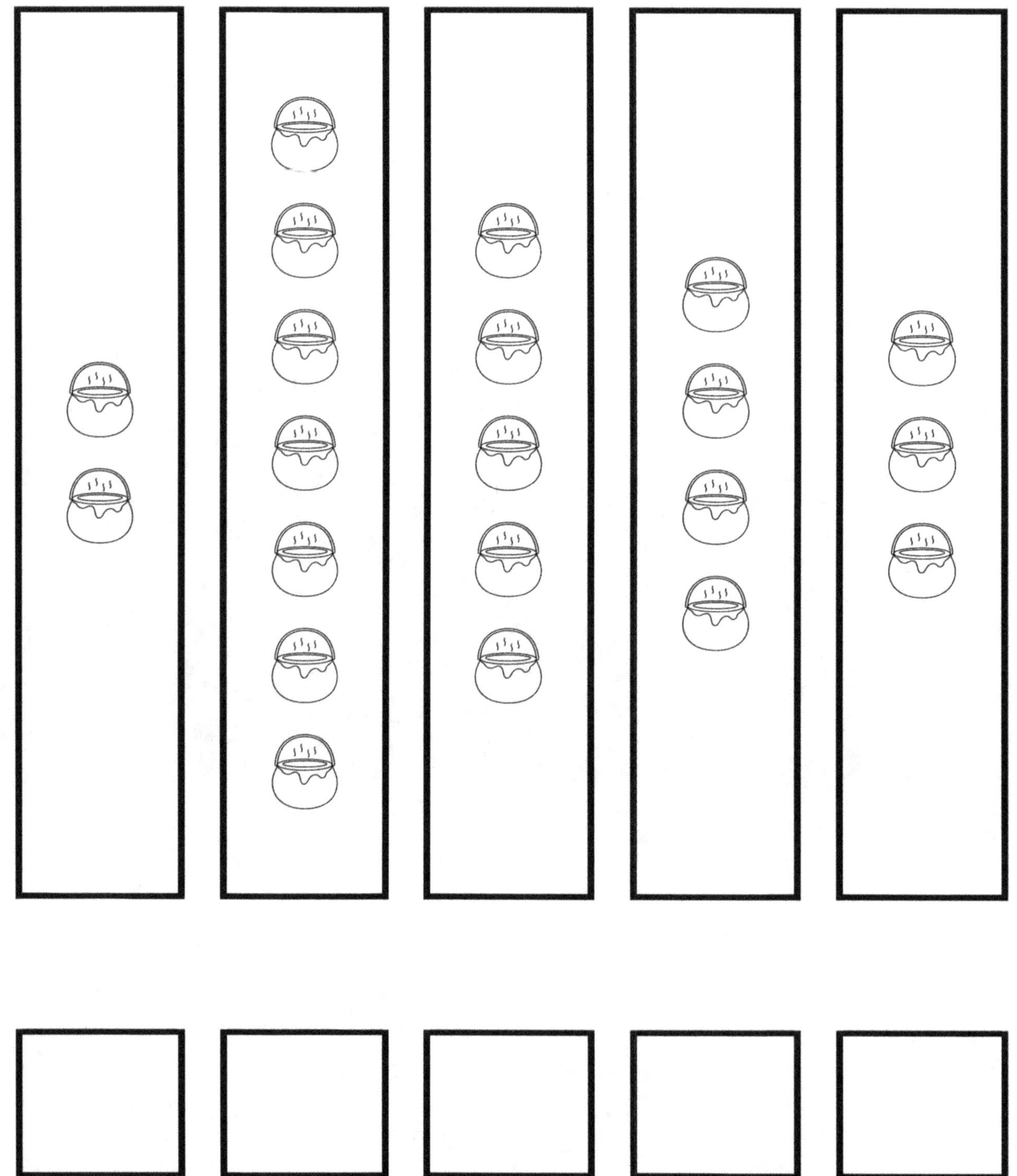

HOW MANY?

HOW MANY?

HOW MANY?

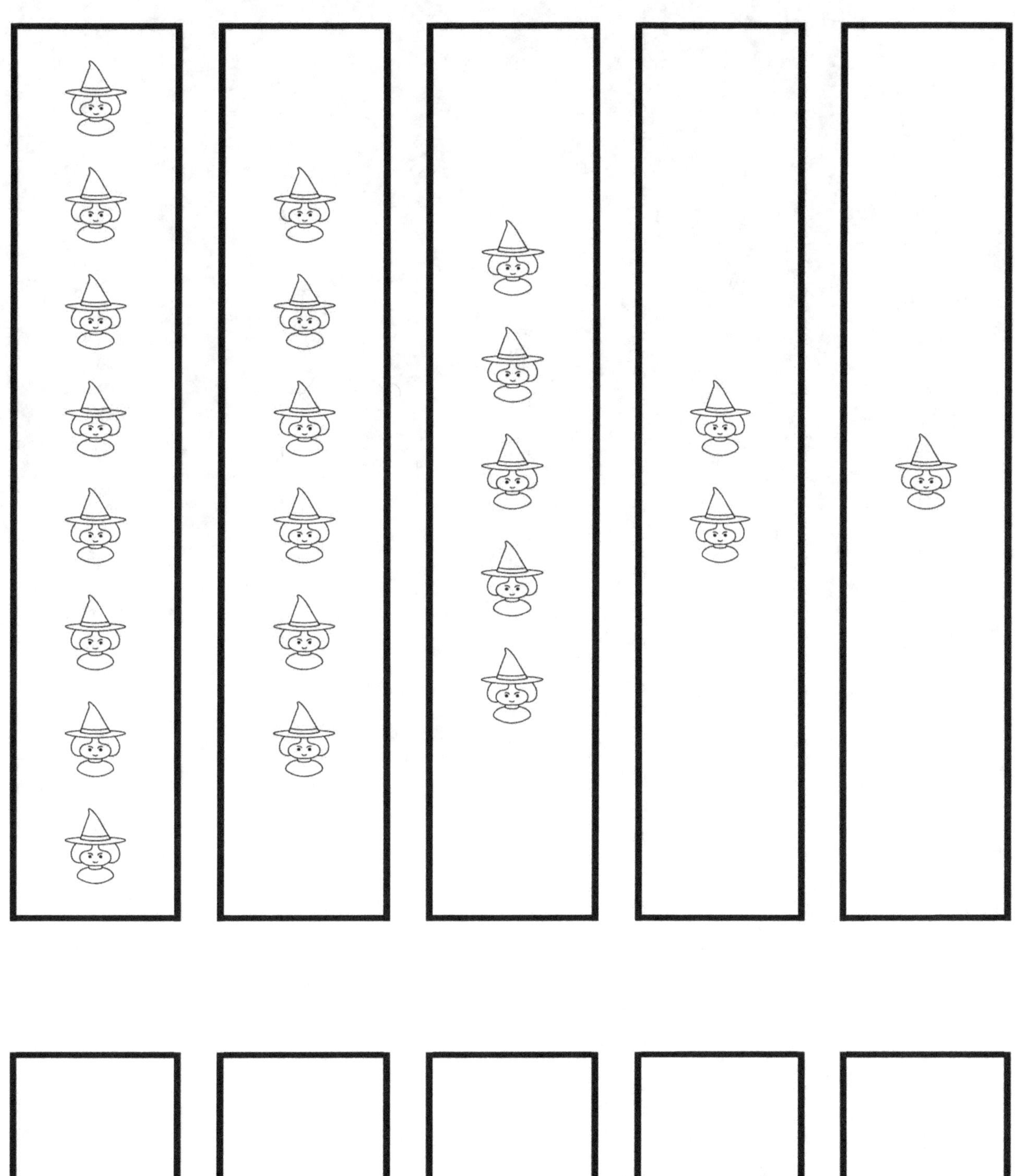

HOW MANY?

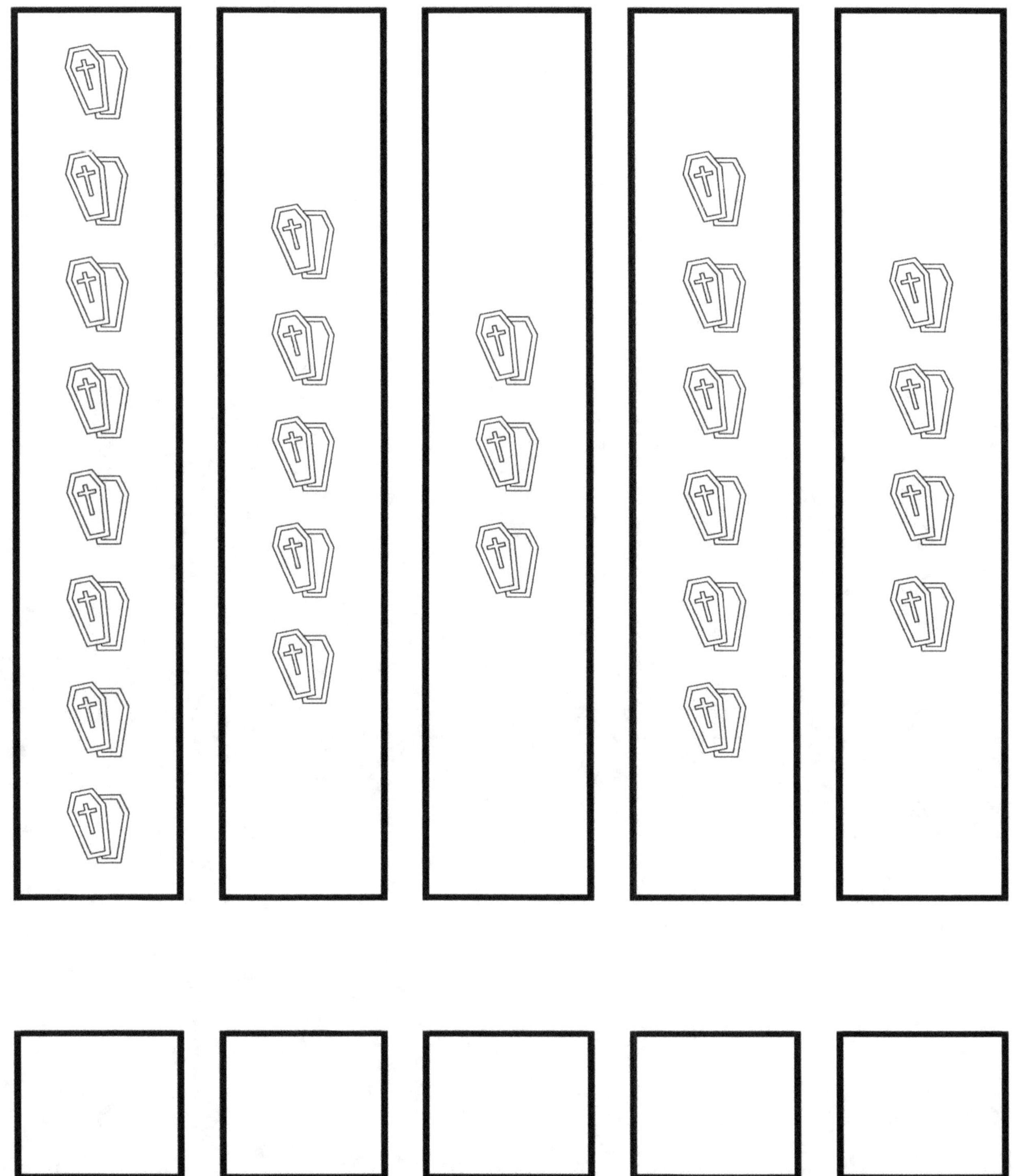

HOW MANY?

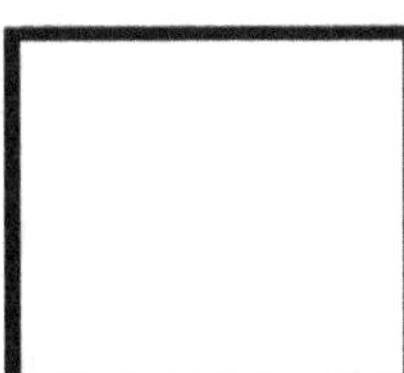

HOW MANY?

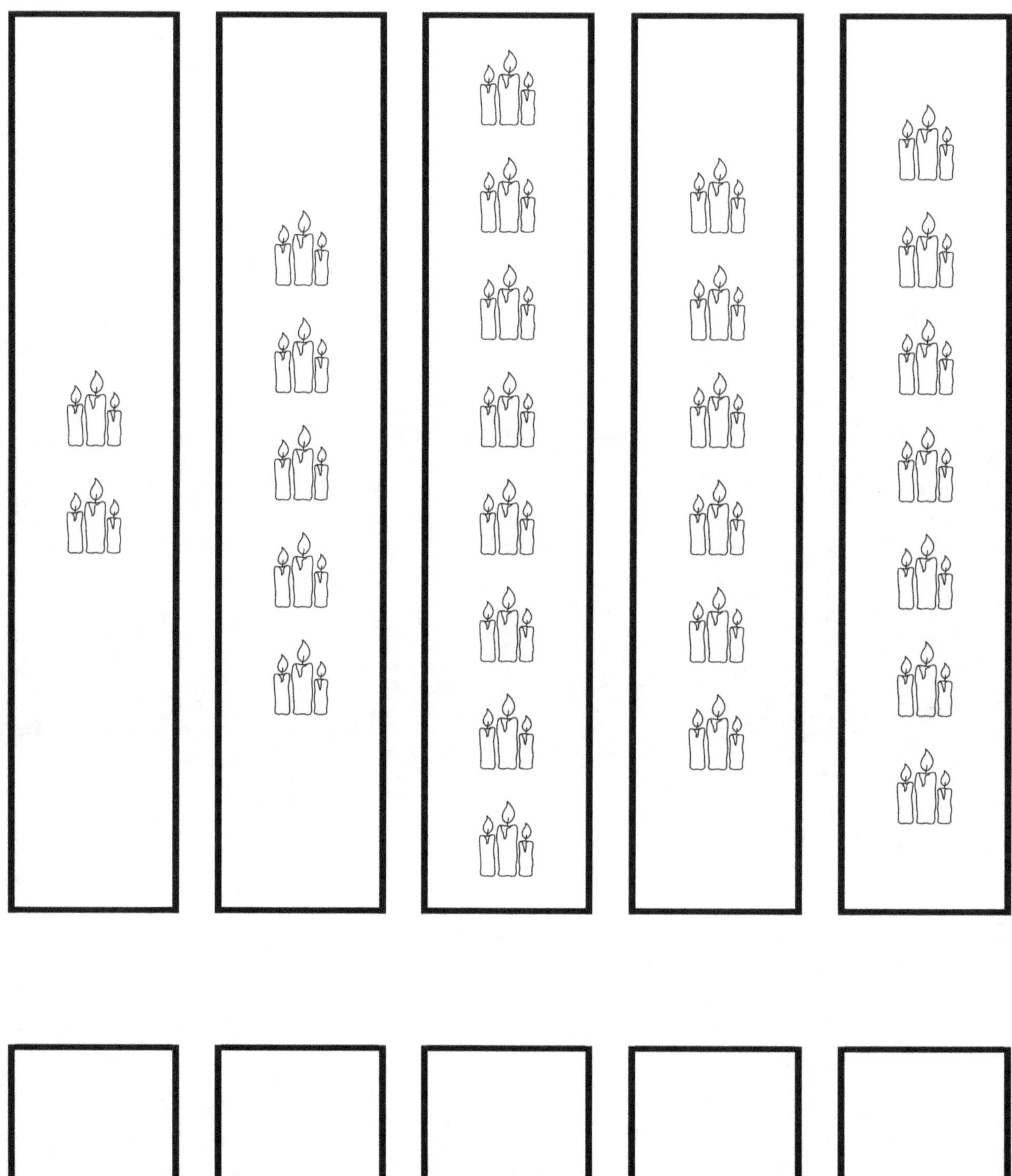

HOW MANY?

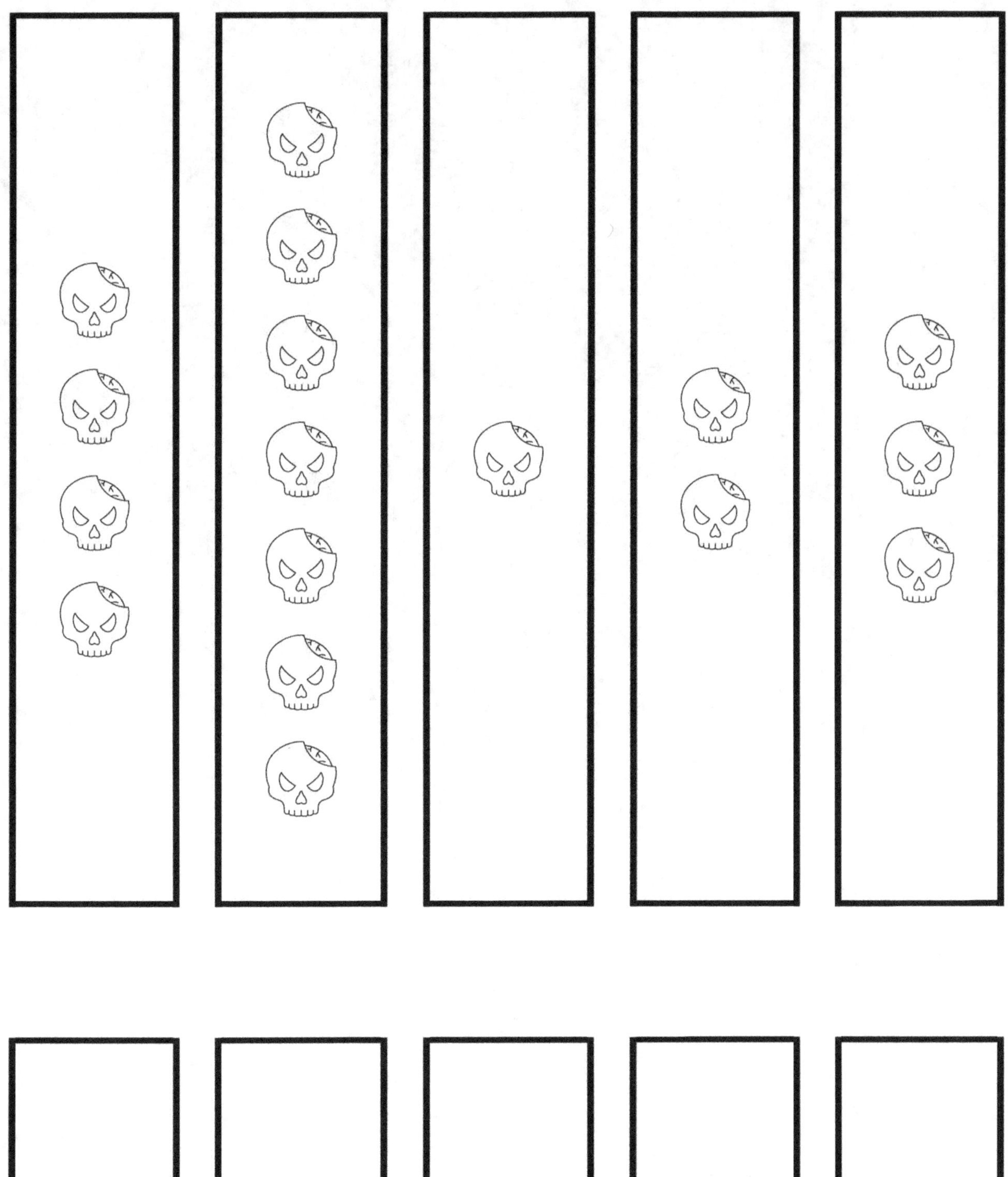

HOW MANY?

HOW MANY?

HOW MANY?

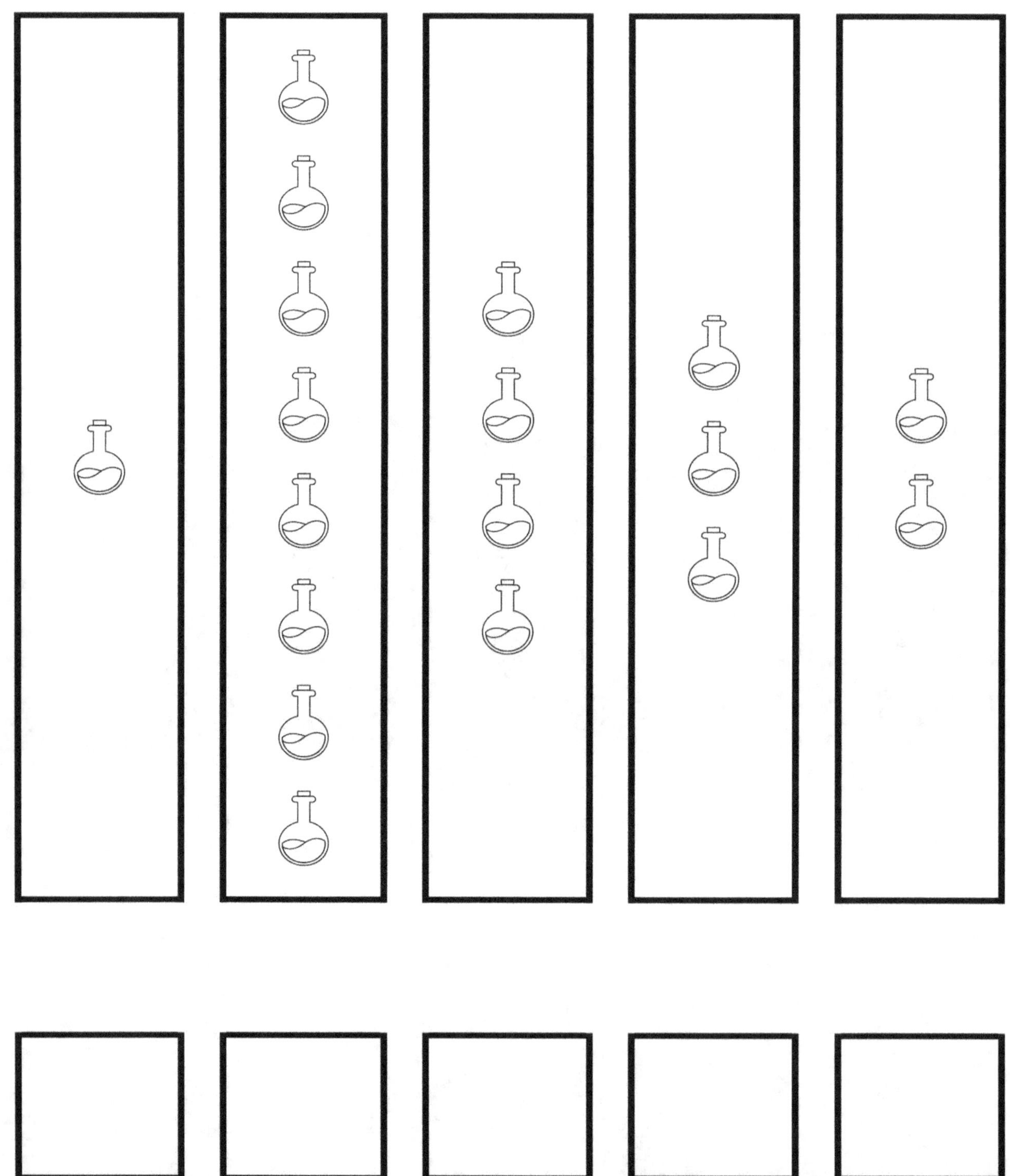

HOW MANY?

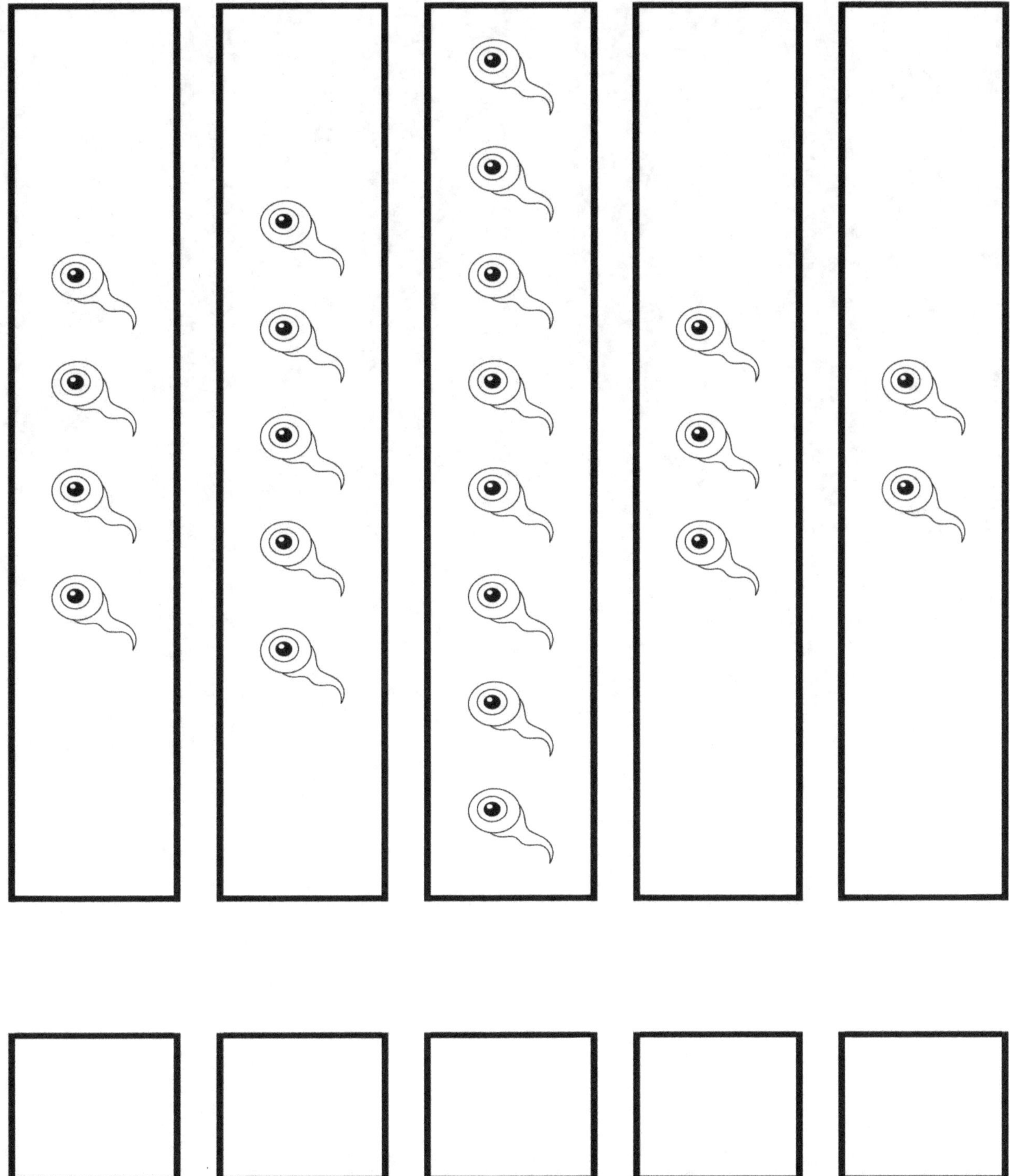

HOW MANY?

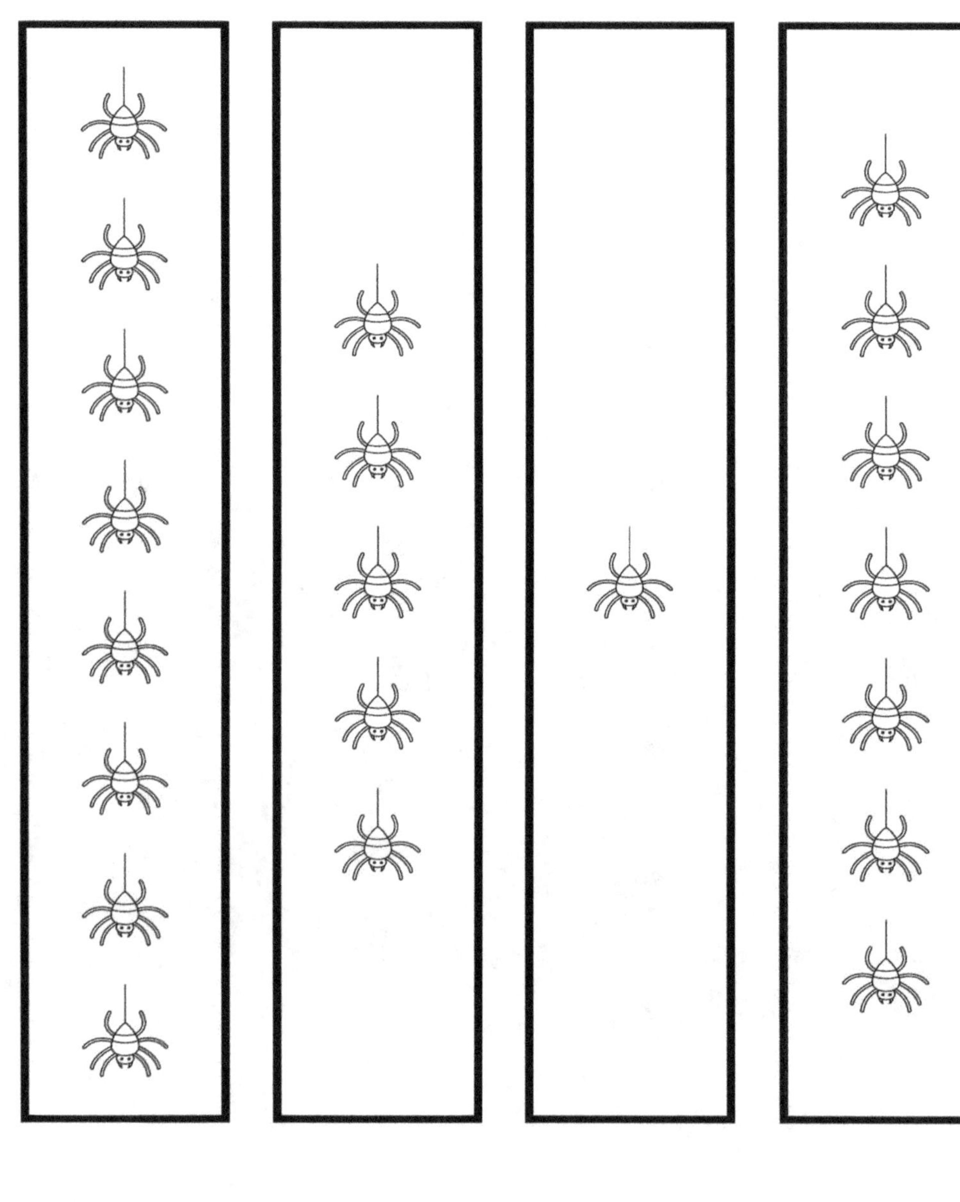

HOW MANY?

HOW MANY?

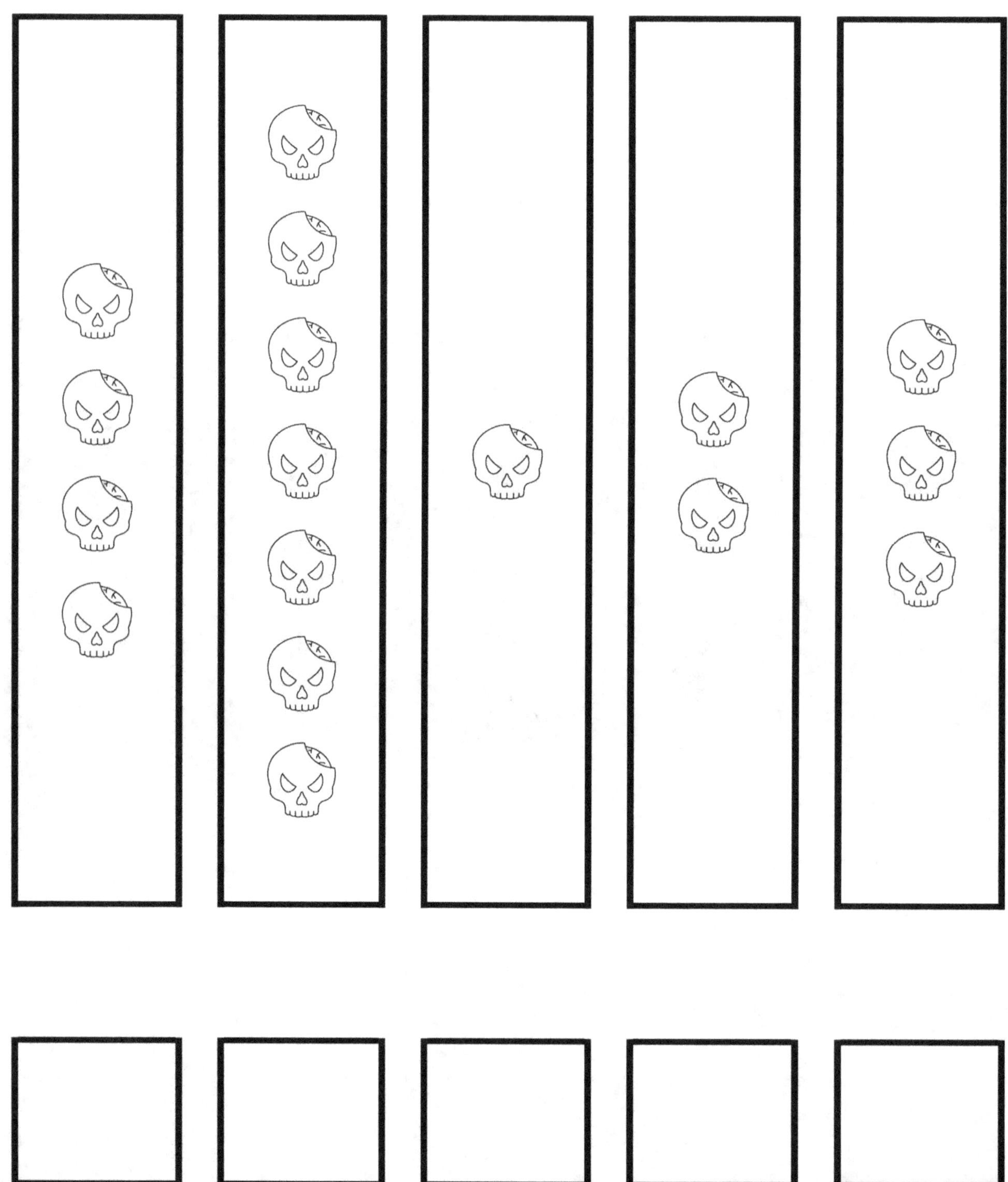

HOW MANY?

HOW MANY?

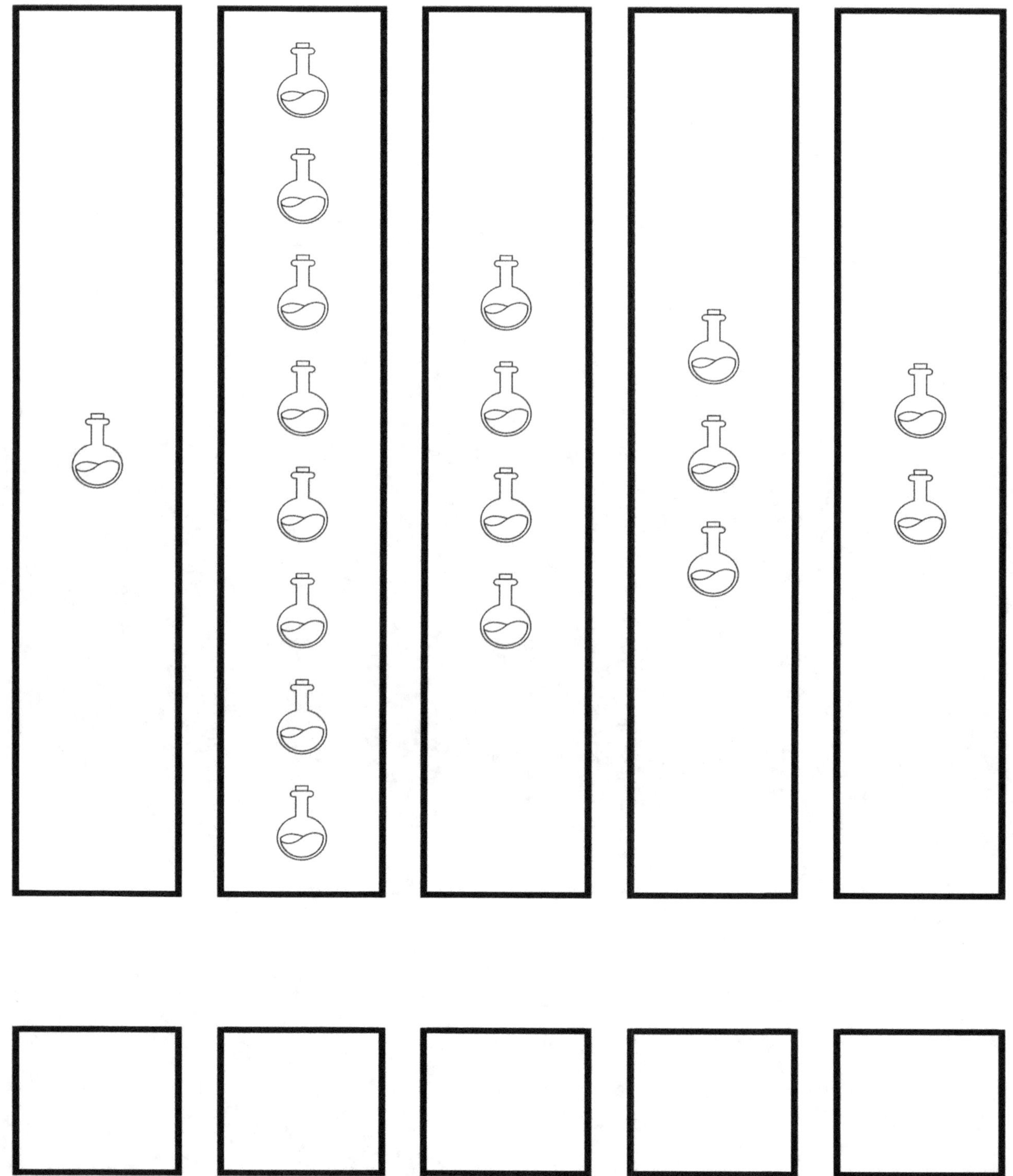

HOW MANY?

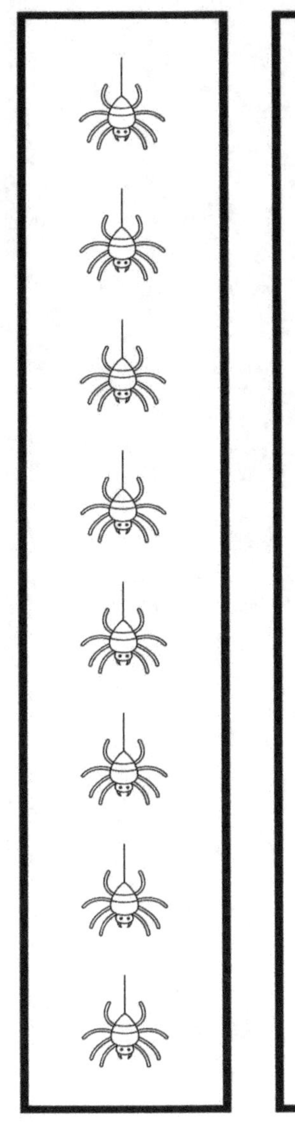
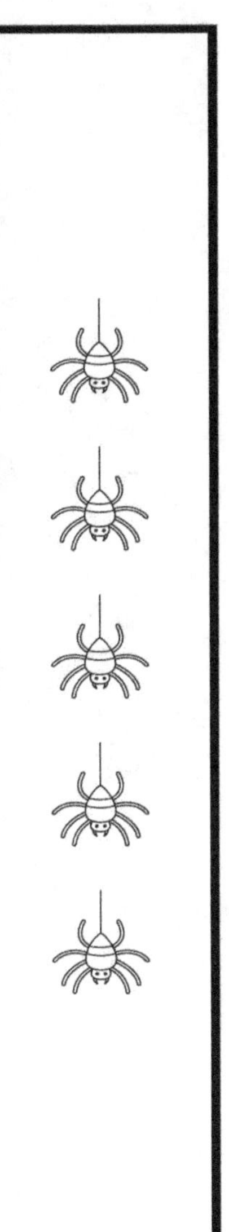

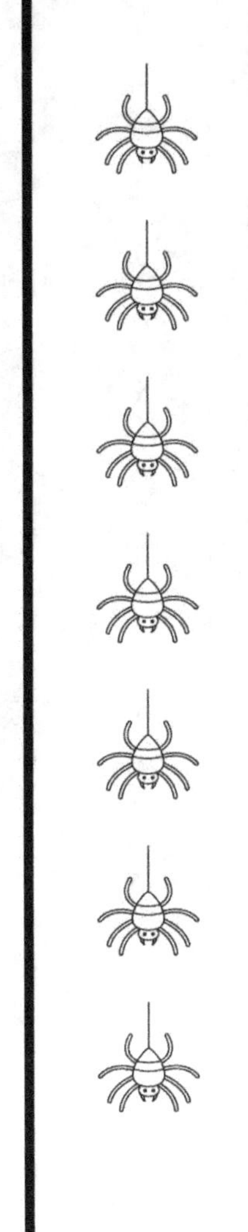
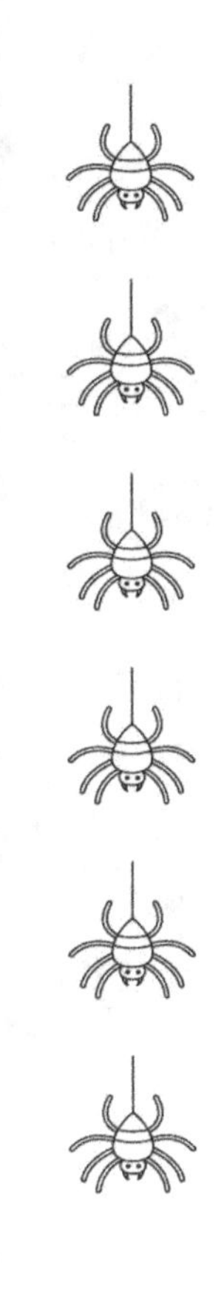

HOW MANY?

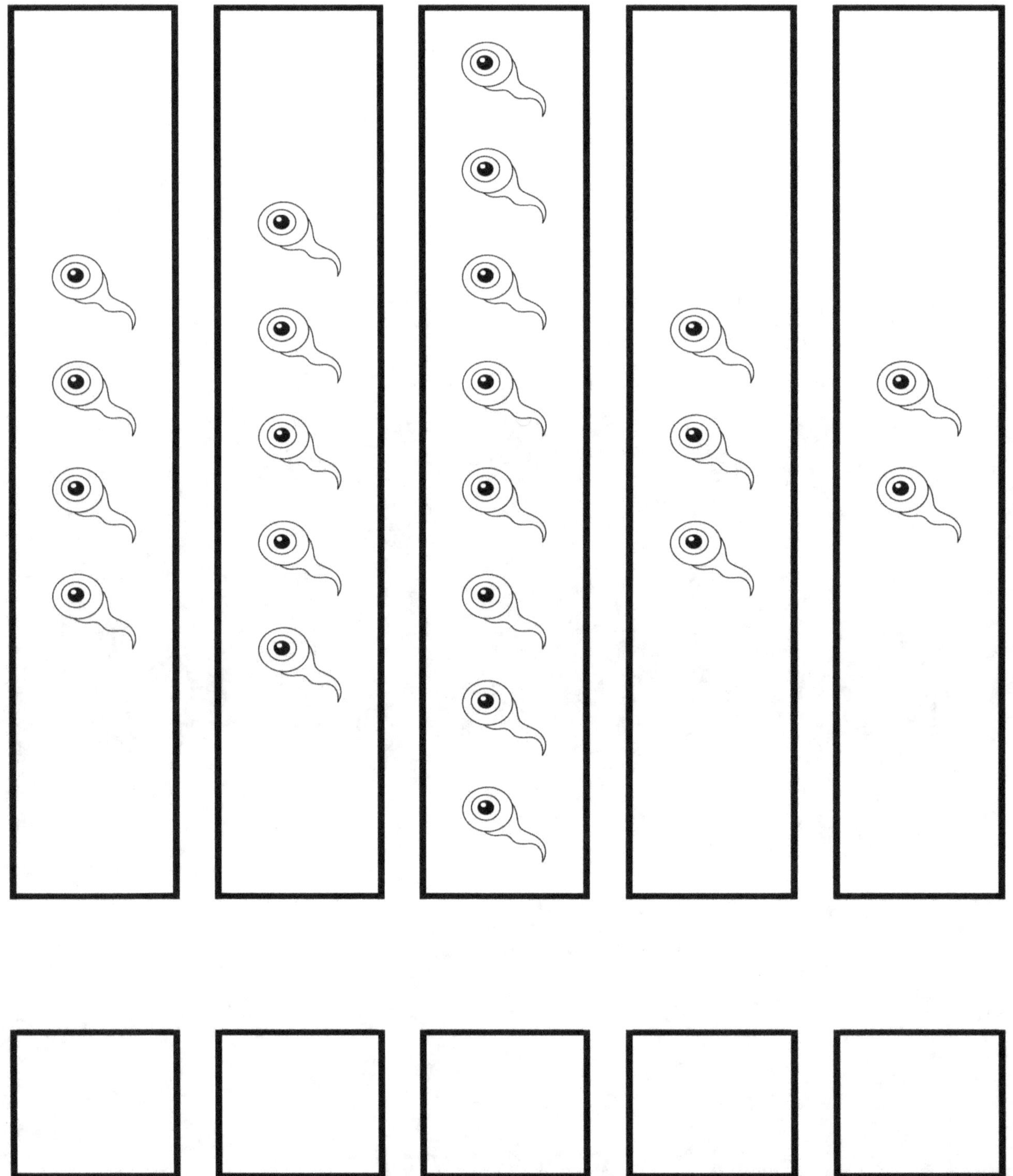

HOW MANY?

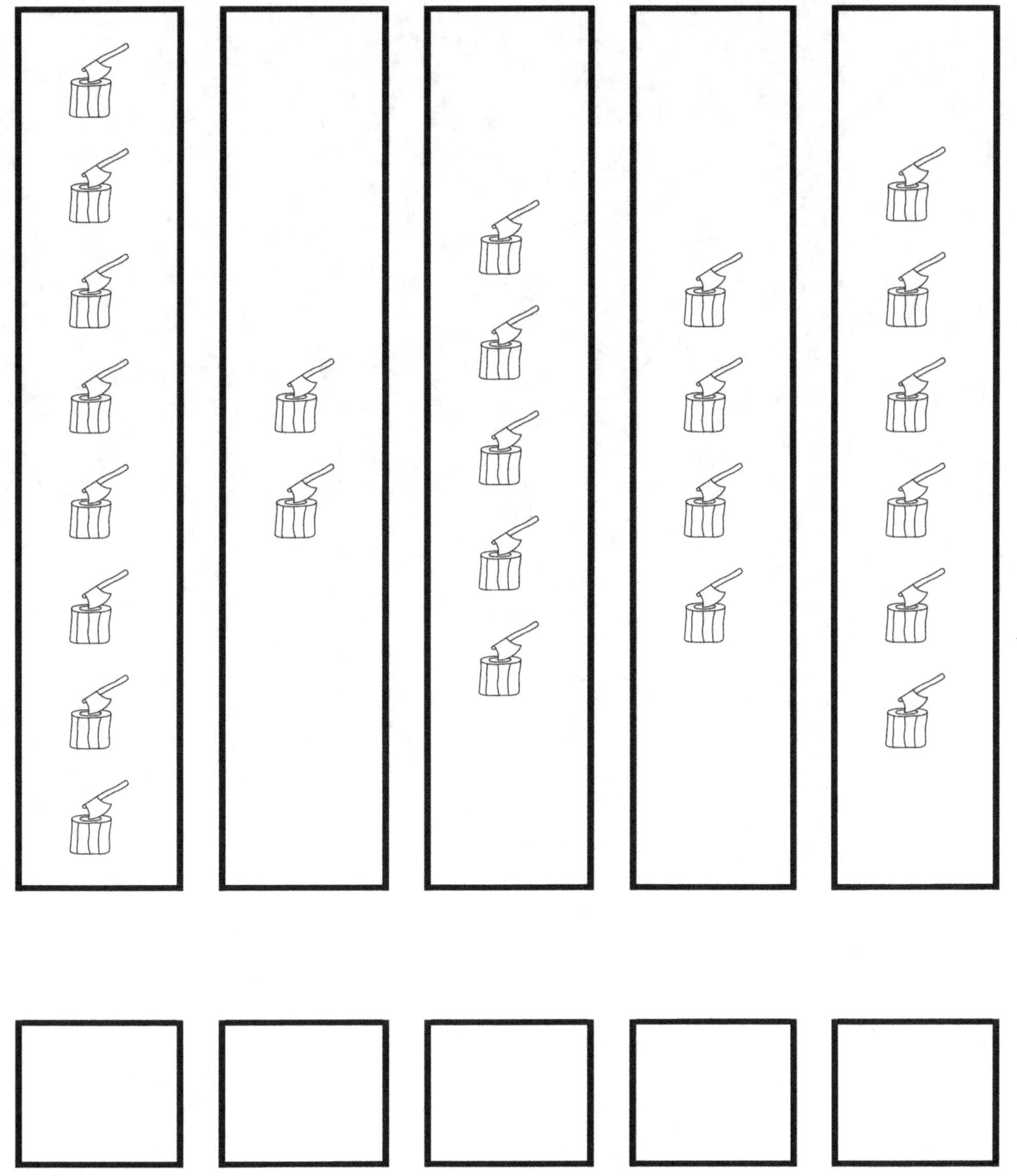

HOW MANY?

HOW MANY?

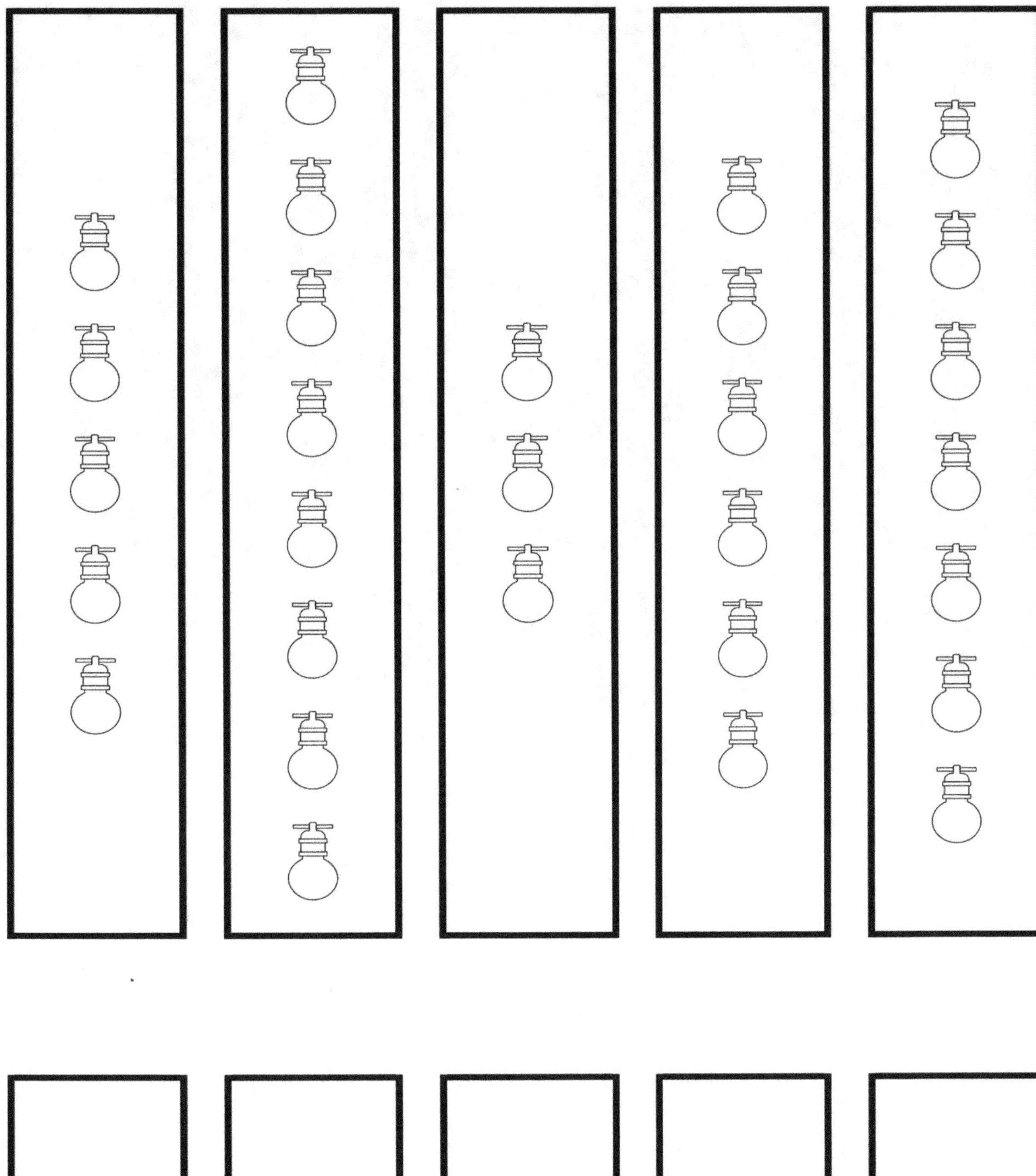

HOW MANY?

HOW MANY?

HOW MANY?

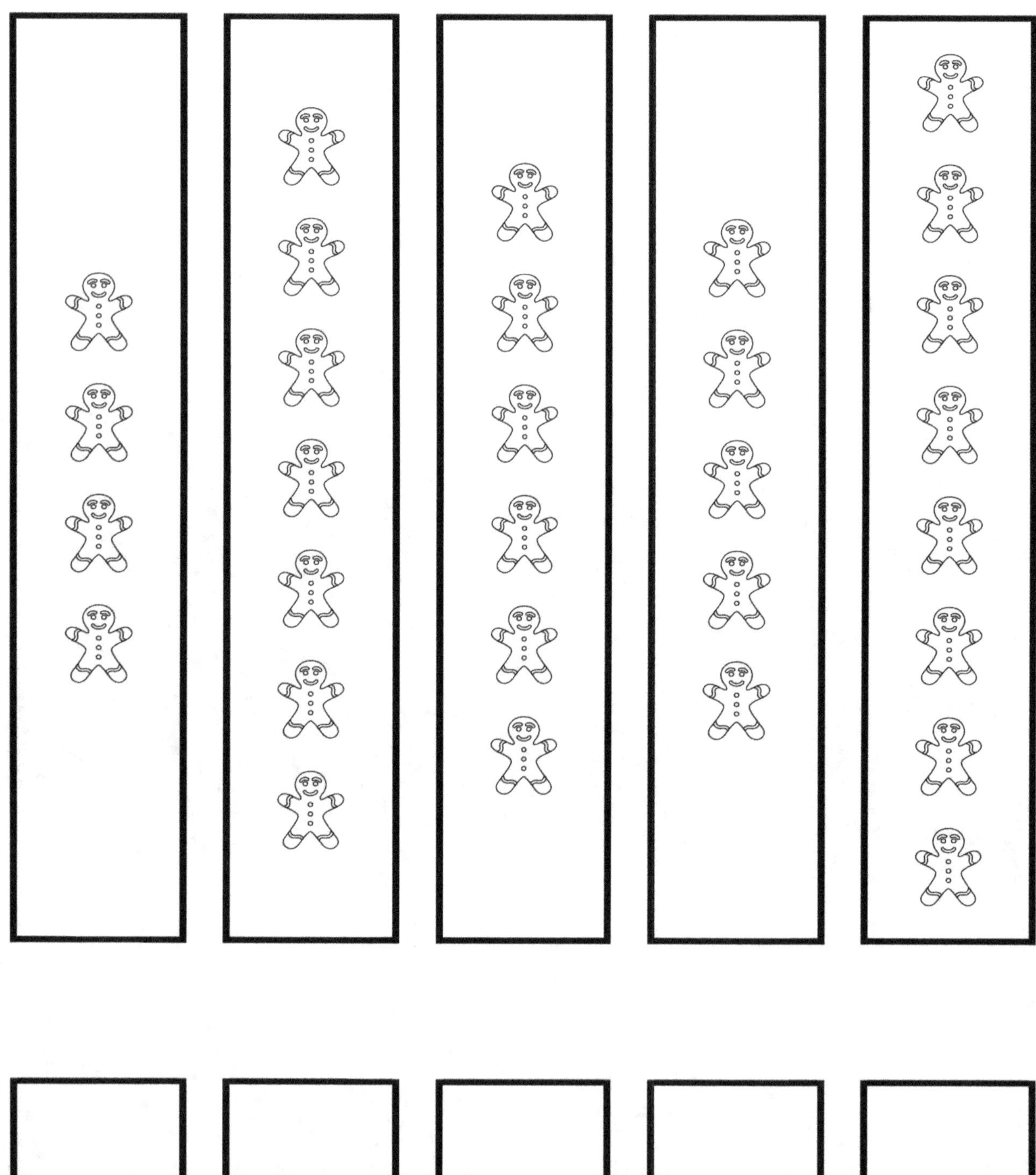

HOW MANY?

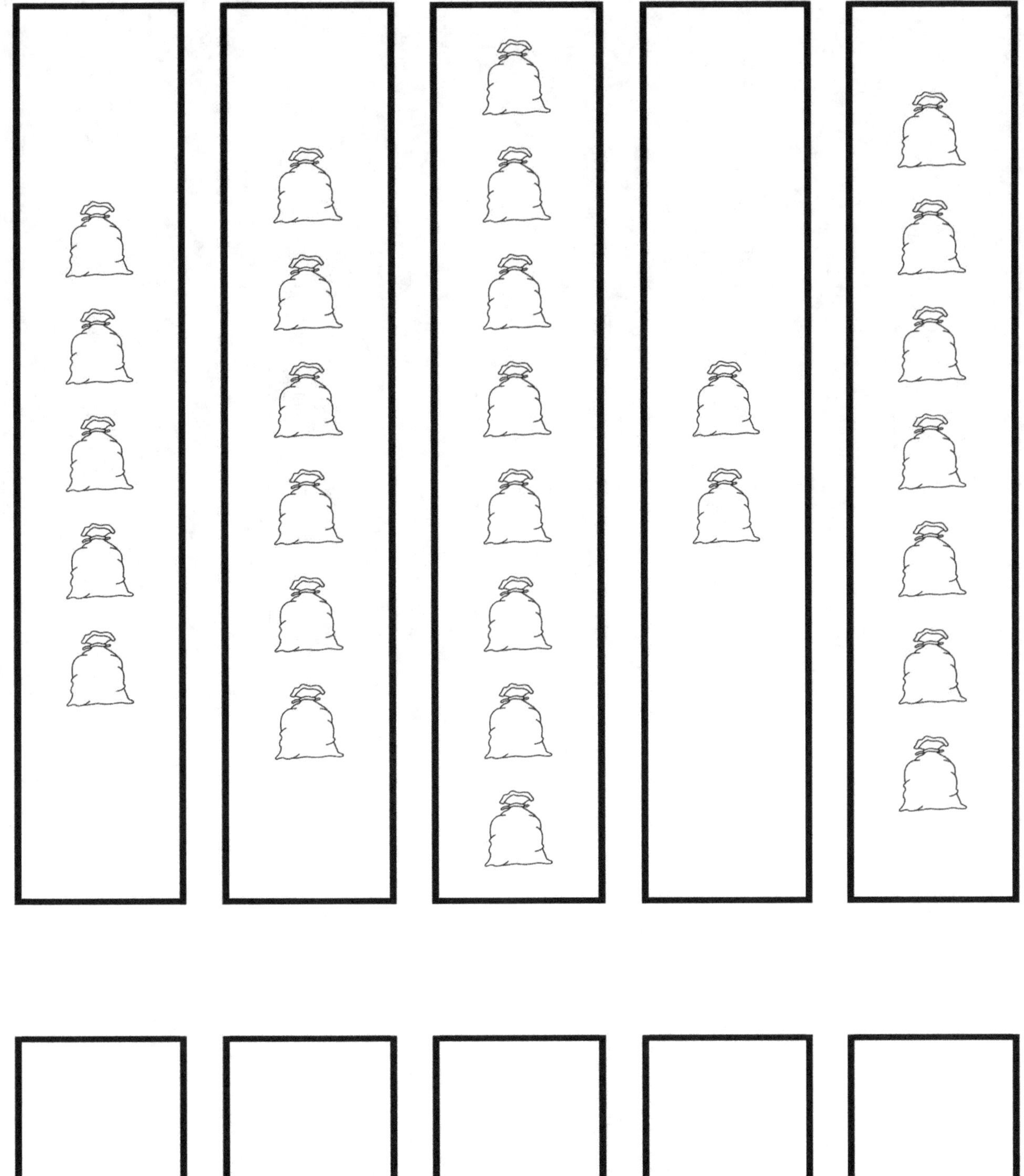

HOW MANY?

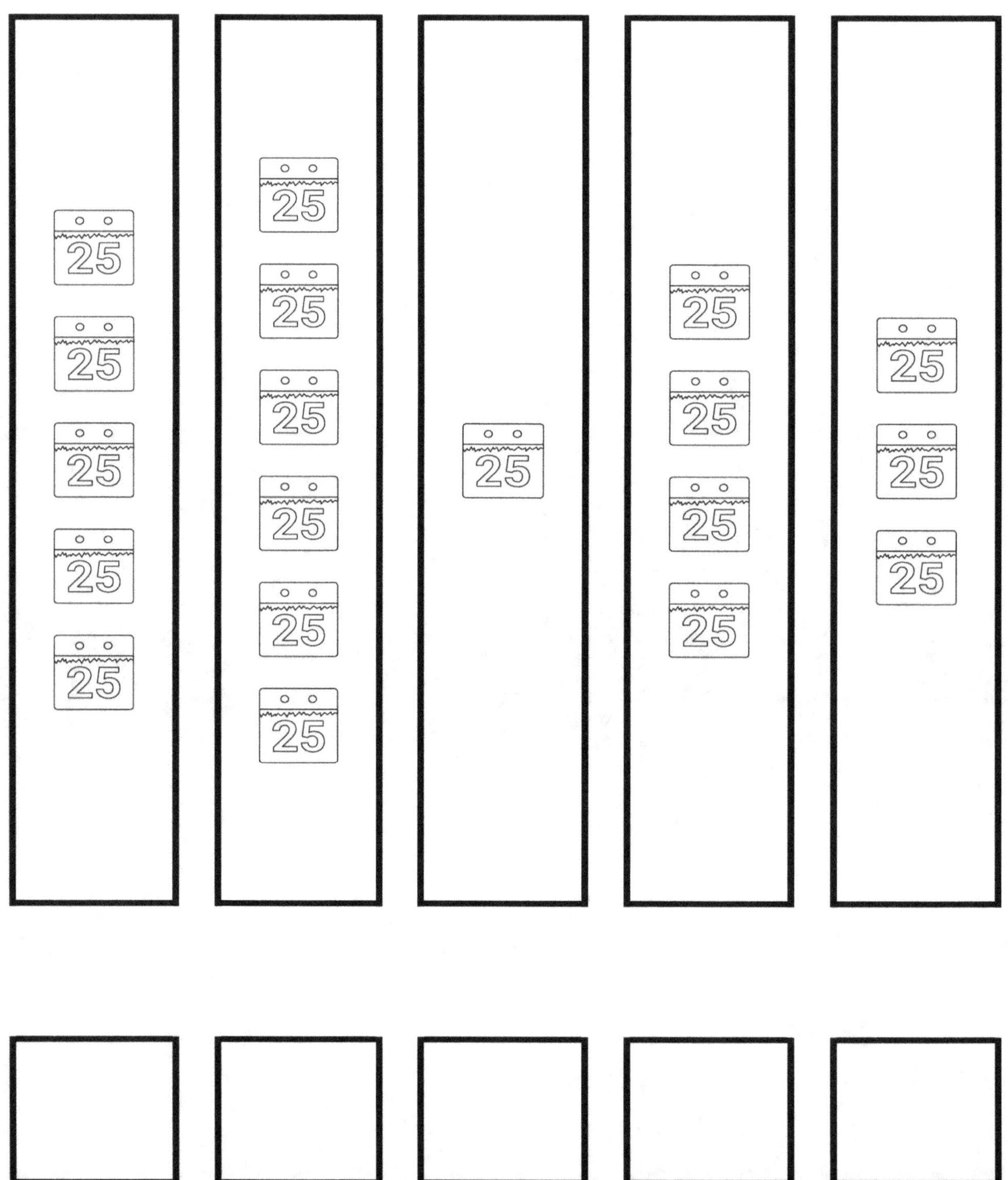

HOW MANY?

HOW MANY?

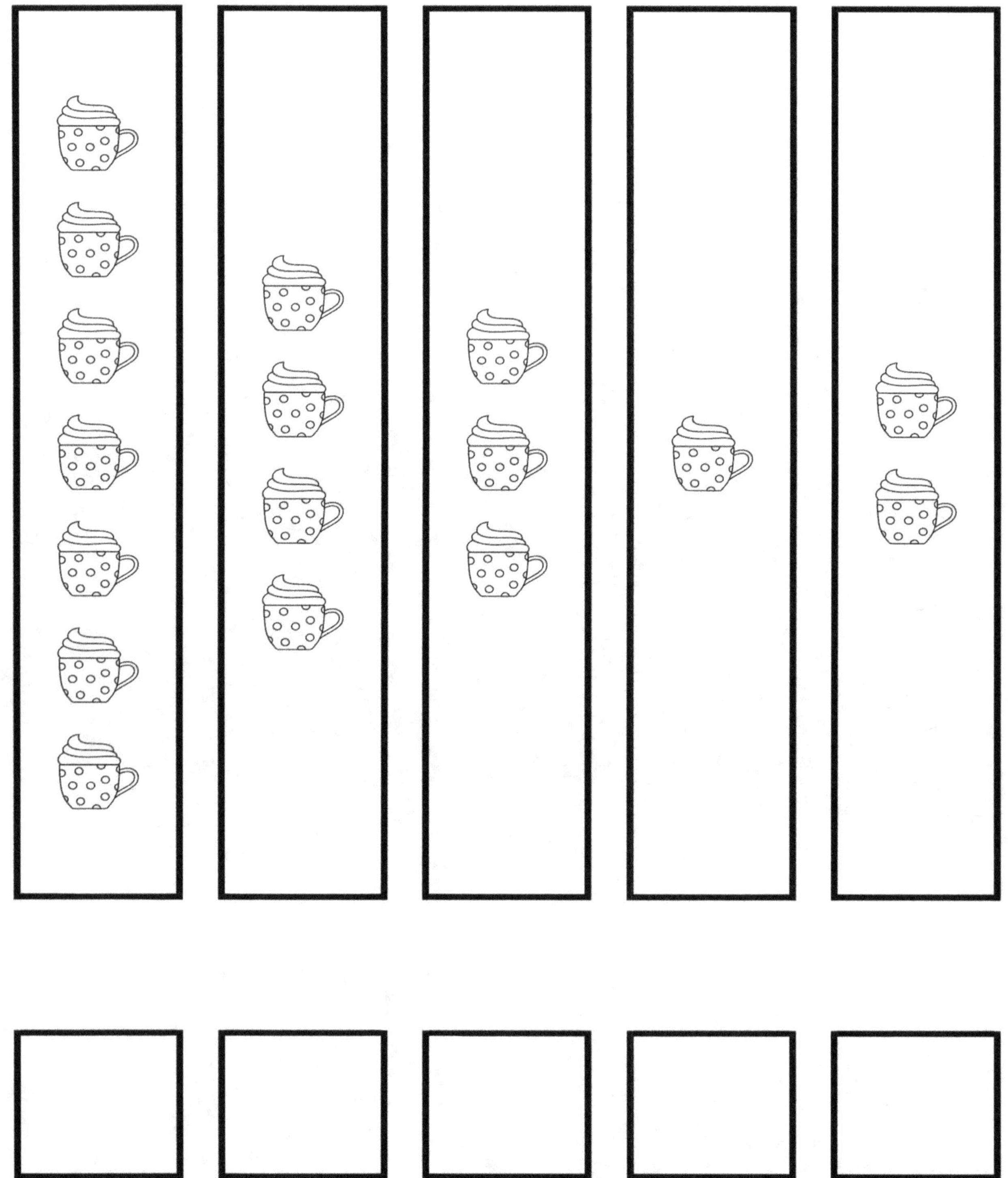

HOW MANY?

HOW MANY?

HOW MANY?

HOW MANY?

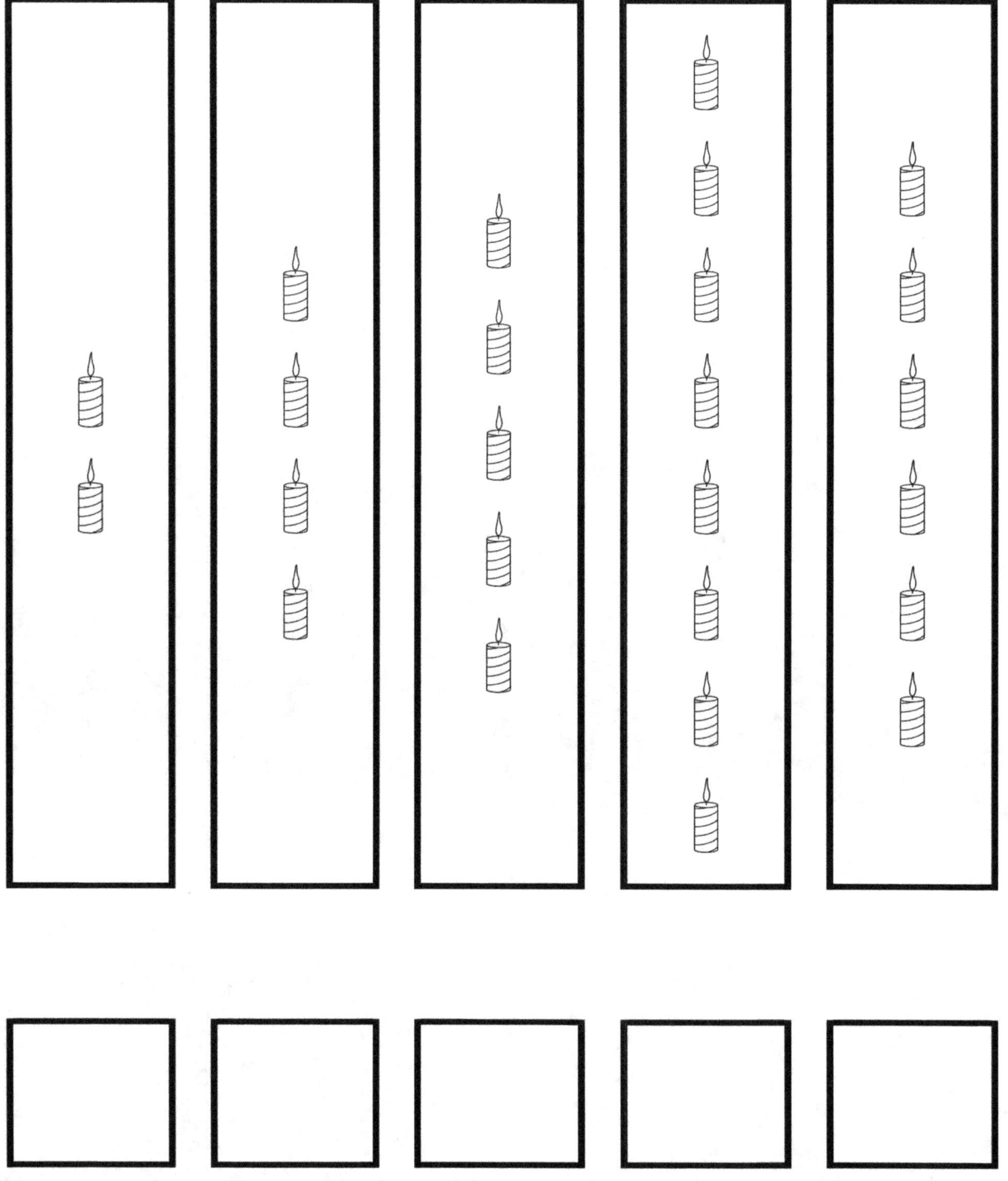

HOW MANY?

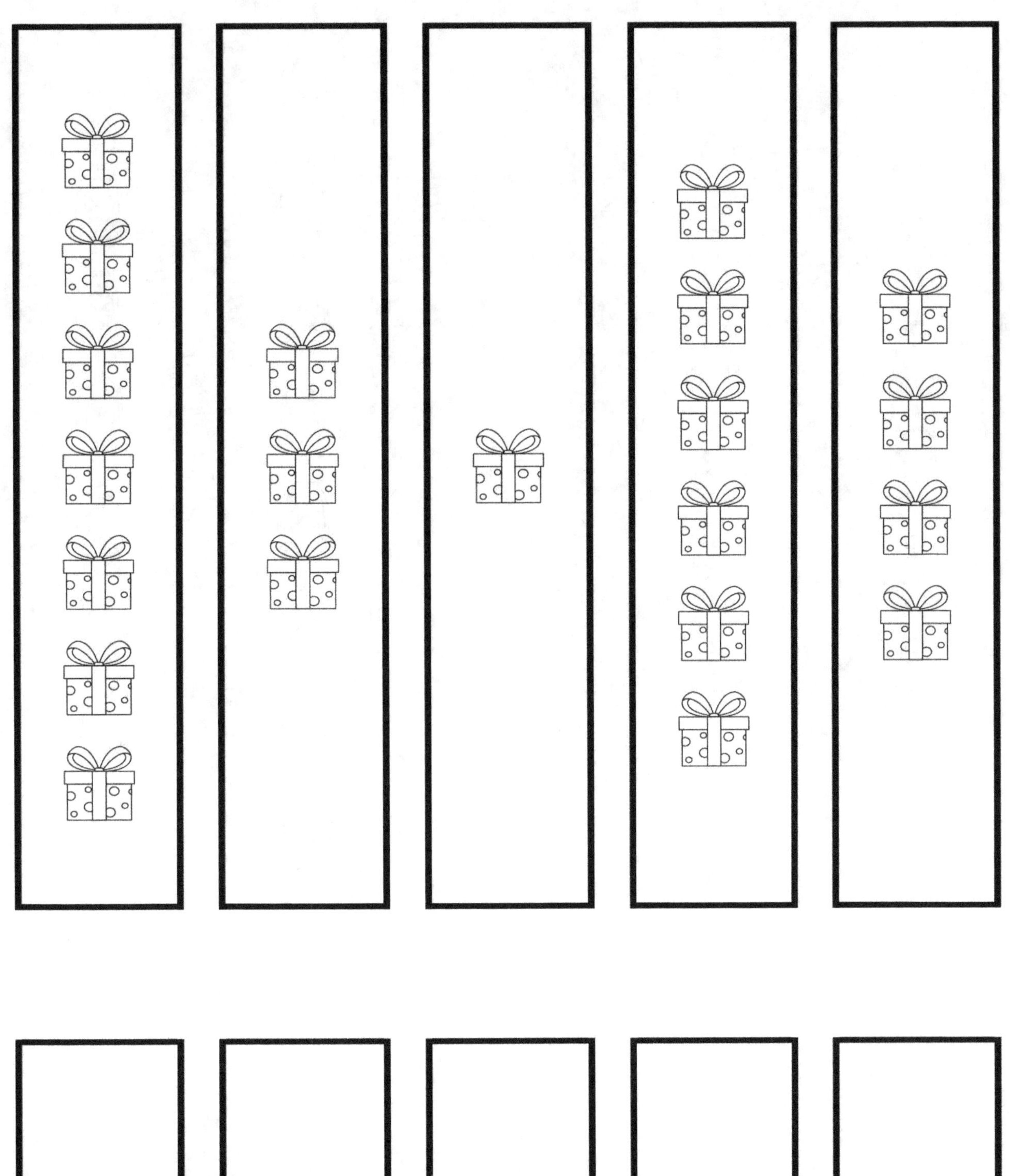

HOW MANY?

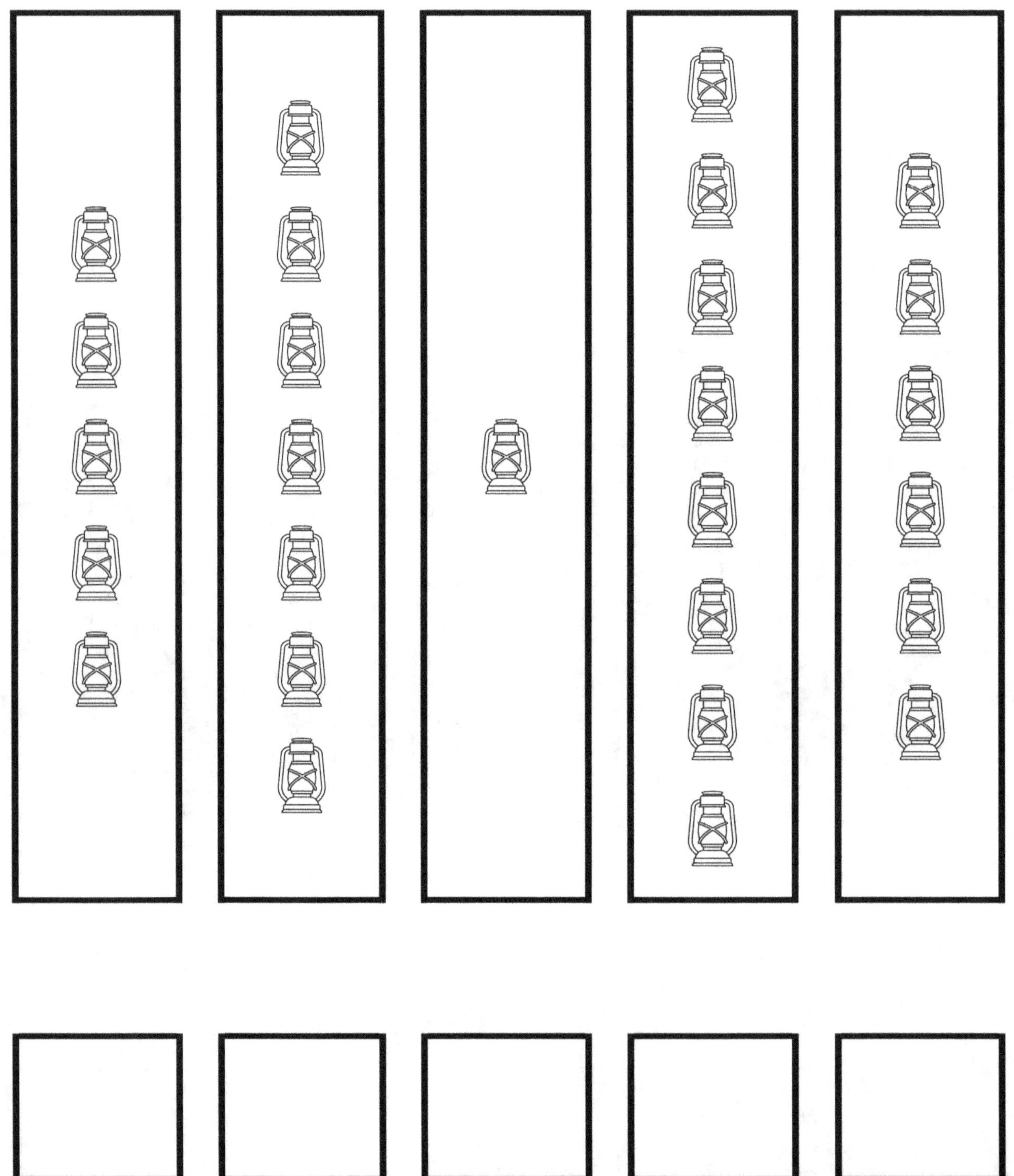

HOW MANY?

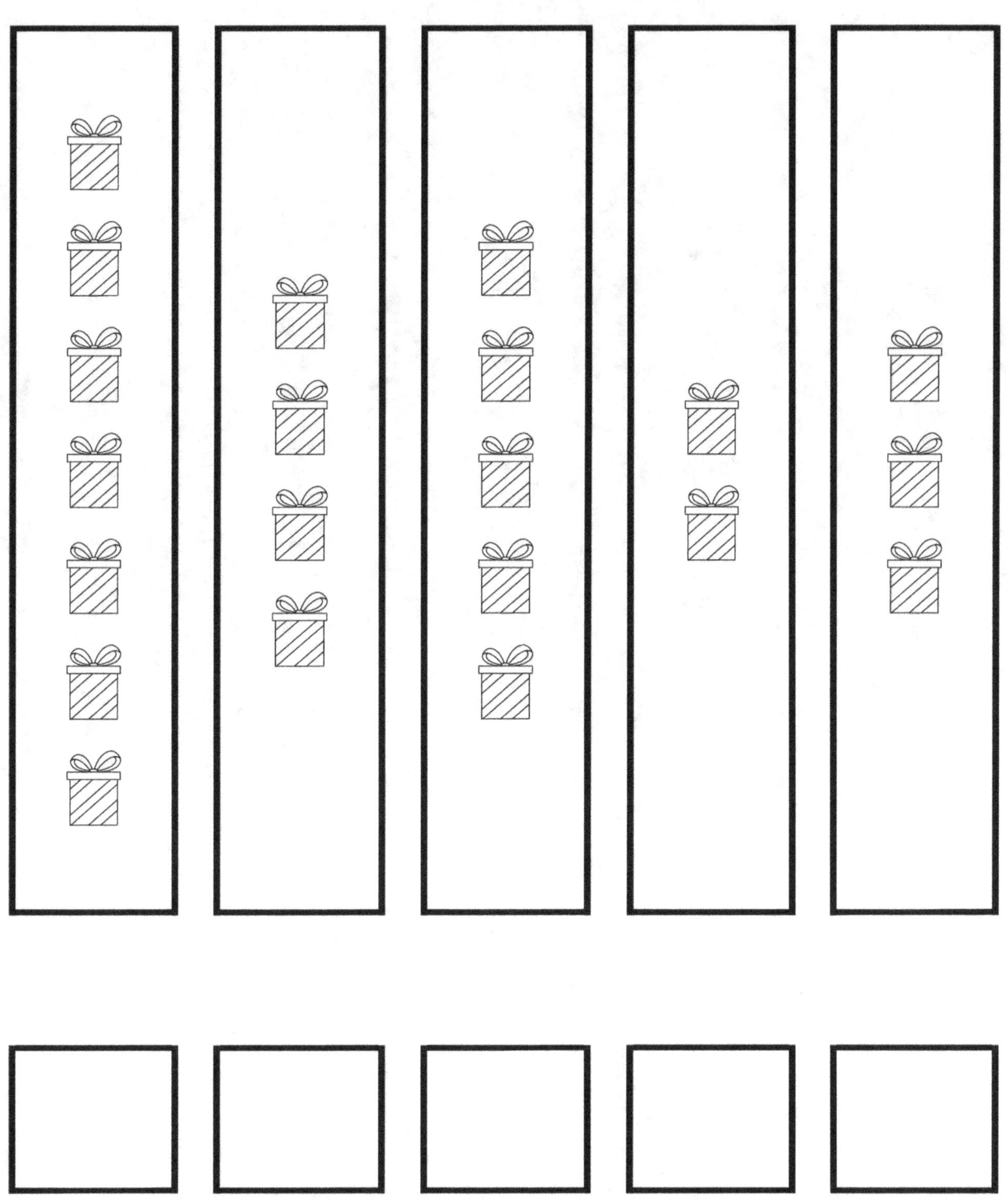

HOW MANY?

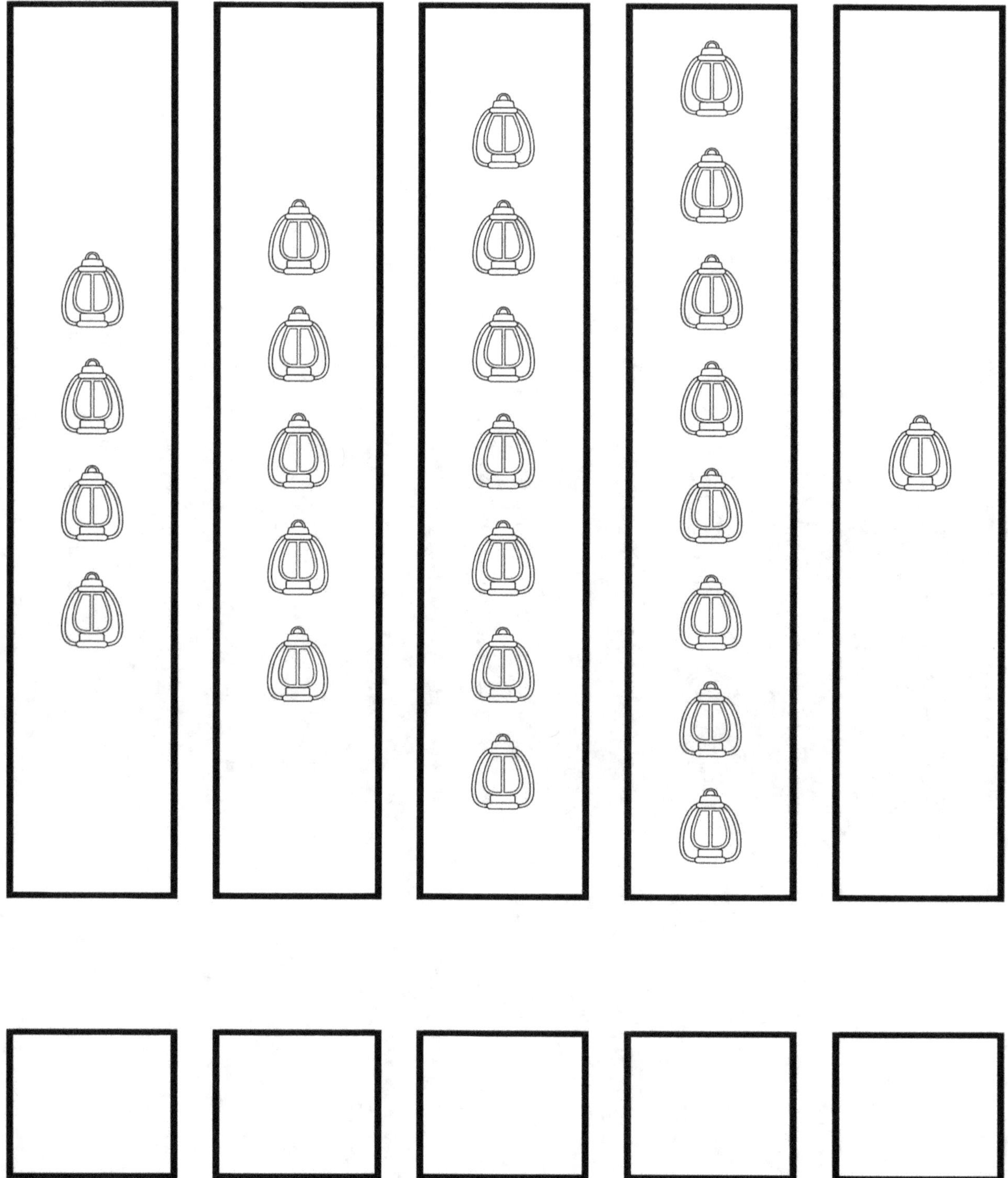

HOW MANY?

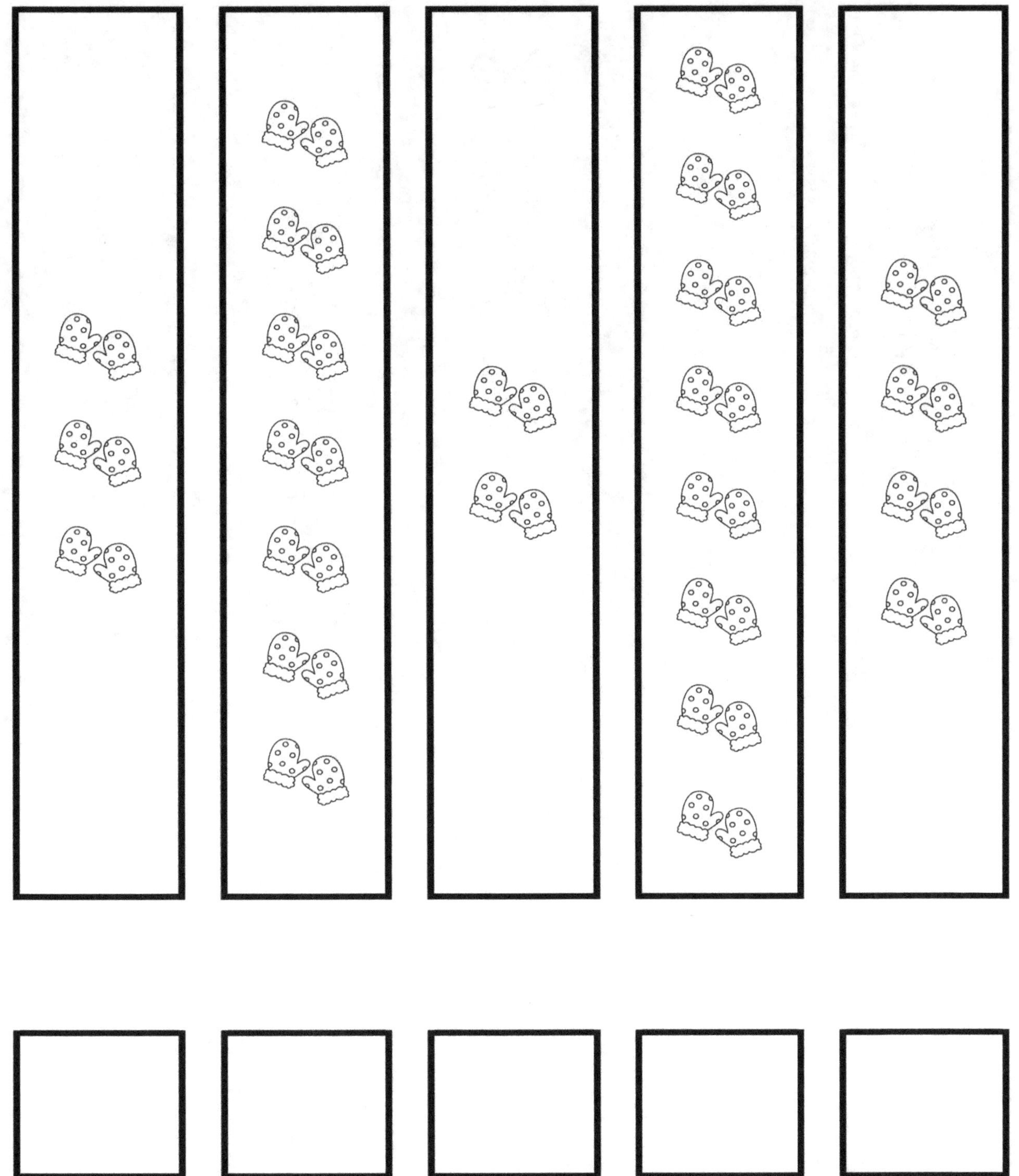

HOW MANY?

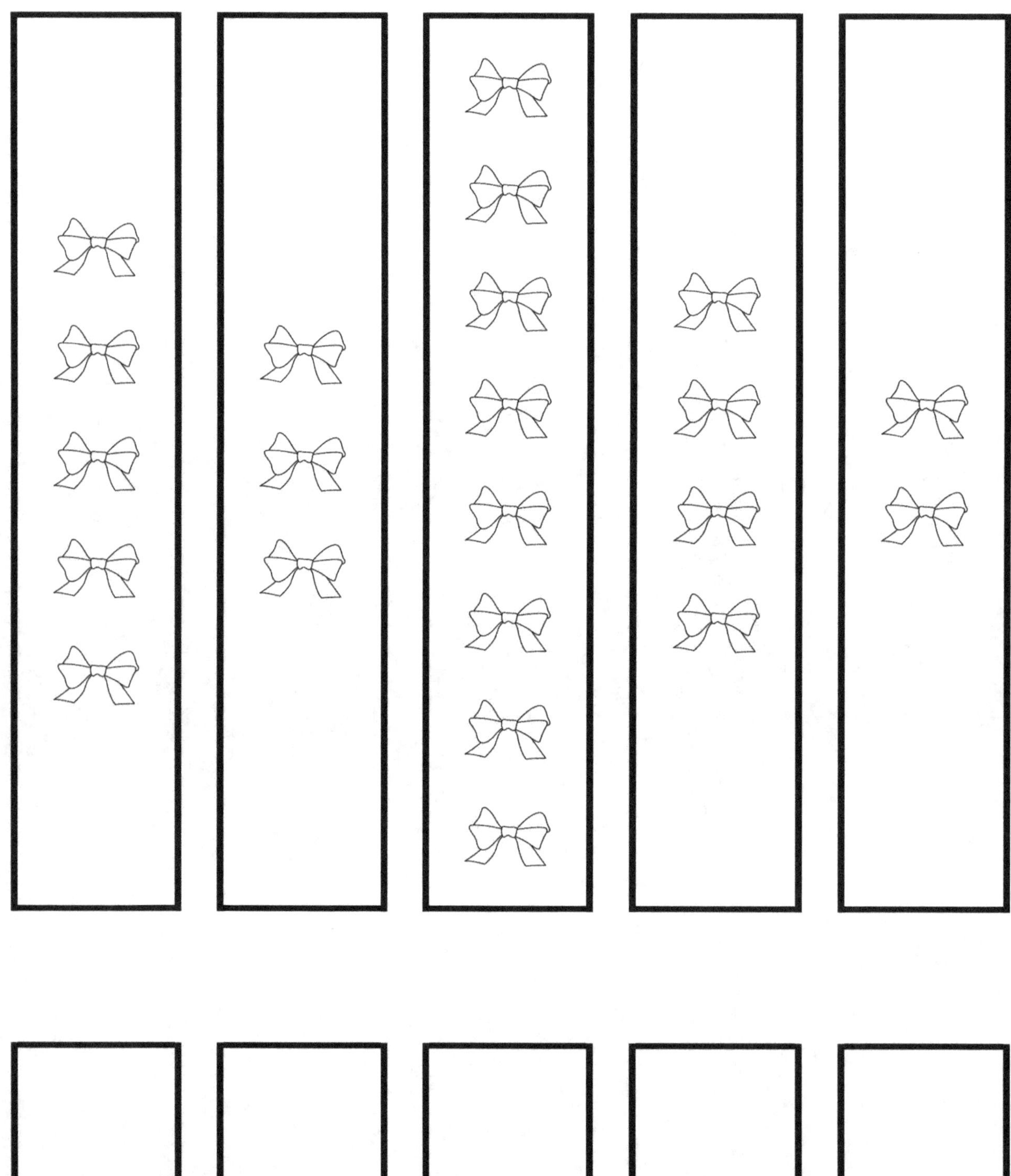

HOW MANY?

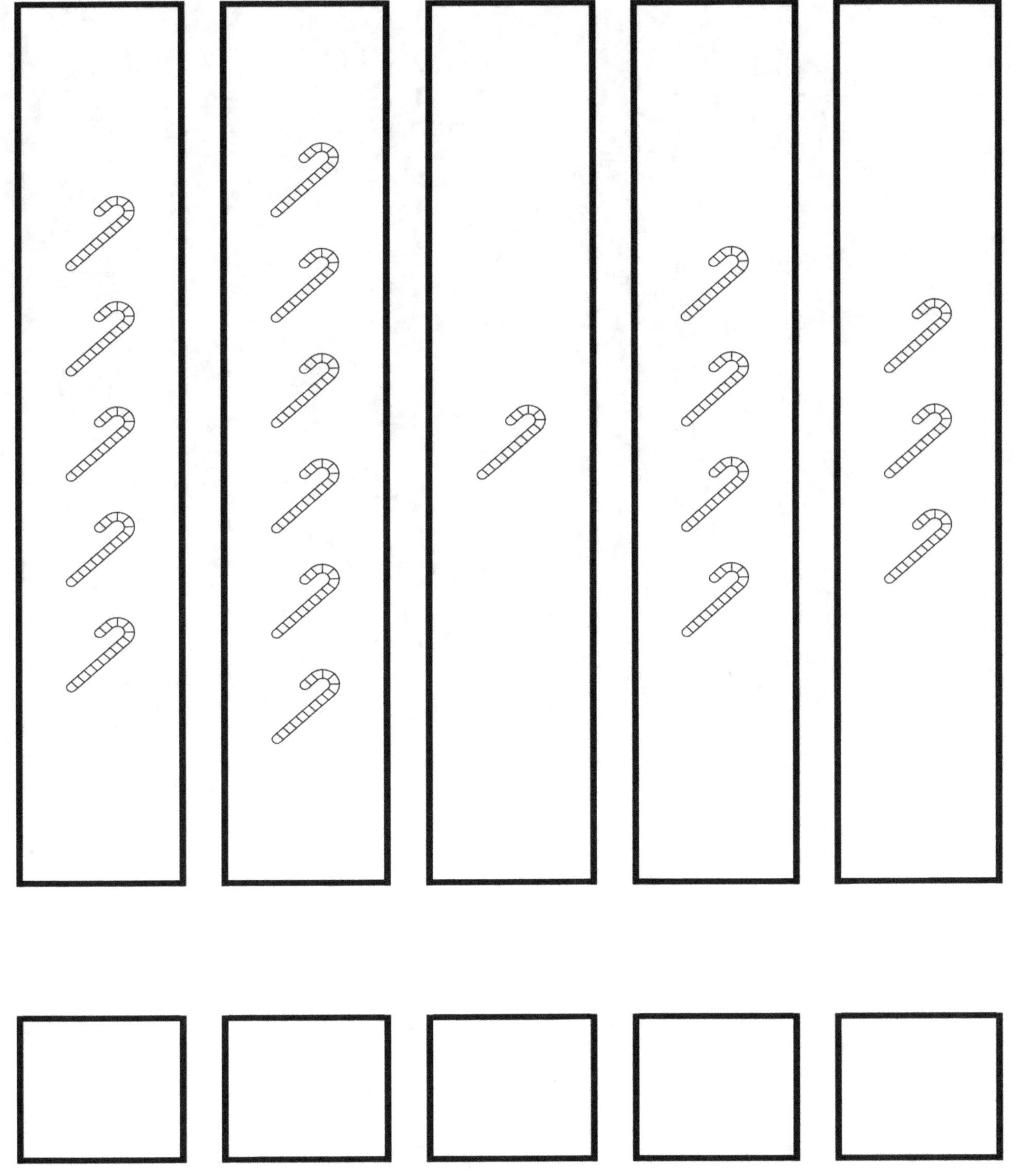

HOW MANY?

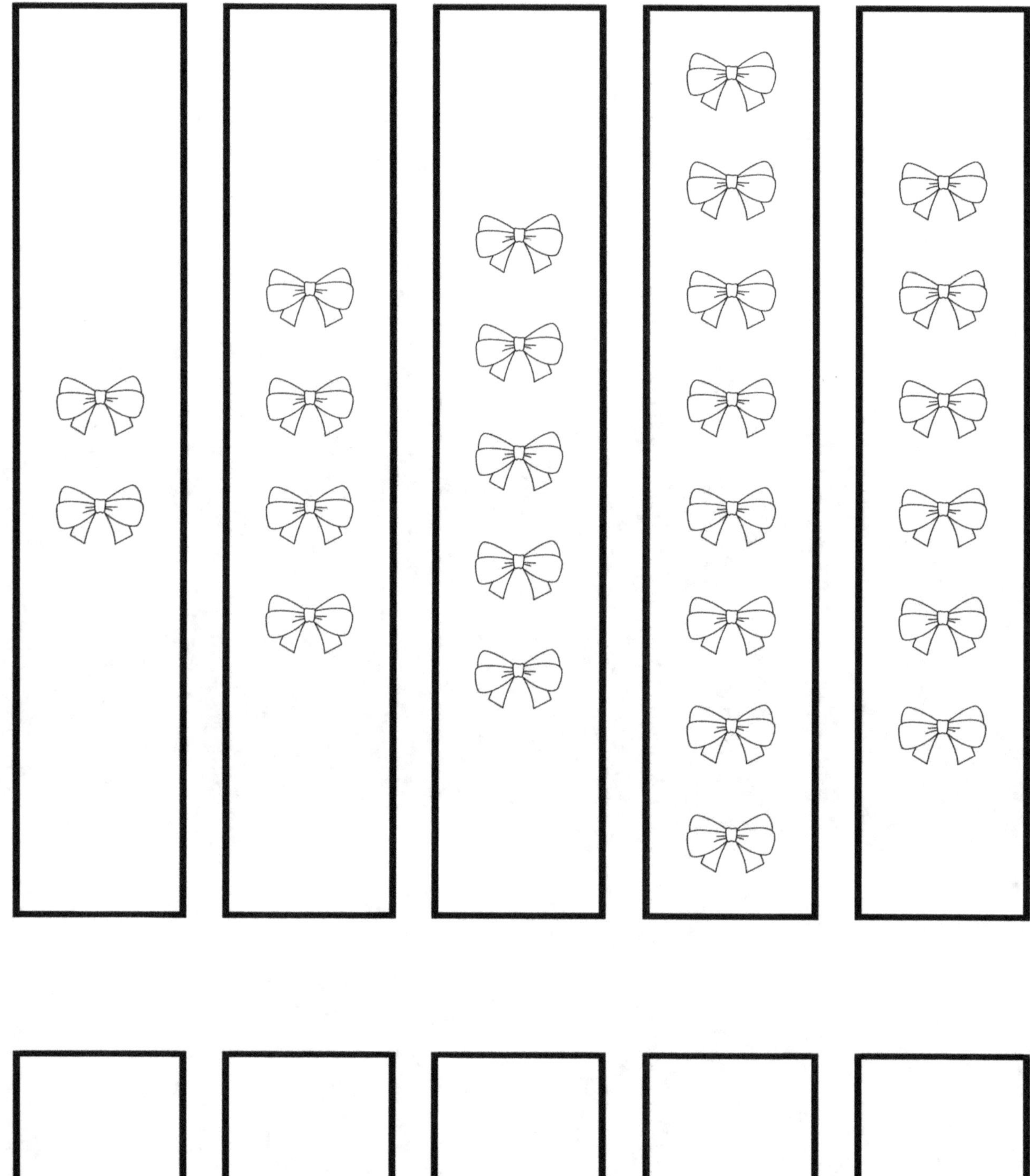

HOW MANY?

HOW MANY?

HOW MANY?

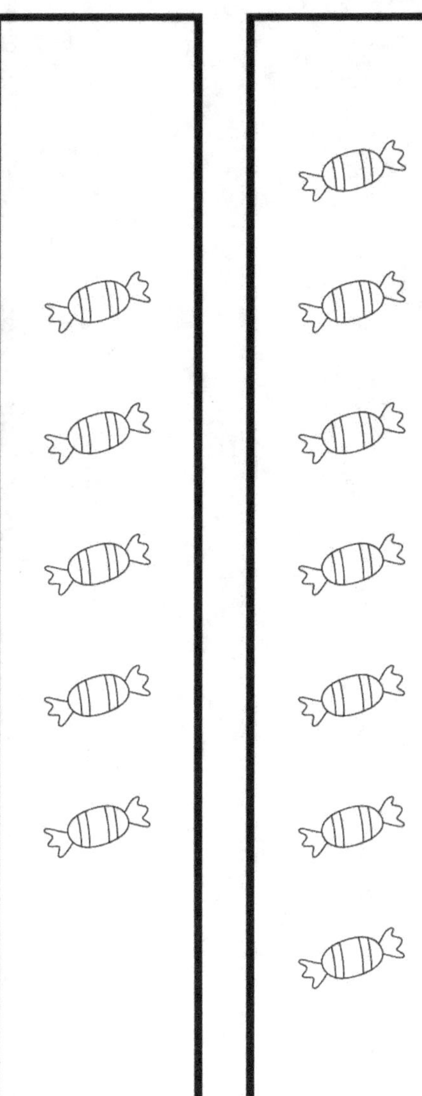

HOW MANY?

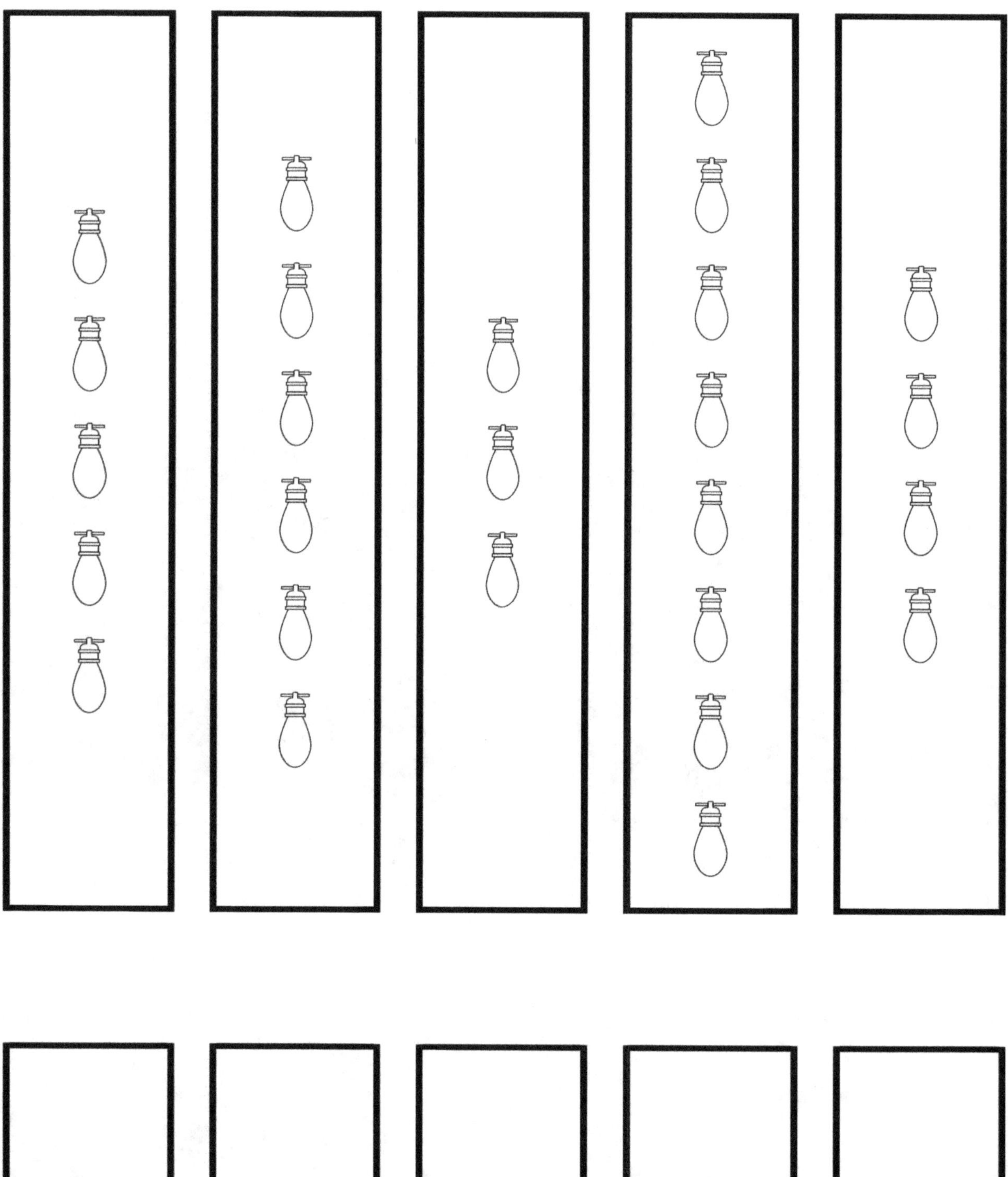

HOW MANY?

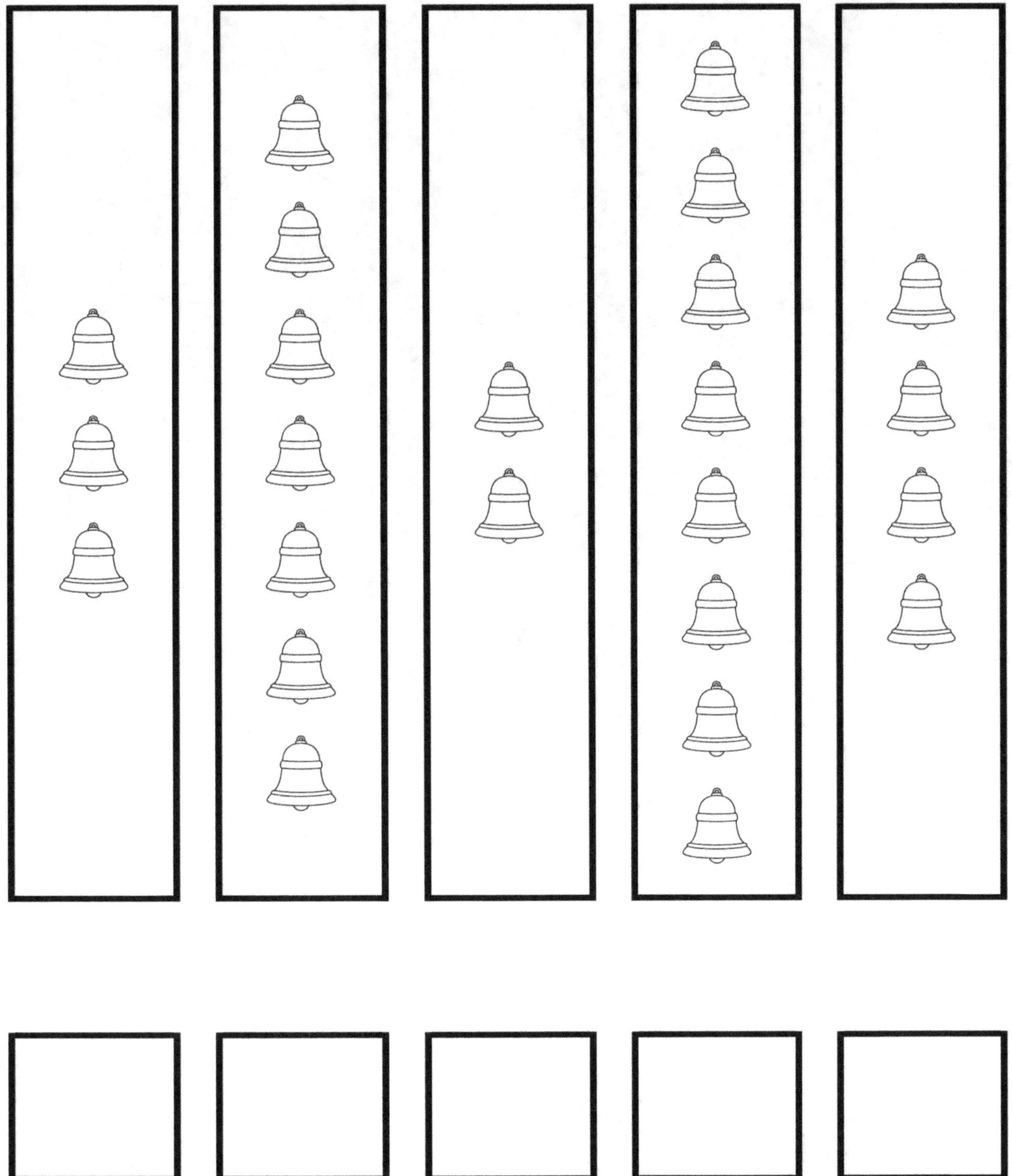

HOW MANY?

HOW MANY?

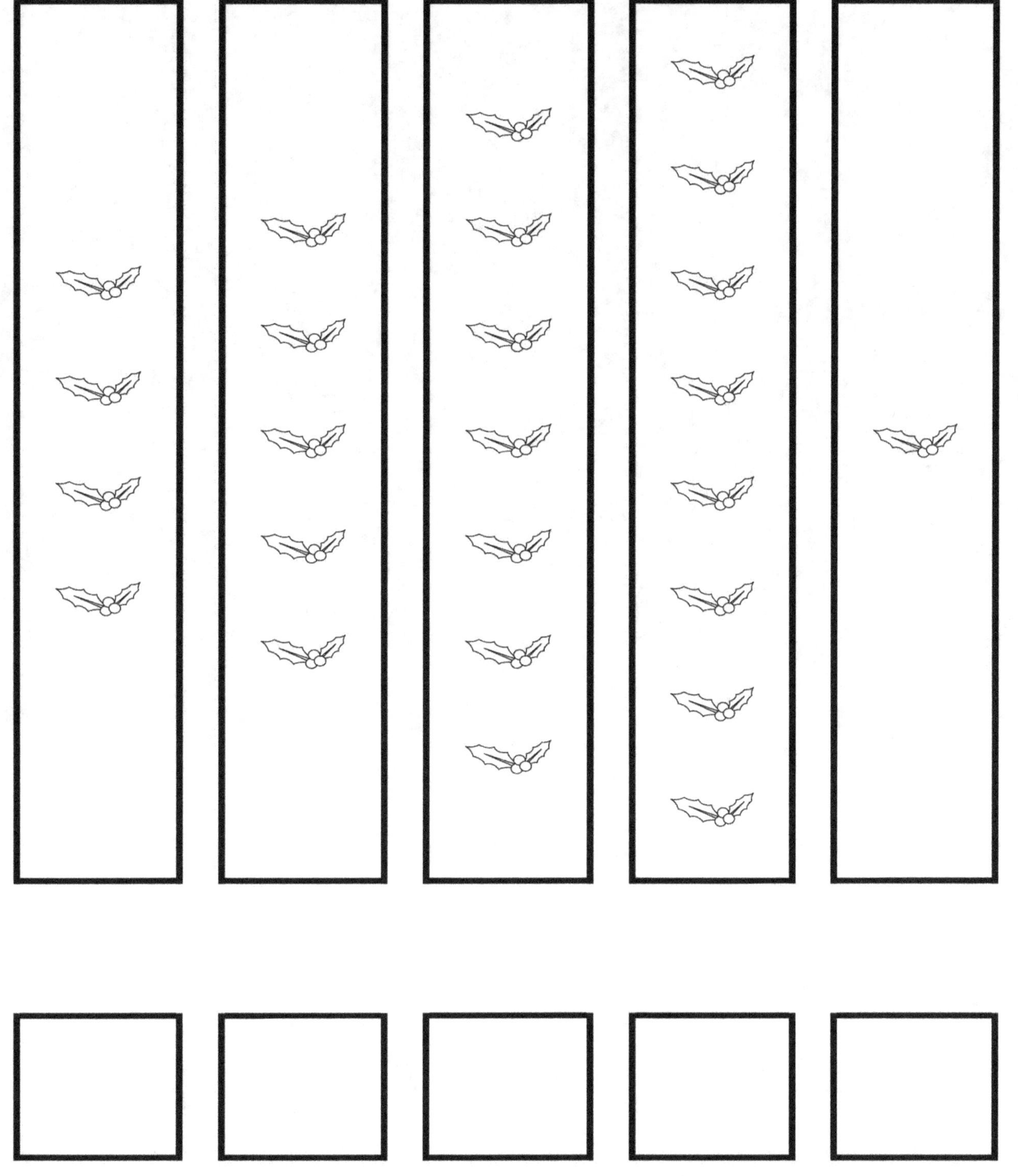

HOW MANY?

HOW MANY?

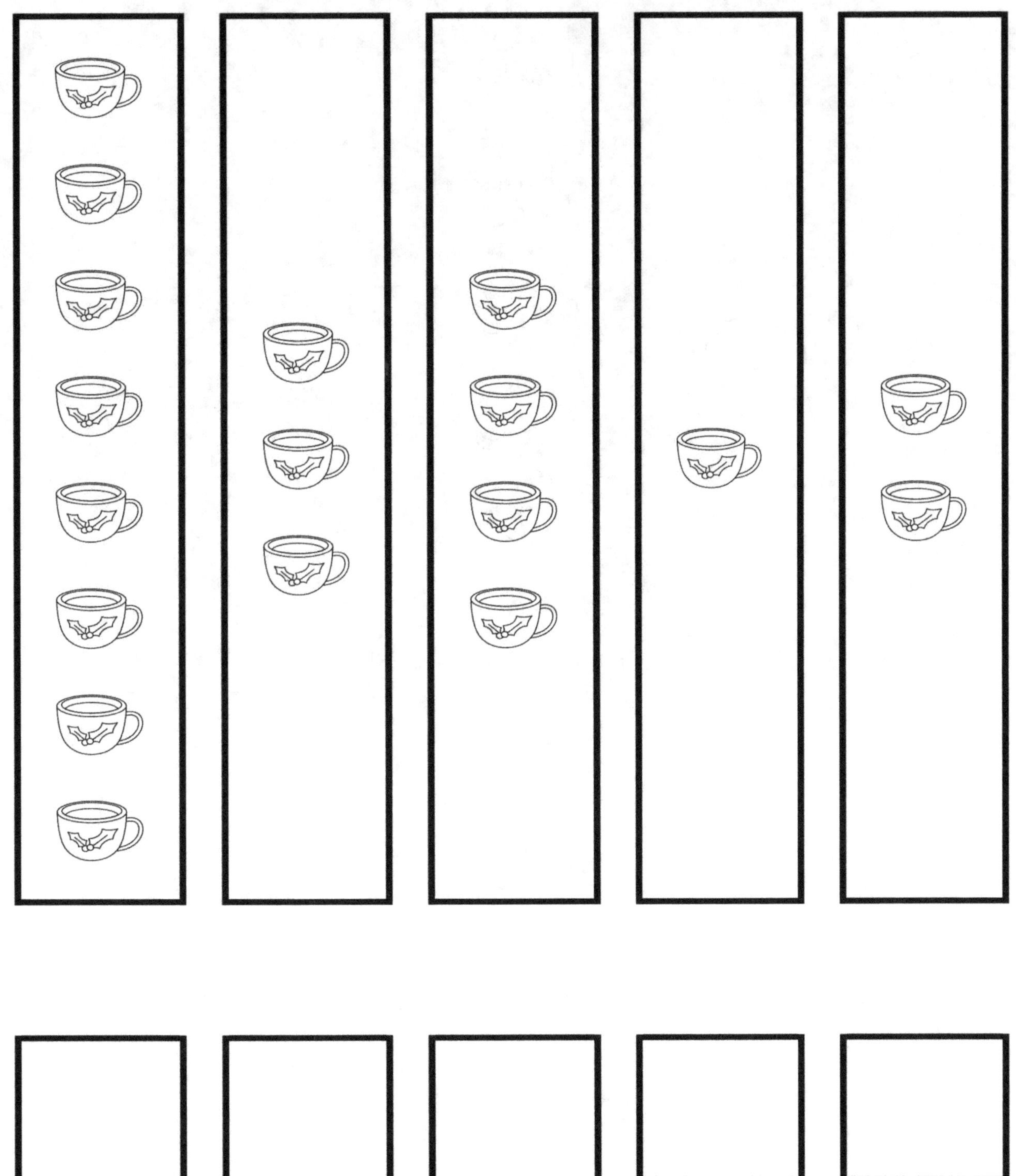

HOW MANY?

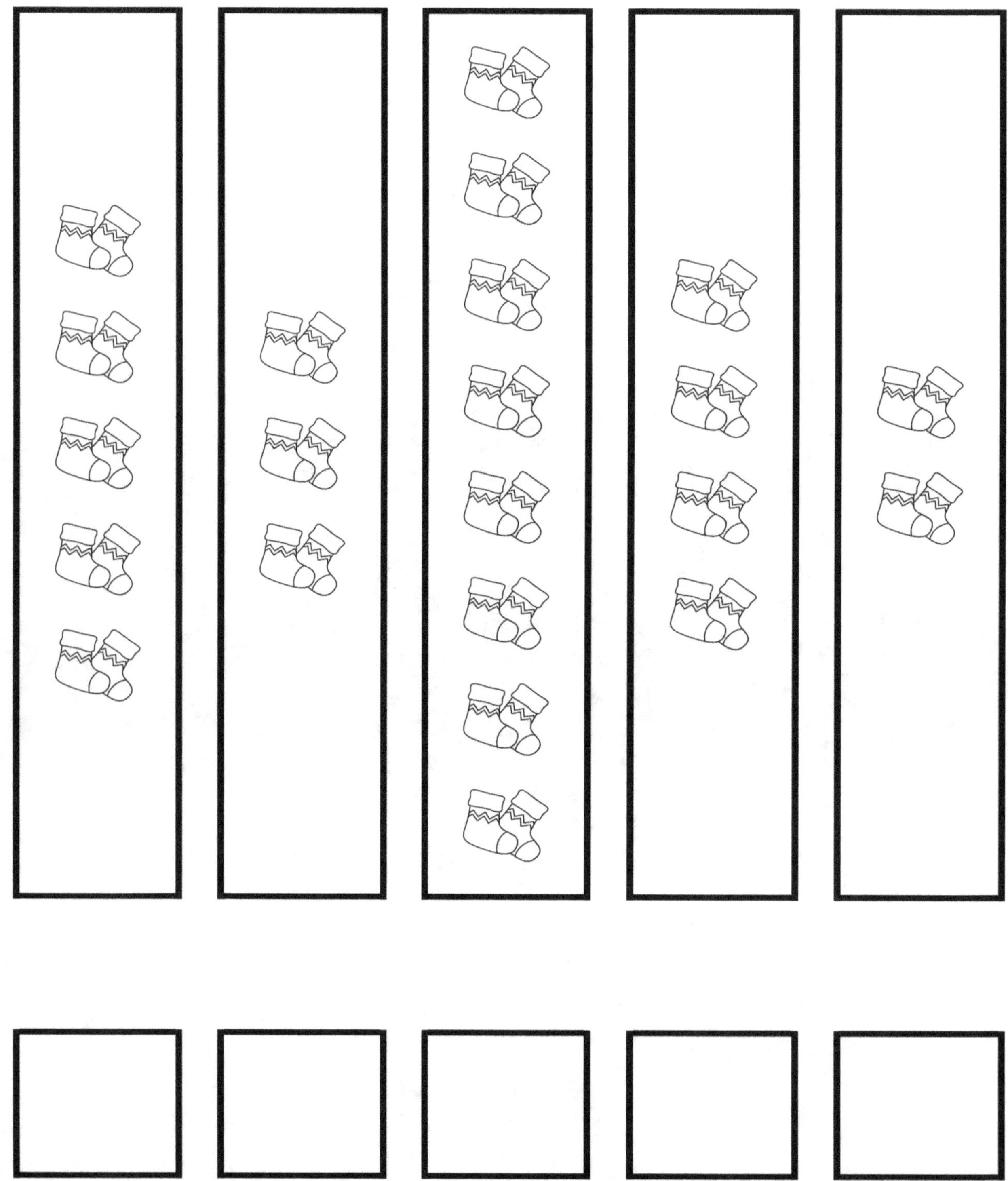

HOW MANY?

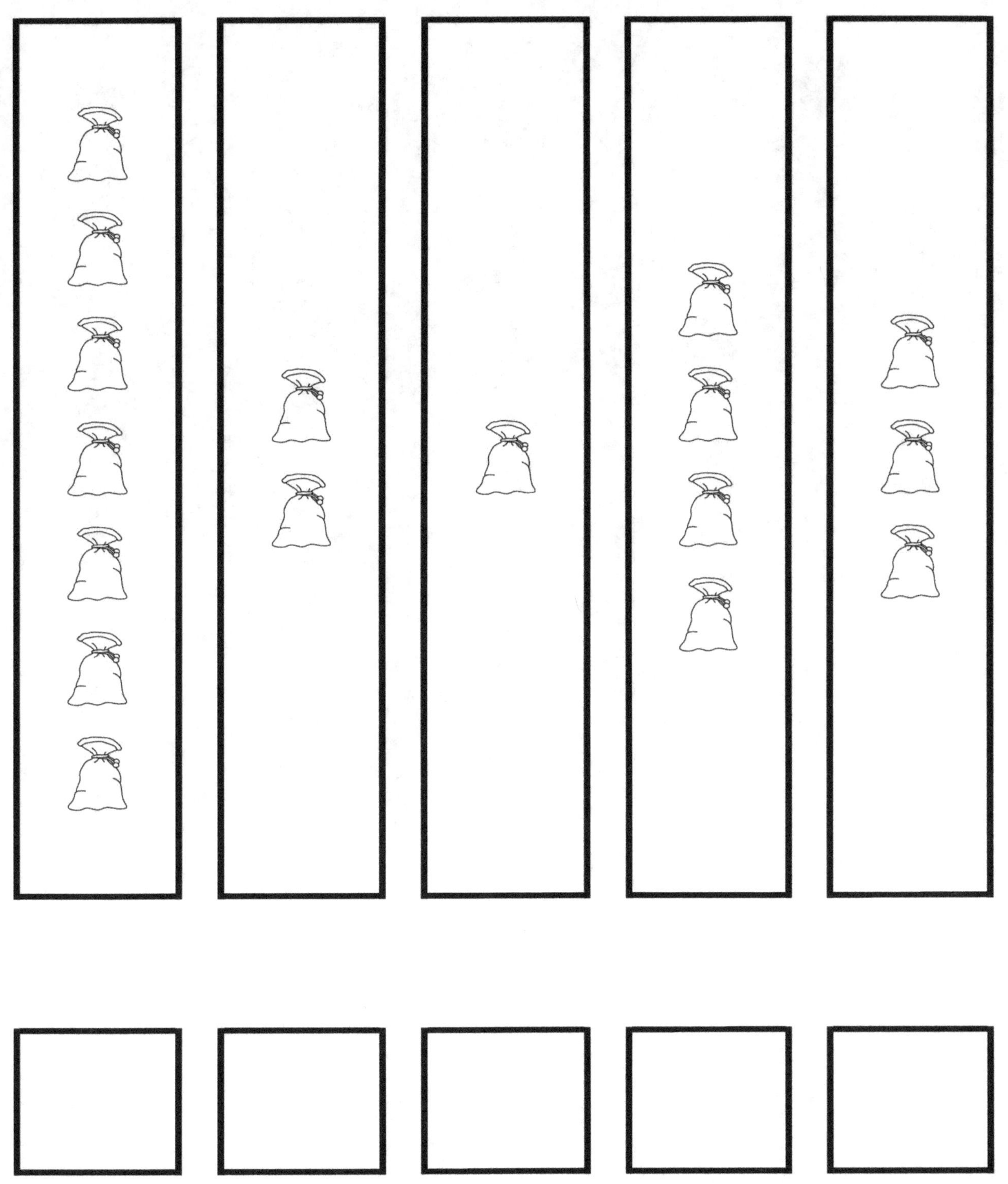

HOW MANY?

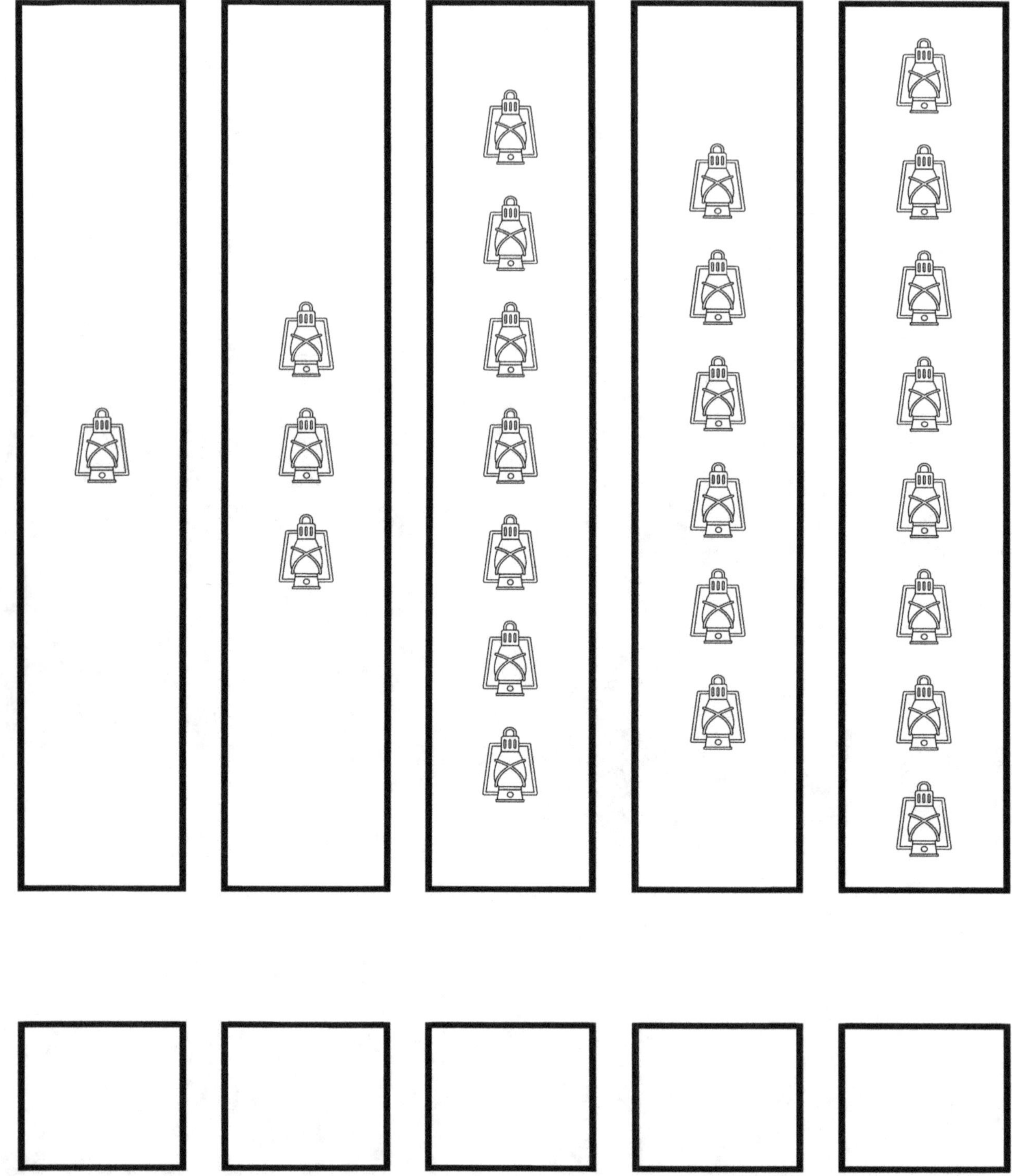

HOW MANY?

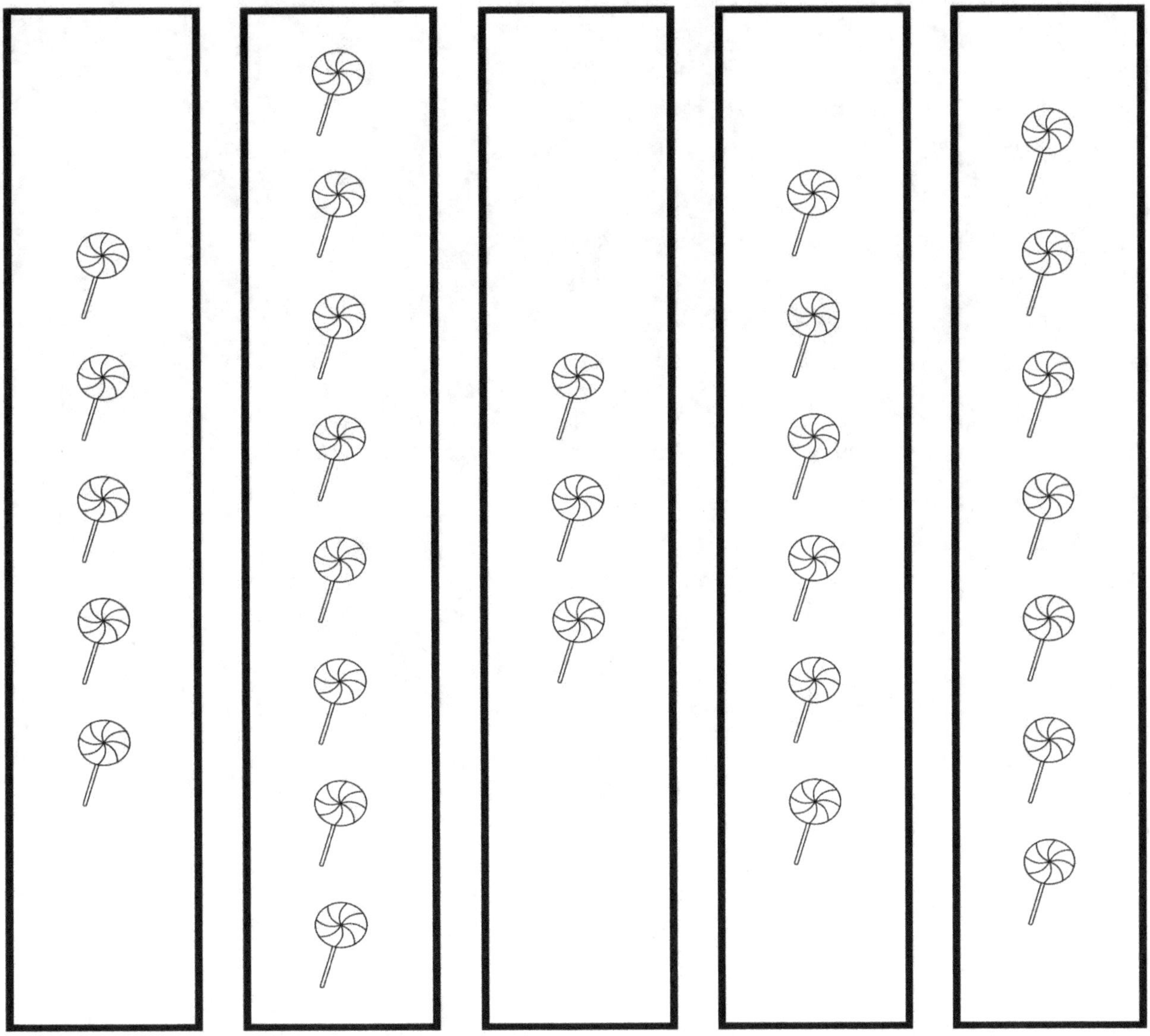

HOW MANY?

HOW MANY?

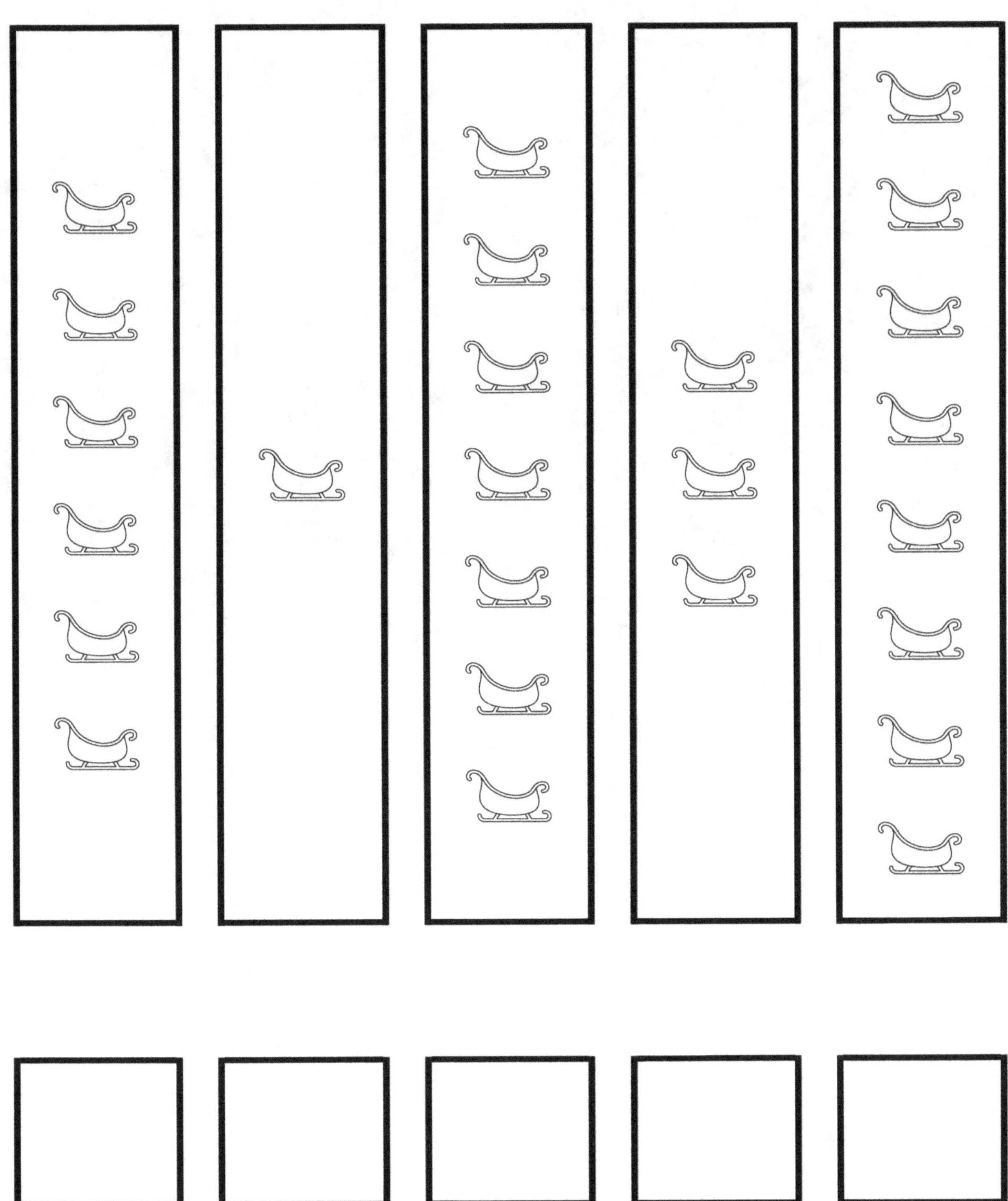

HOW MANY?

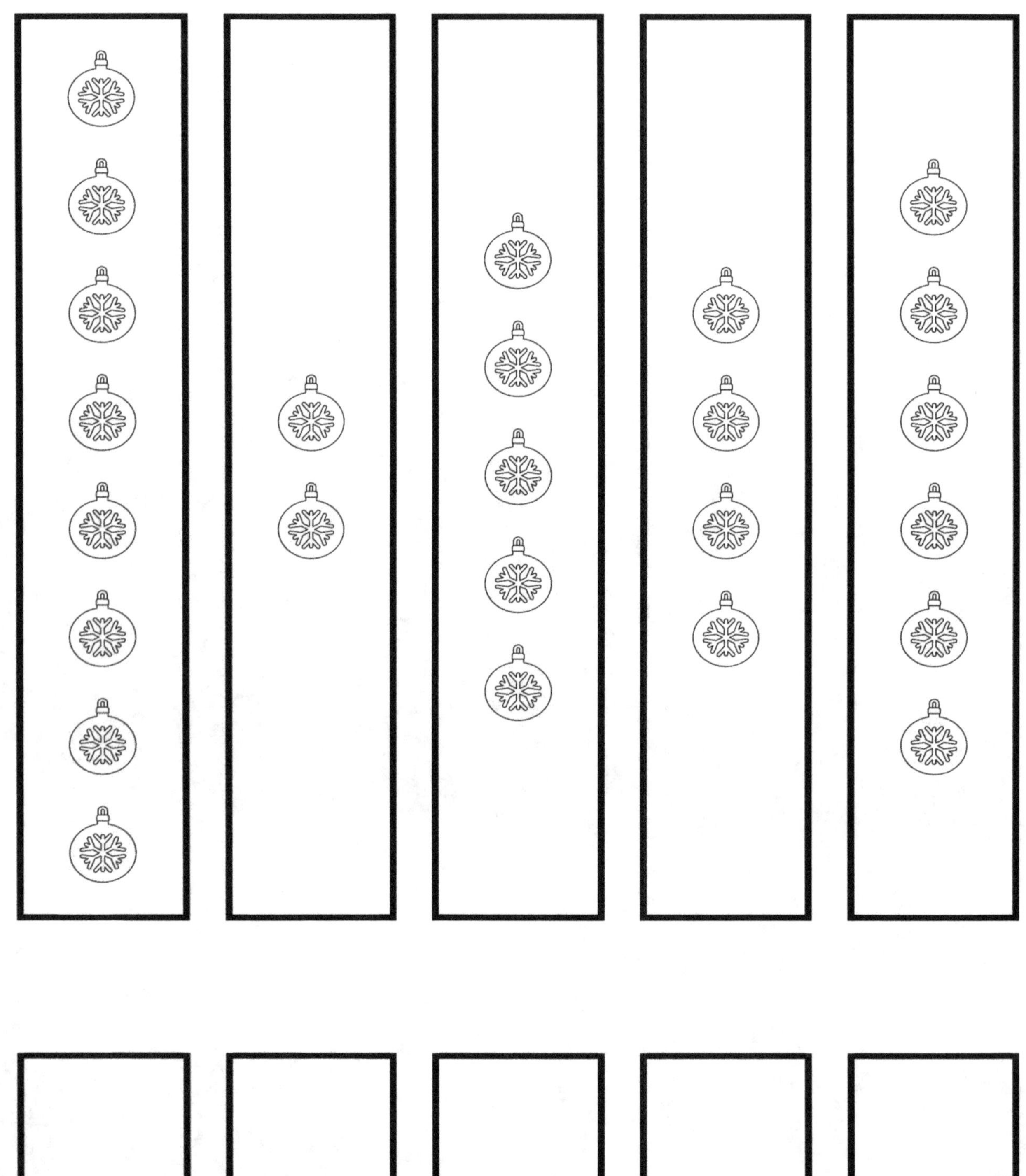

HOW MANY?

HOW MANY?

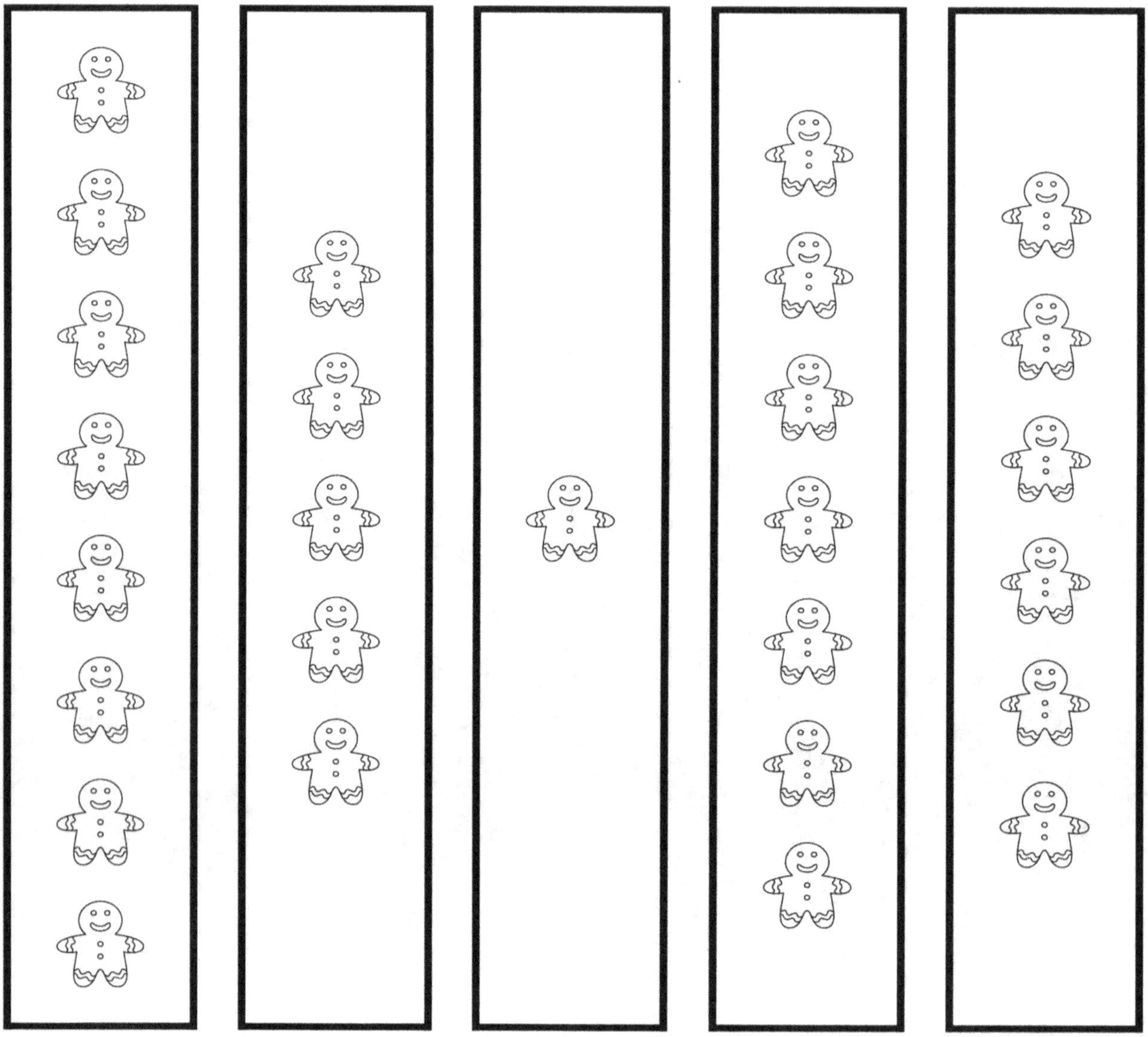

HOW MANY?

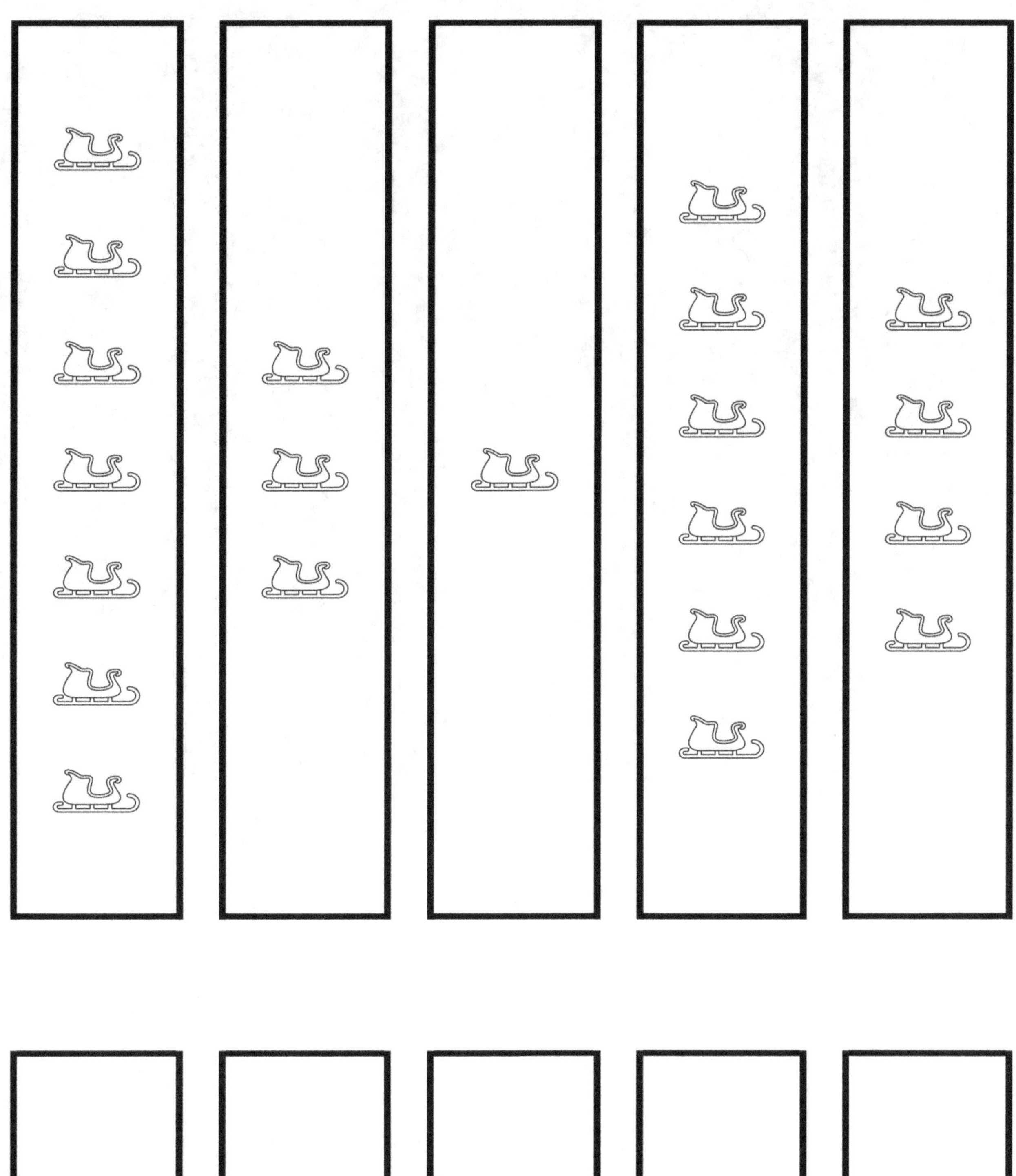

HOW MANY?

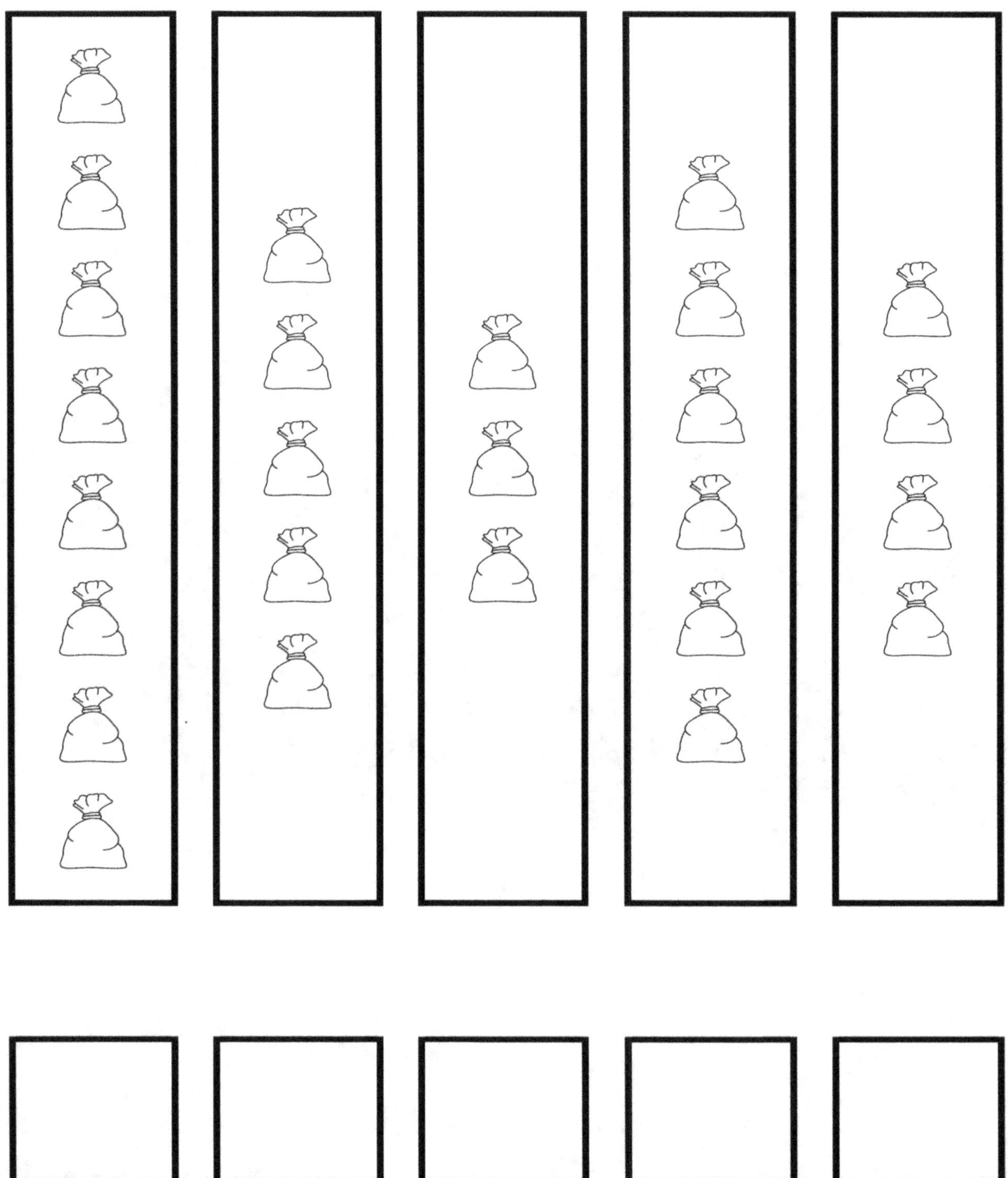

HOW MANY?

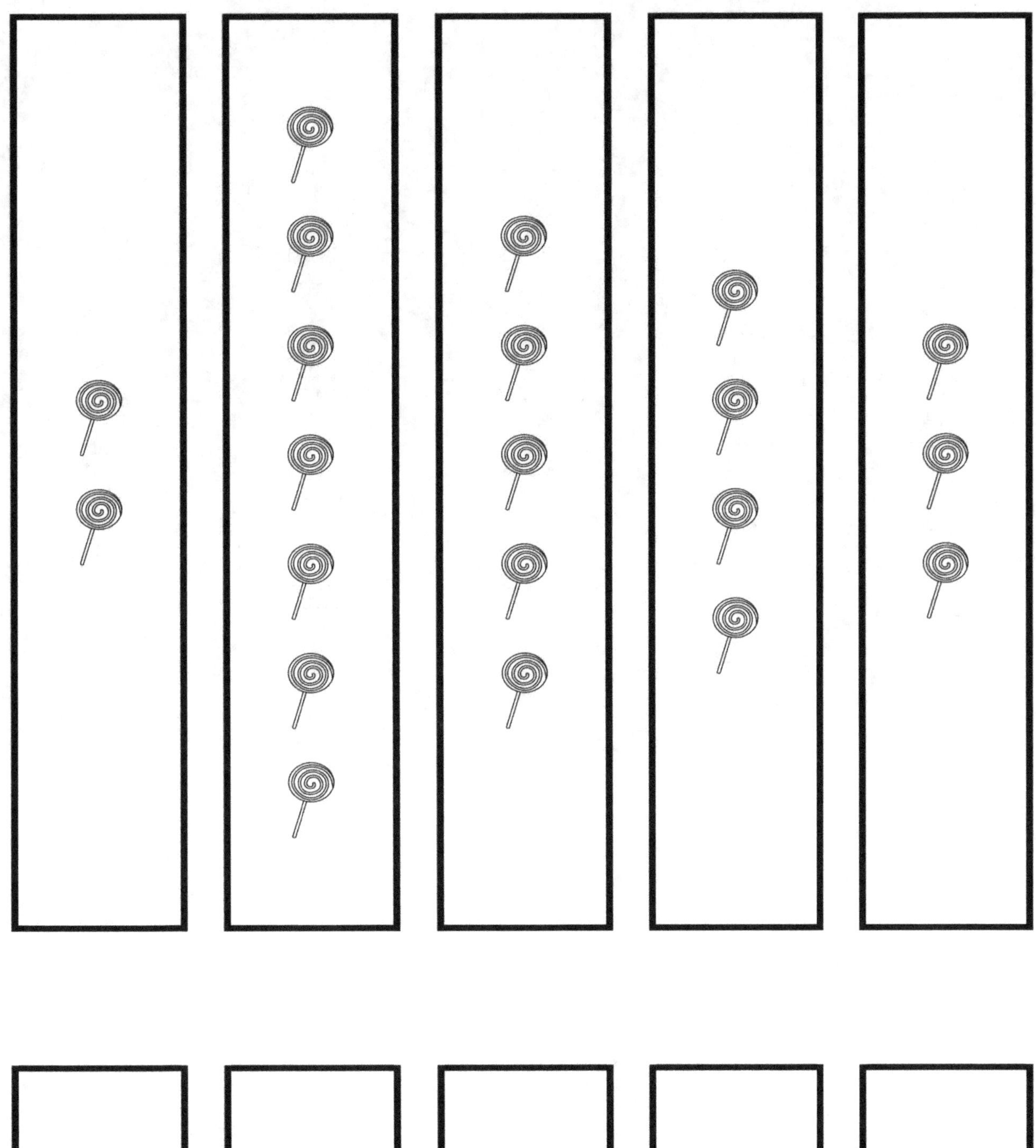

HOW MANY?

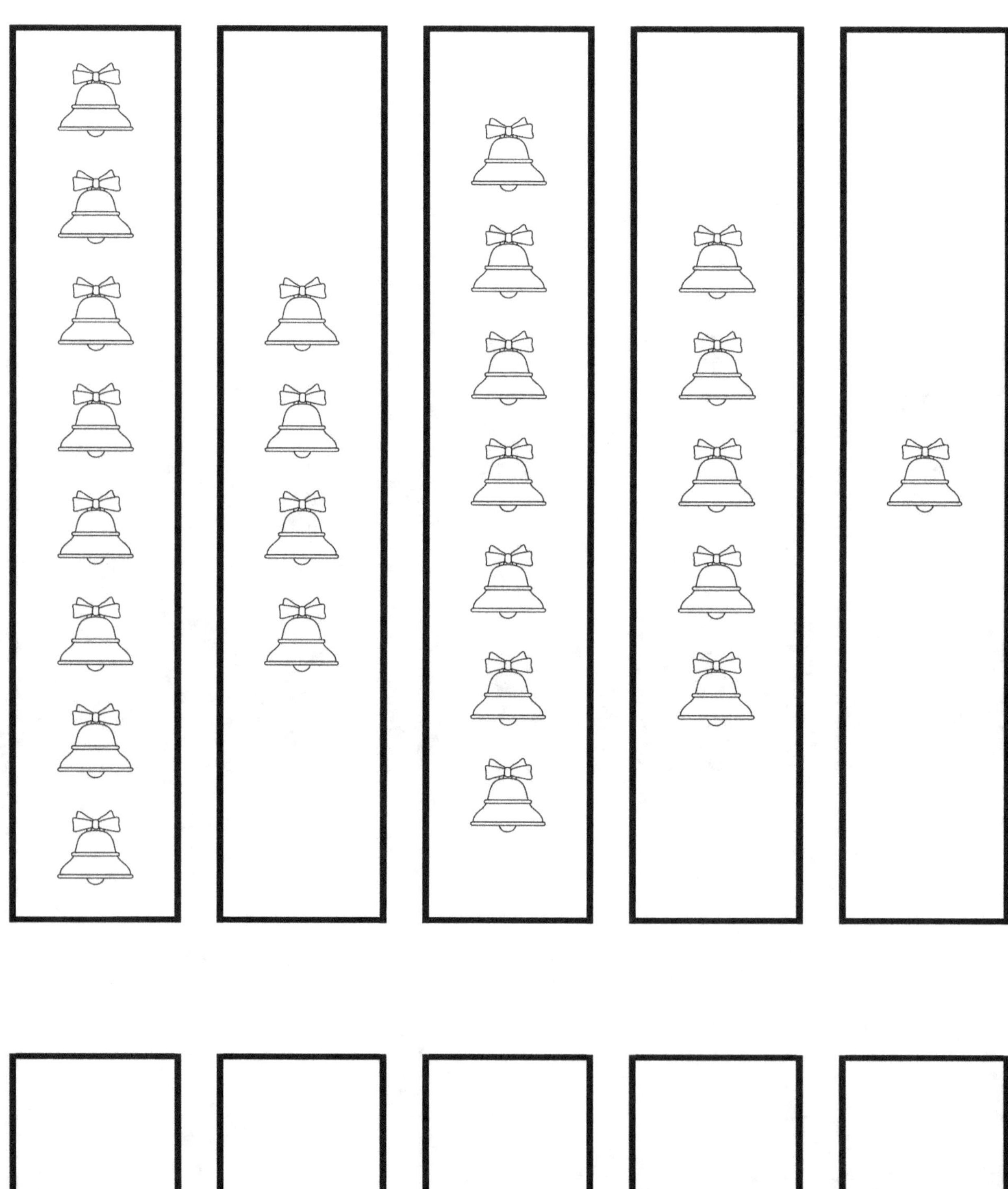

HOW MANY?

HOW MANY?

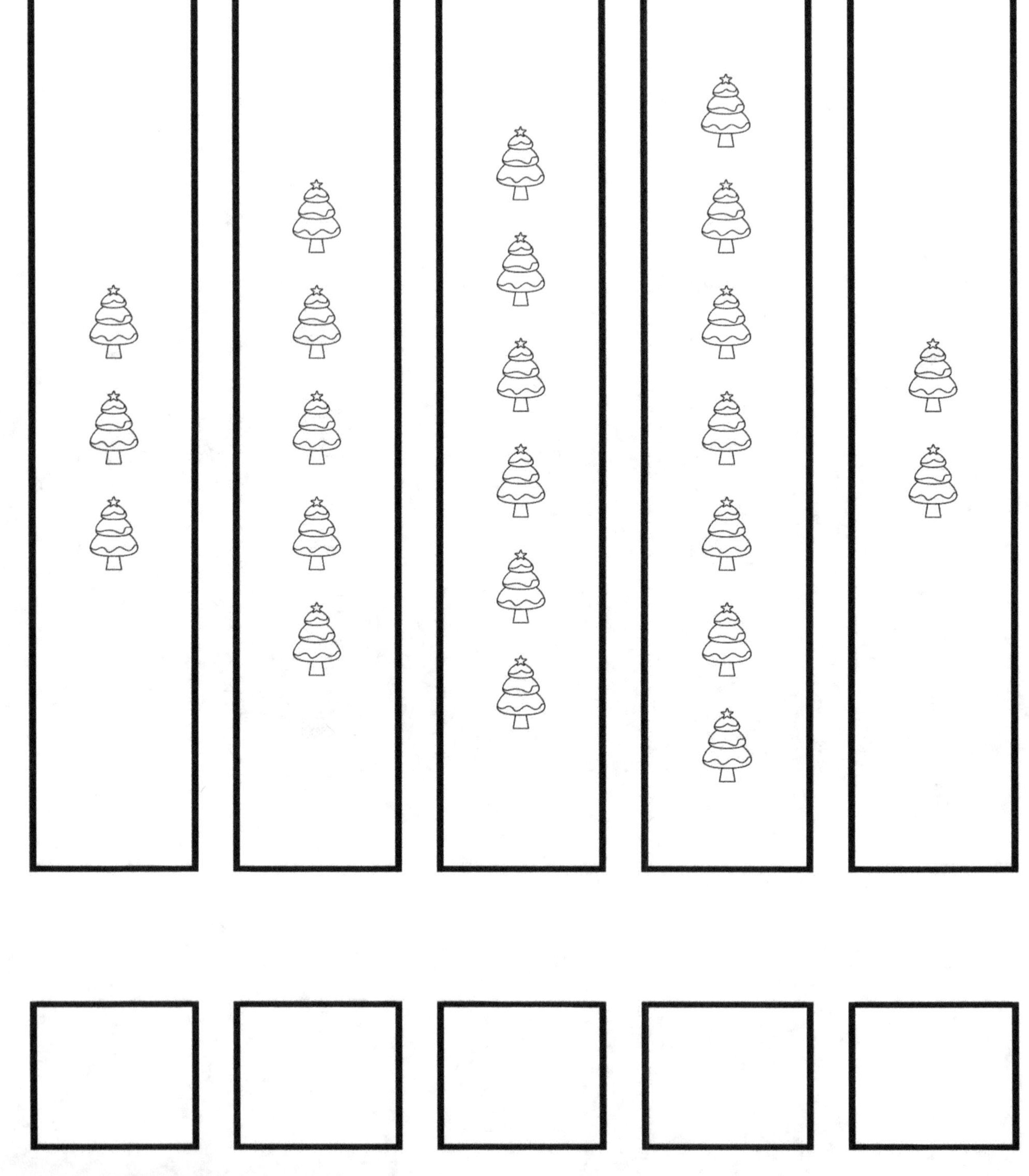

HOW MANY?

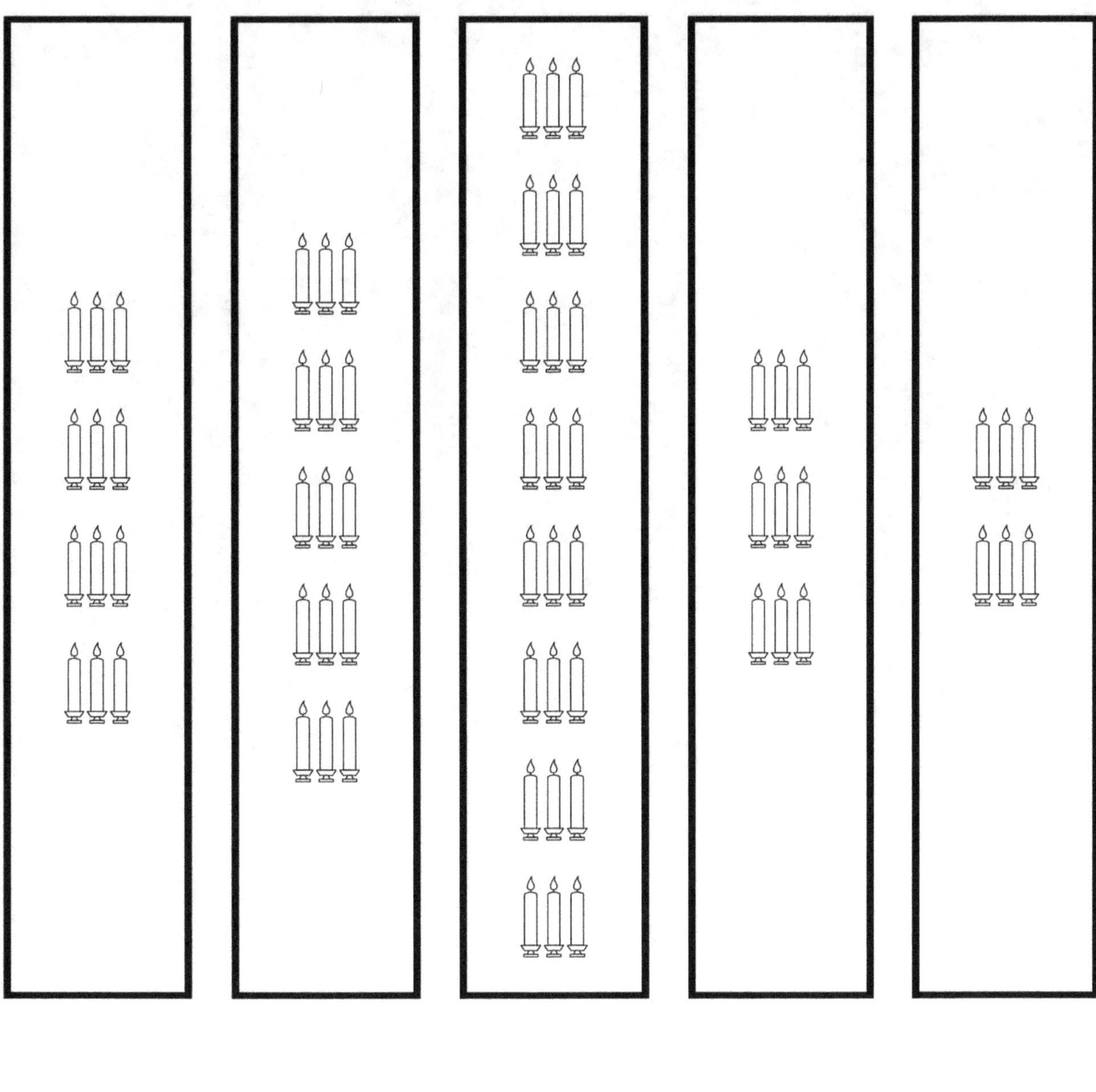

HOW MANY?

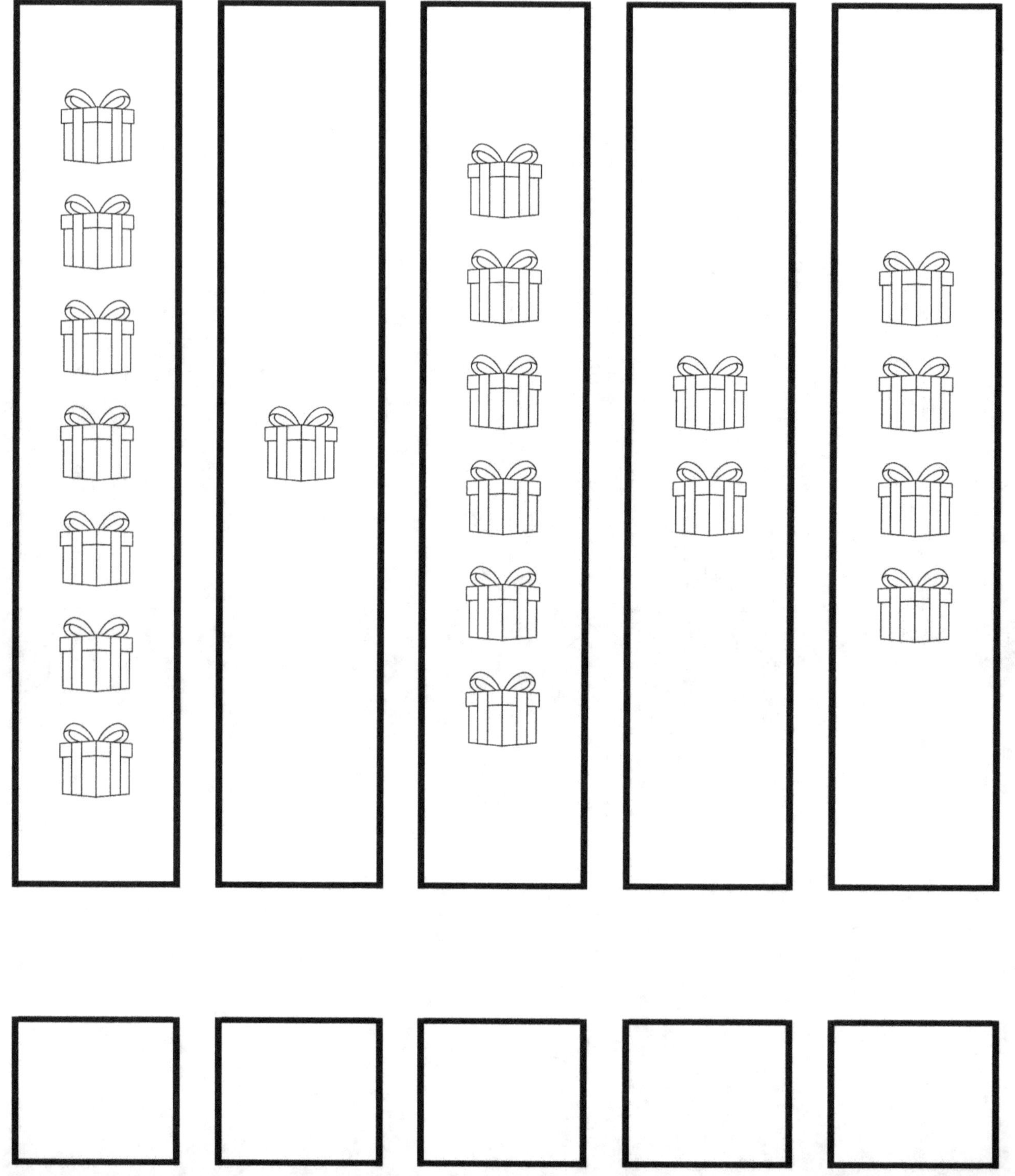

HOW MANY?

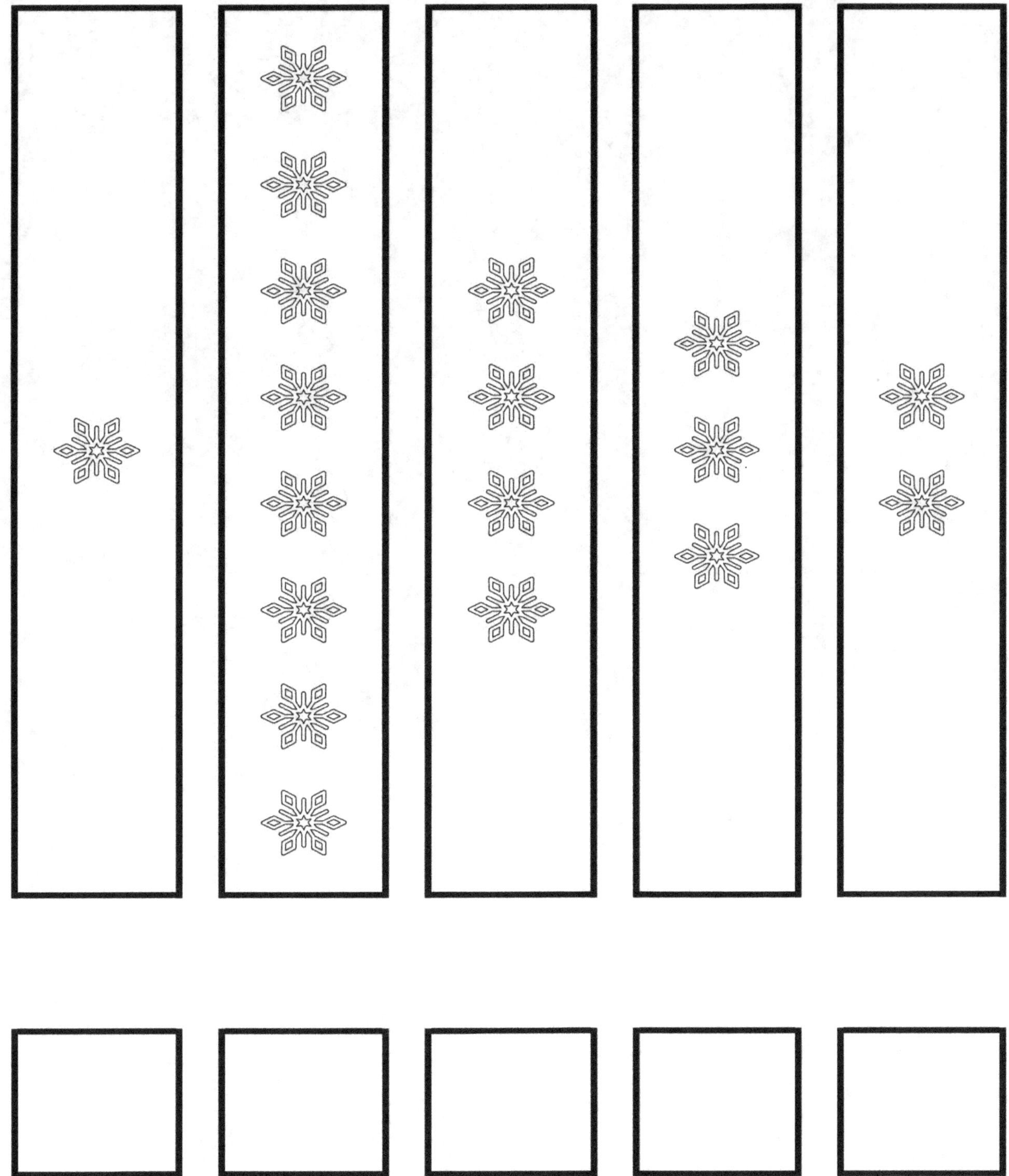

HOW MANY?

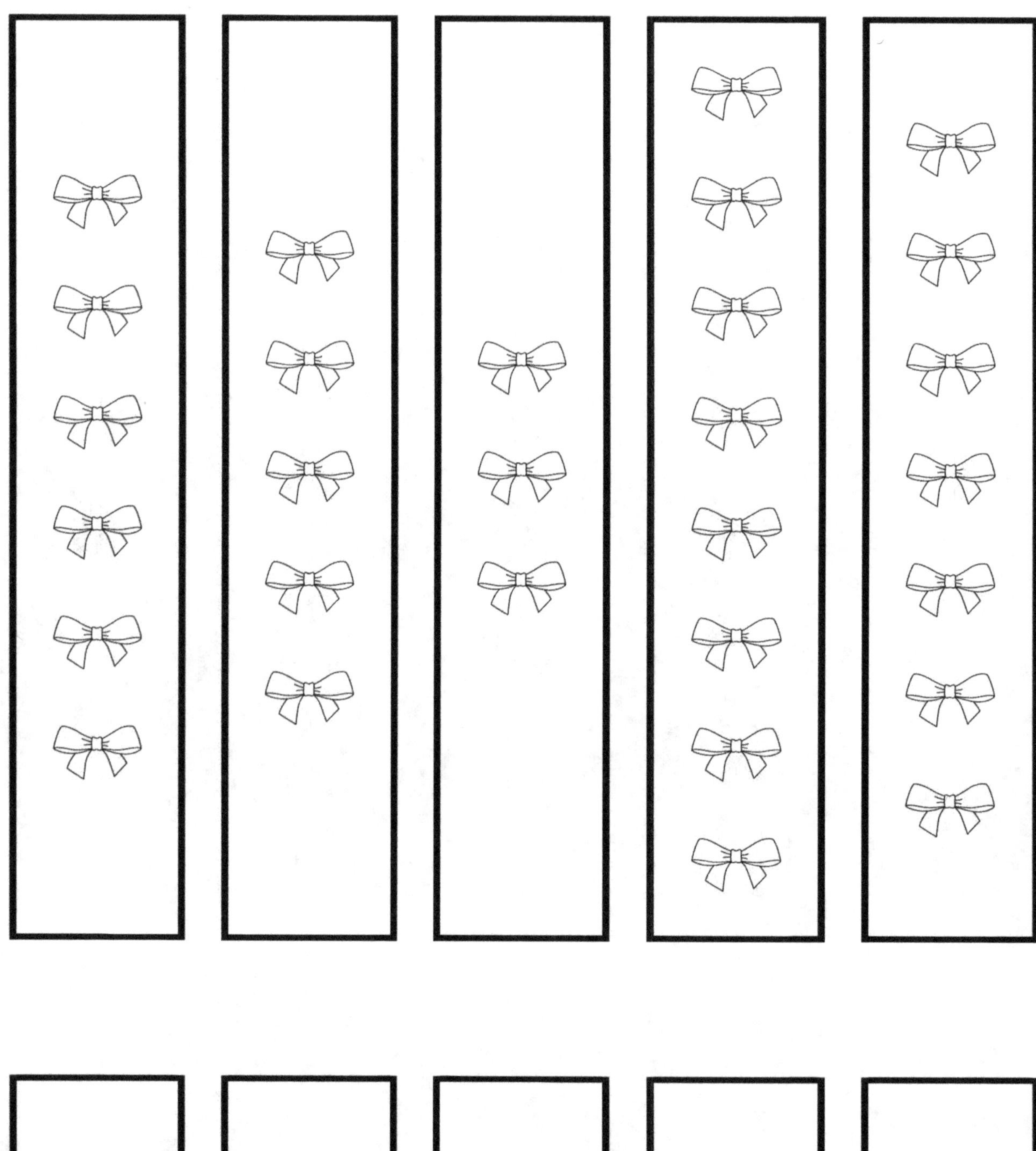

HOW MANY?

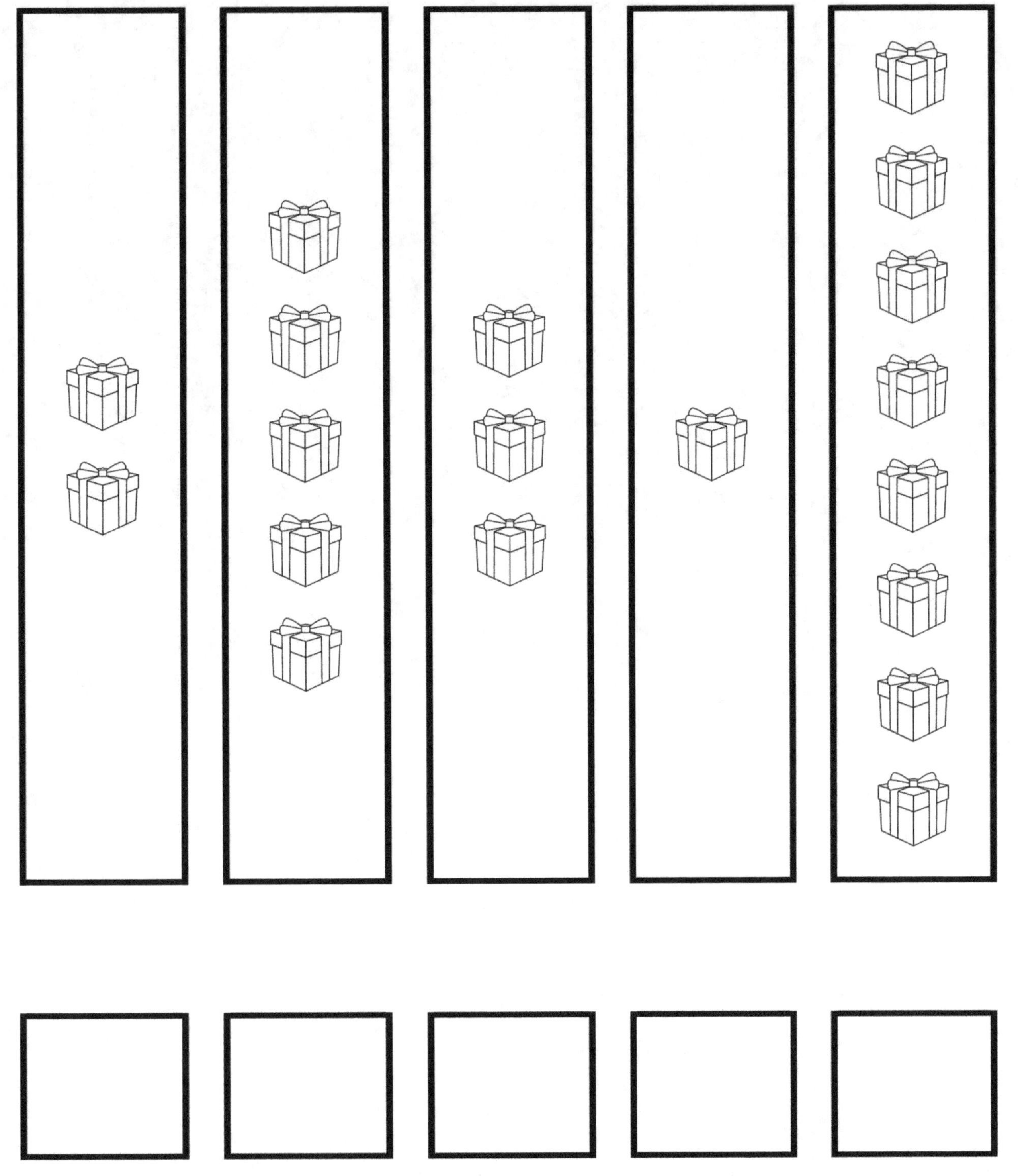

HOW MANY?

HOW MANY?

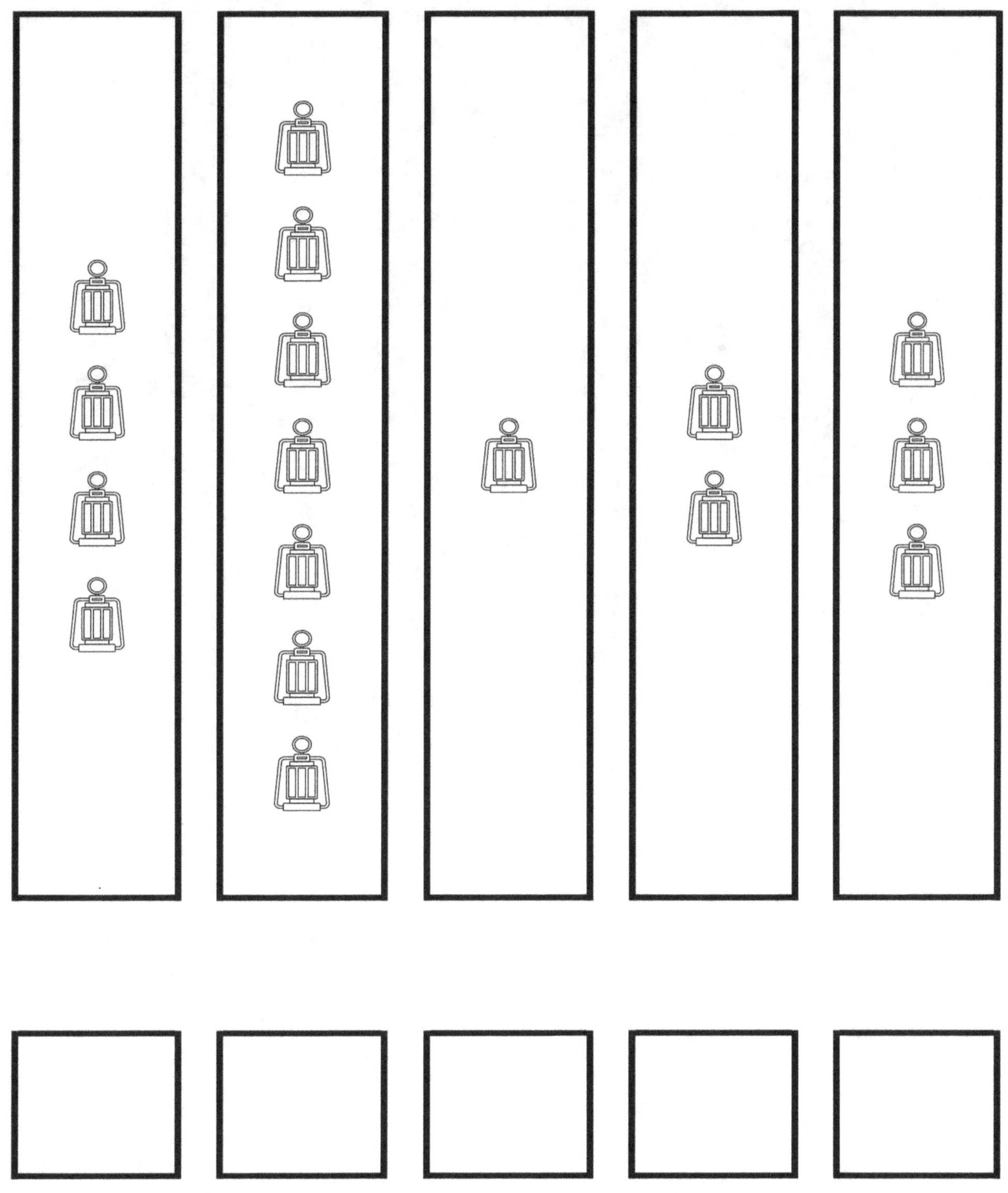

HOW MANY?

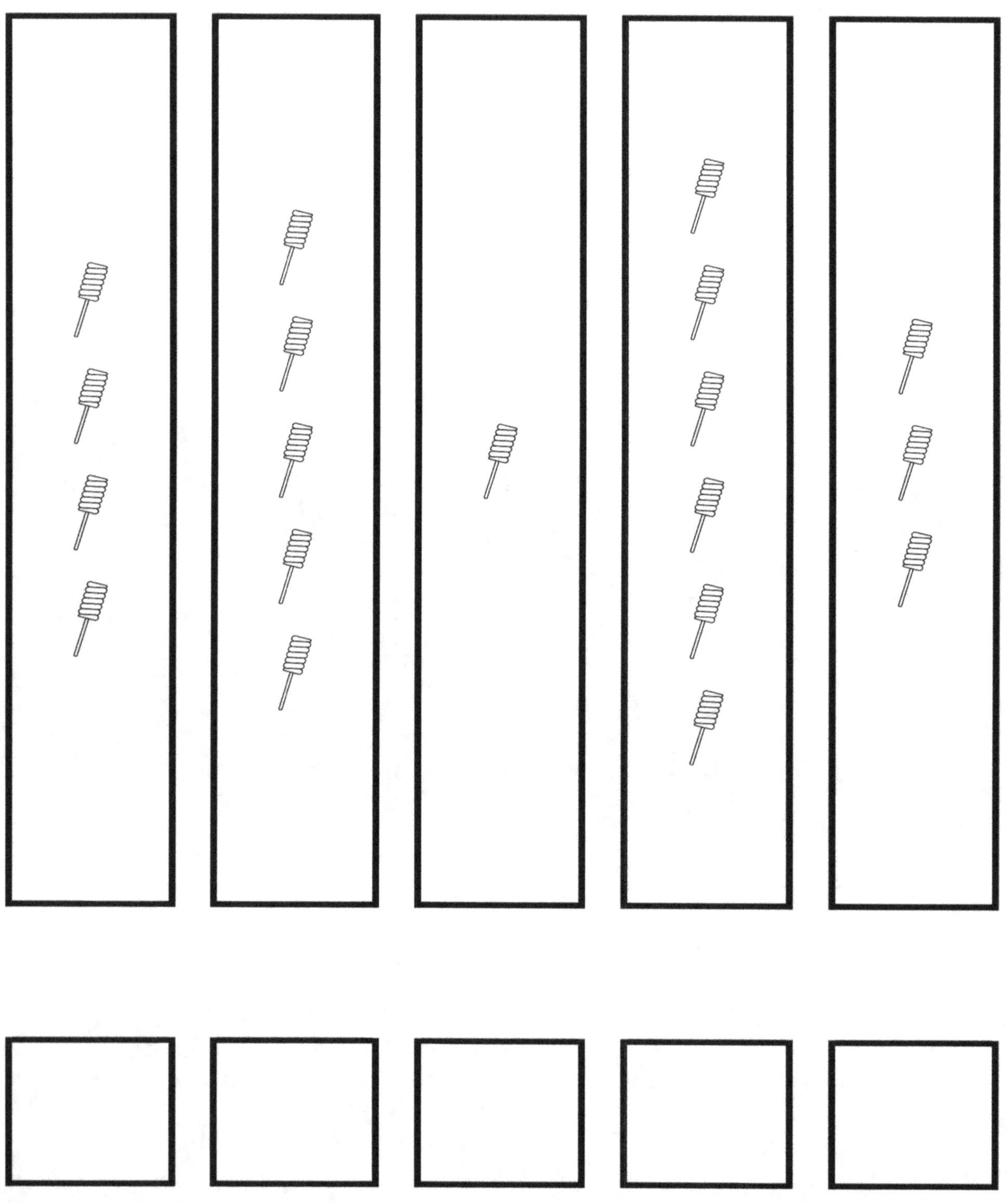

HOW MANY?

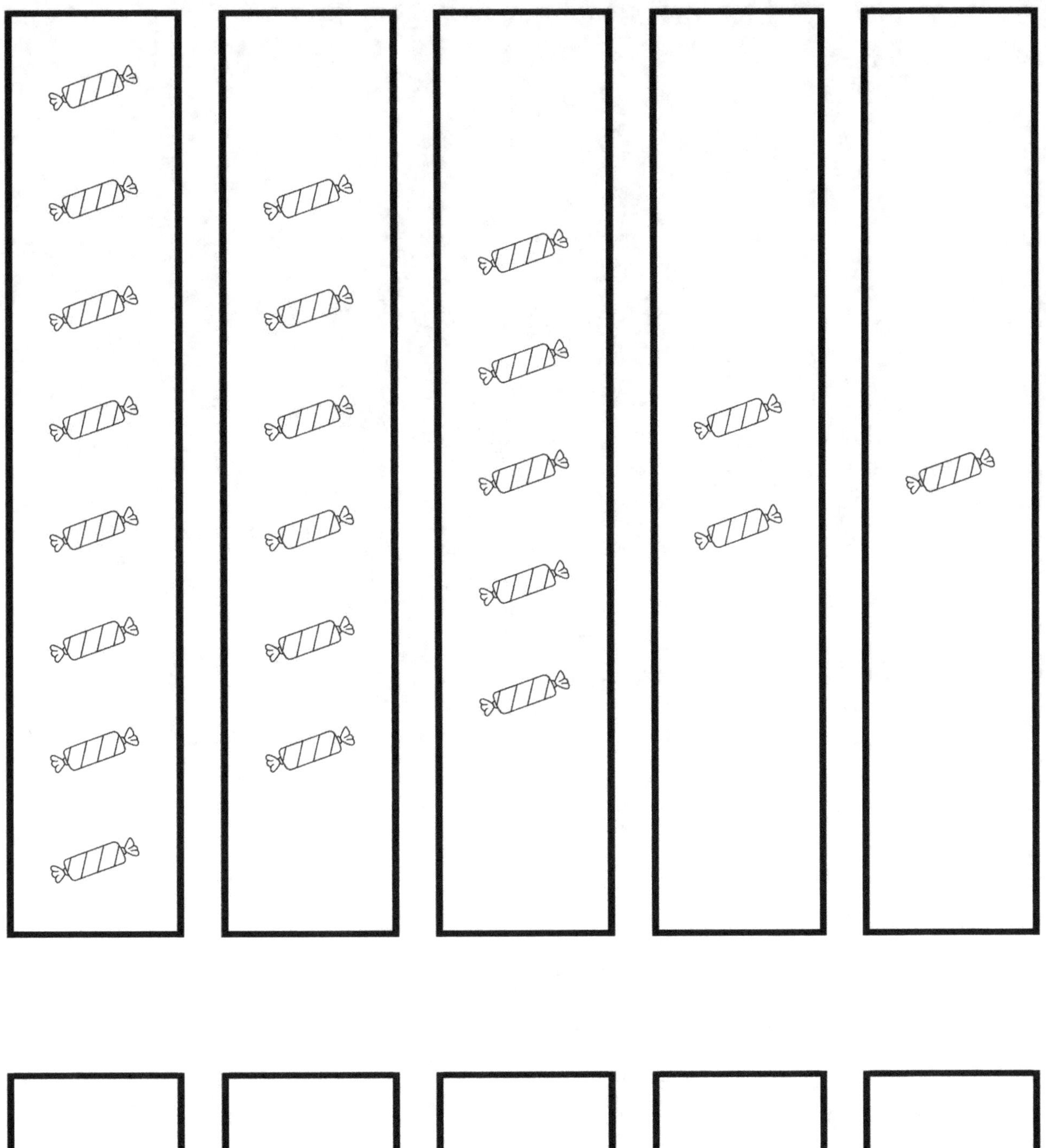

HOW MANY?

HOW MANY?

HOW MANY?

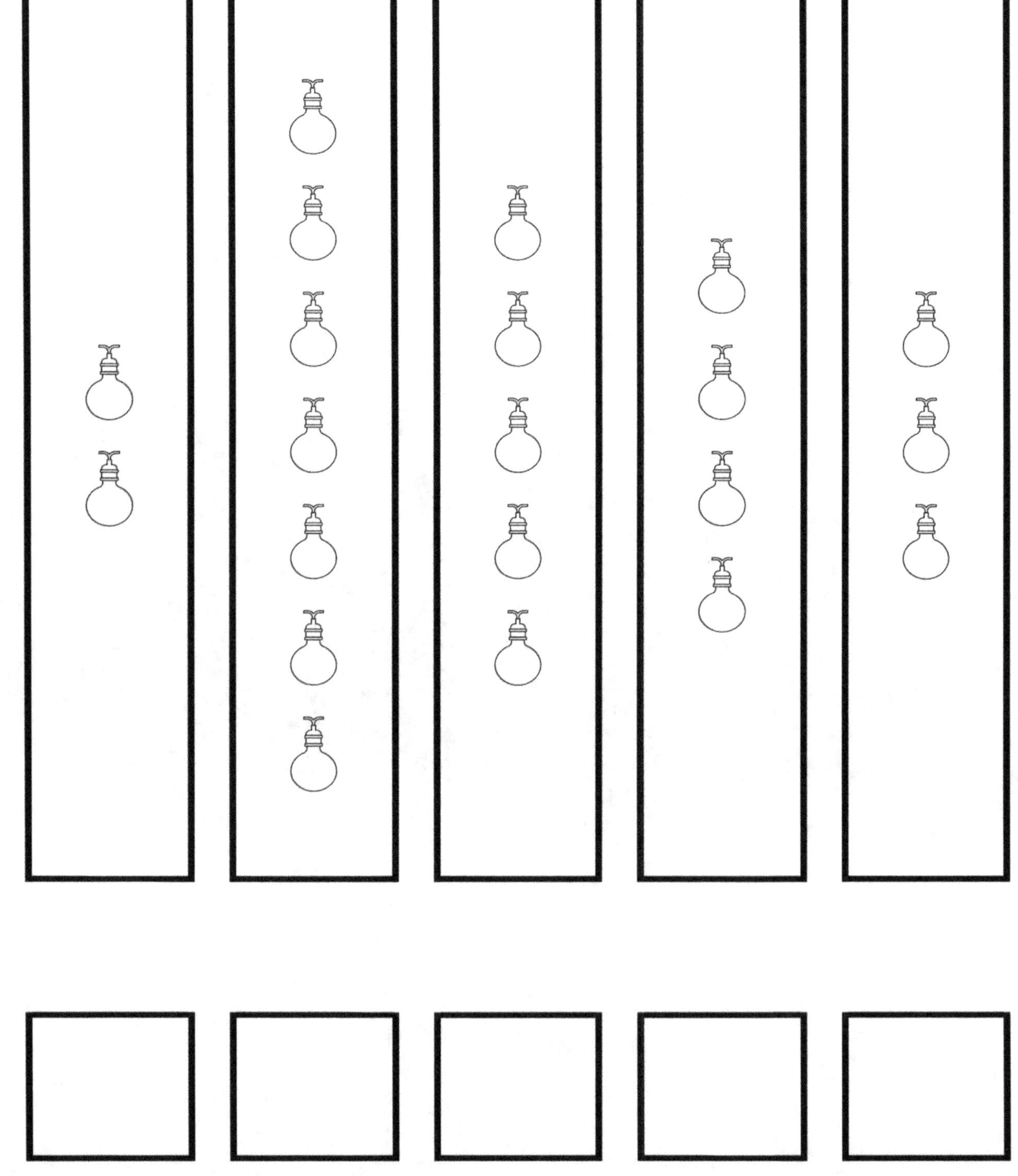

HOW MANY?

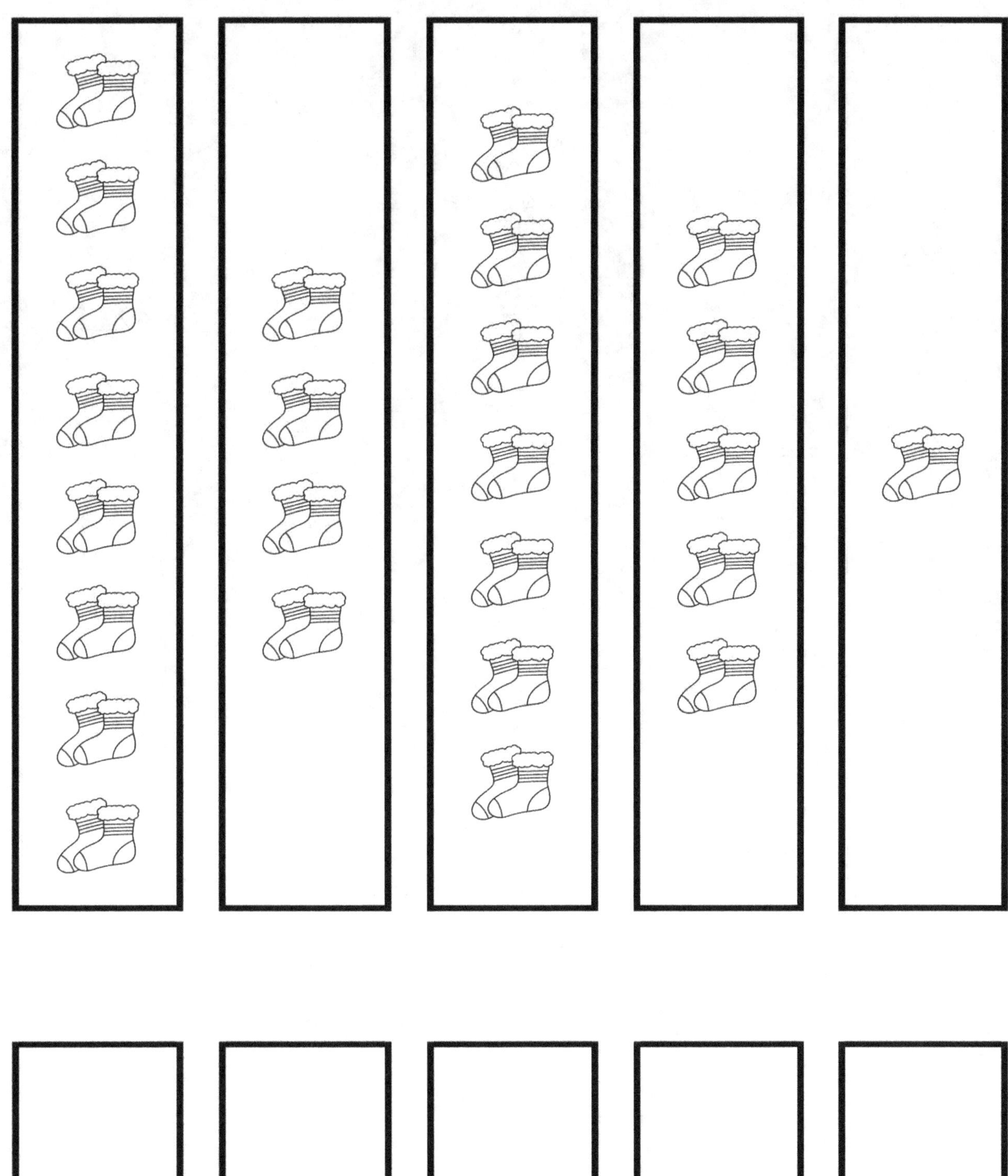

HOW MANY?

HOW MANY?

HOW MANY?

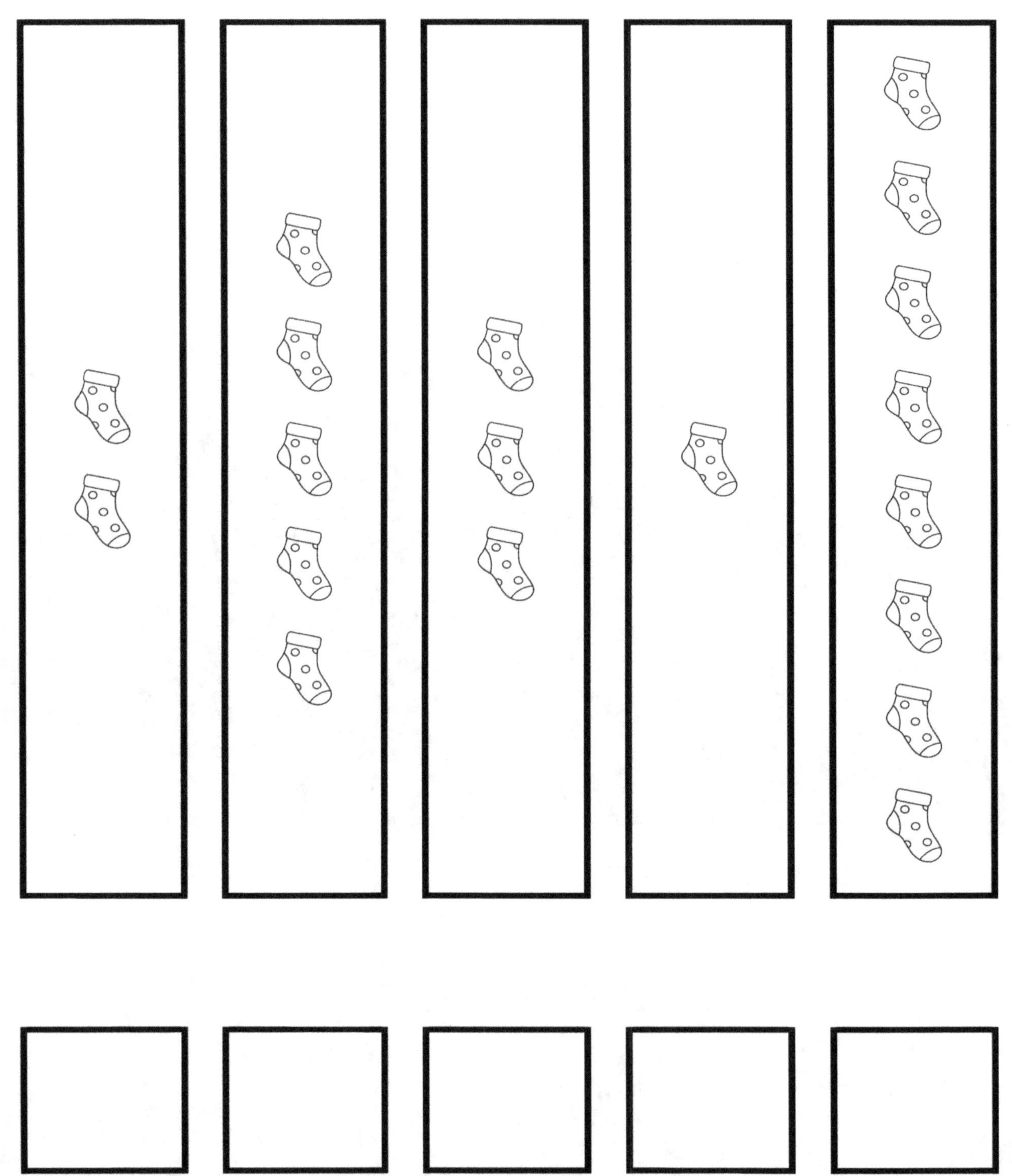

HOW MANY?

HOW MANY?

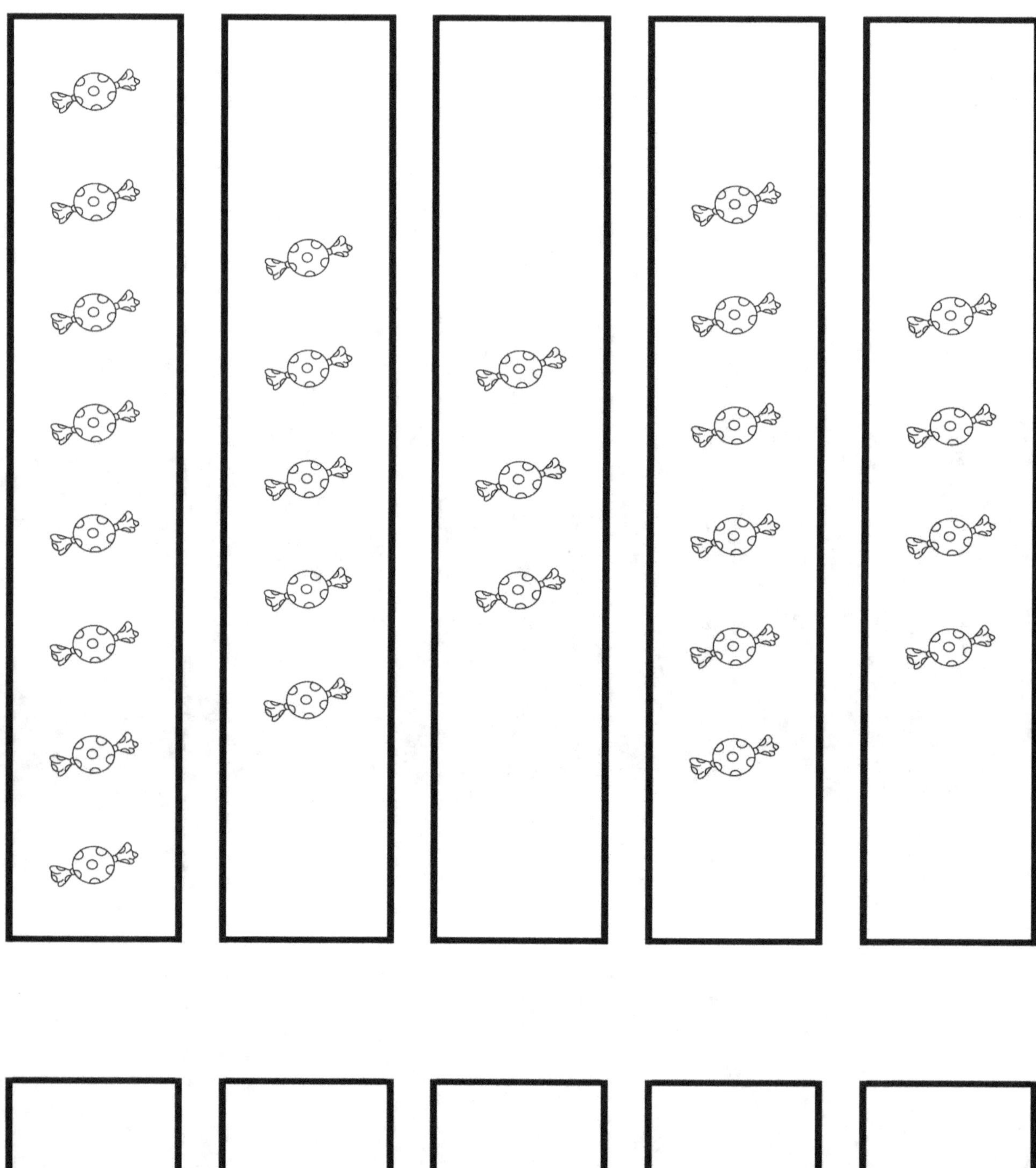

HOW MANY?

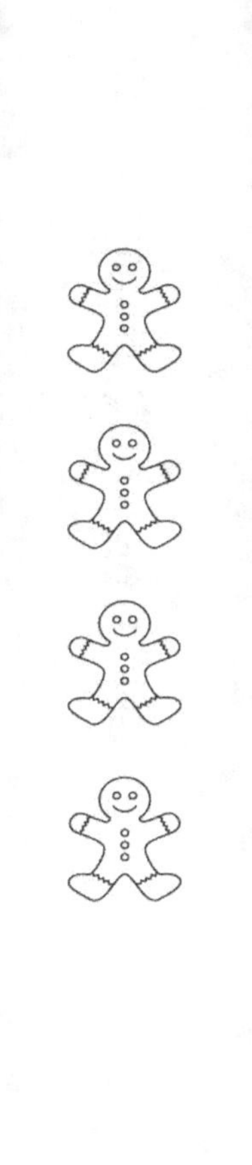

HOW MANY?

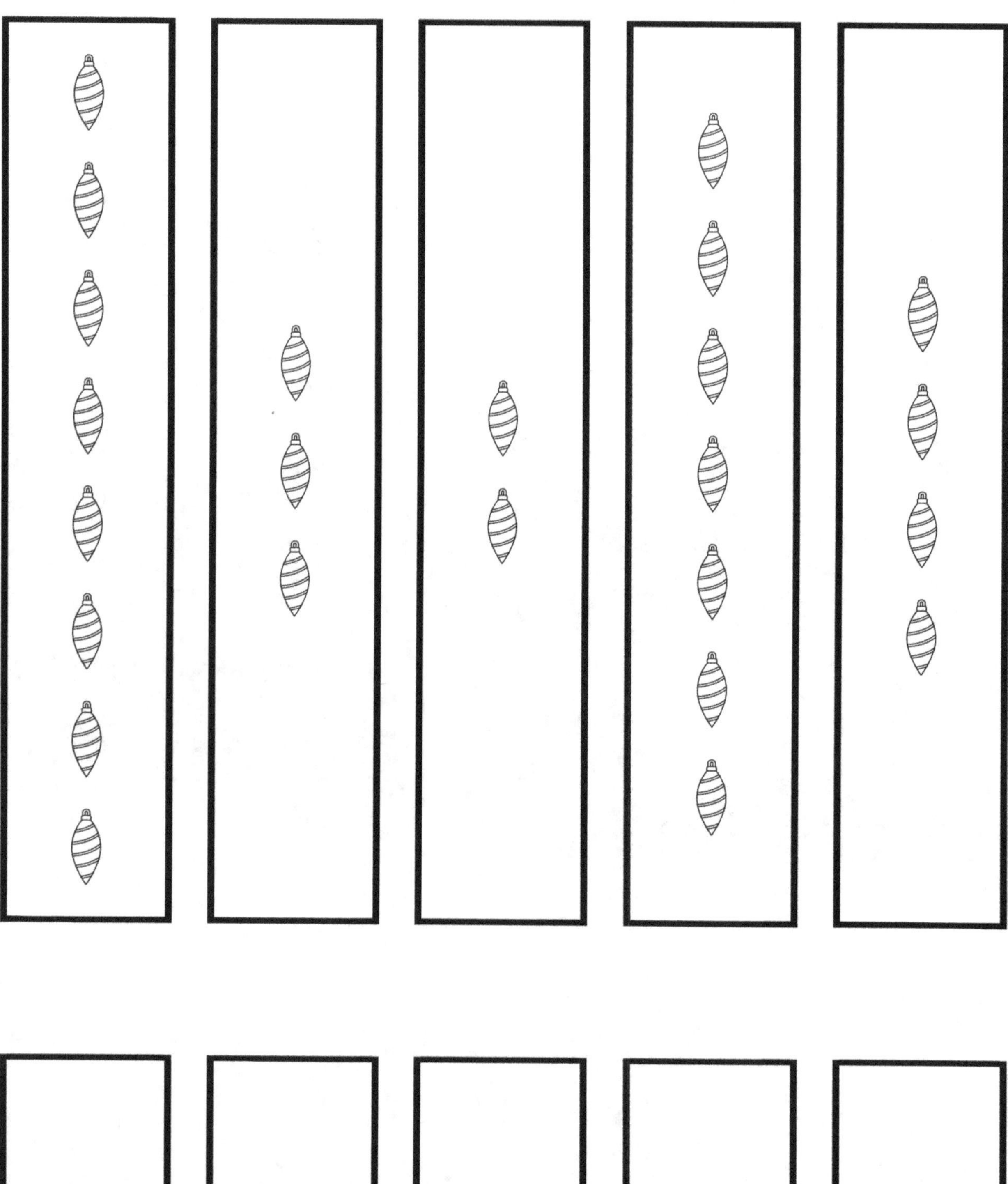

HOW MANY?

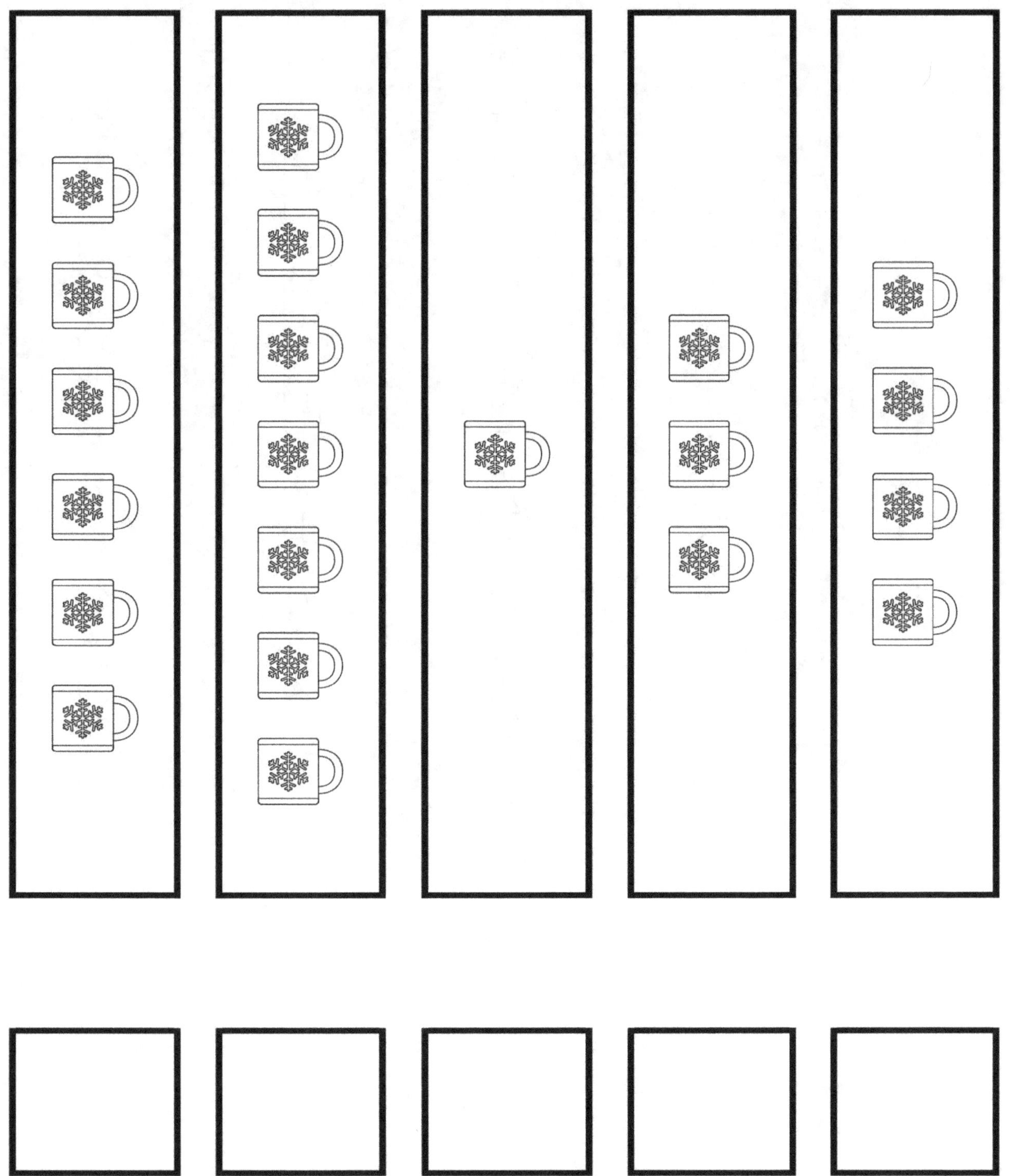

HOW MANY?

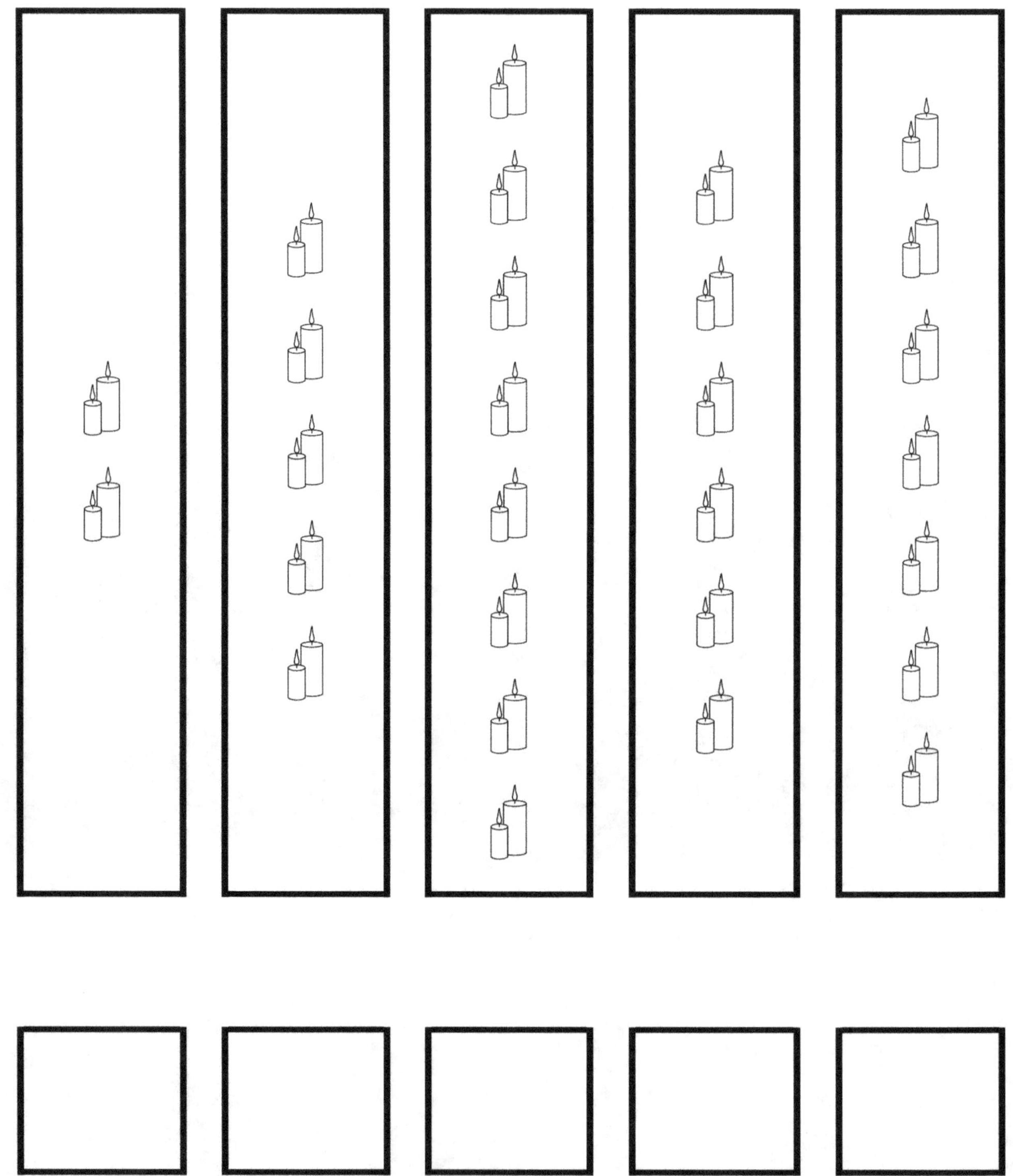

HOW MANY?

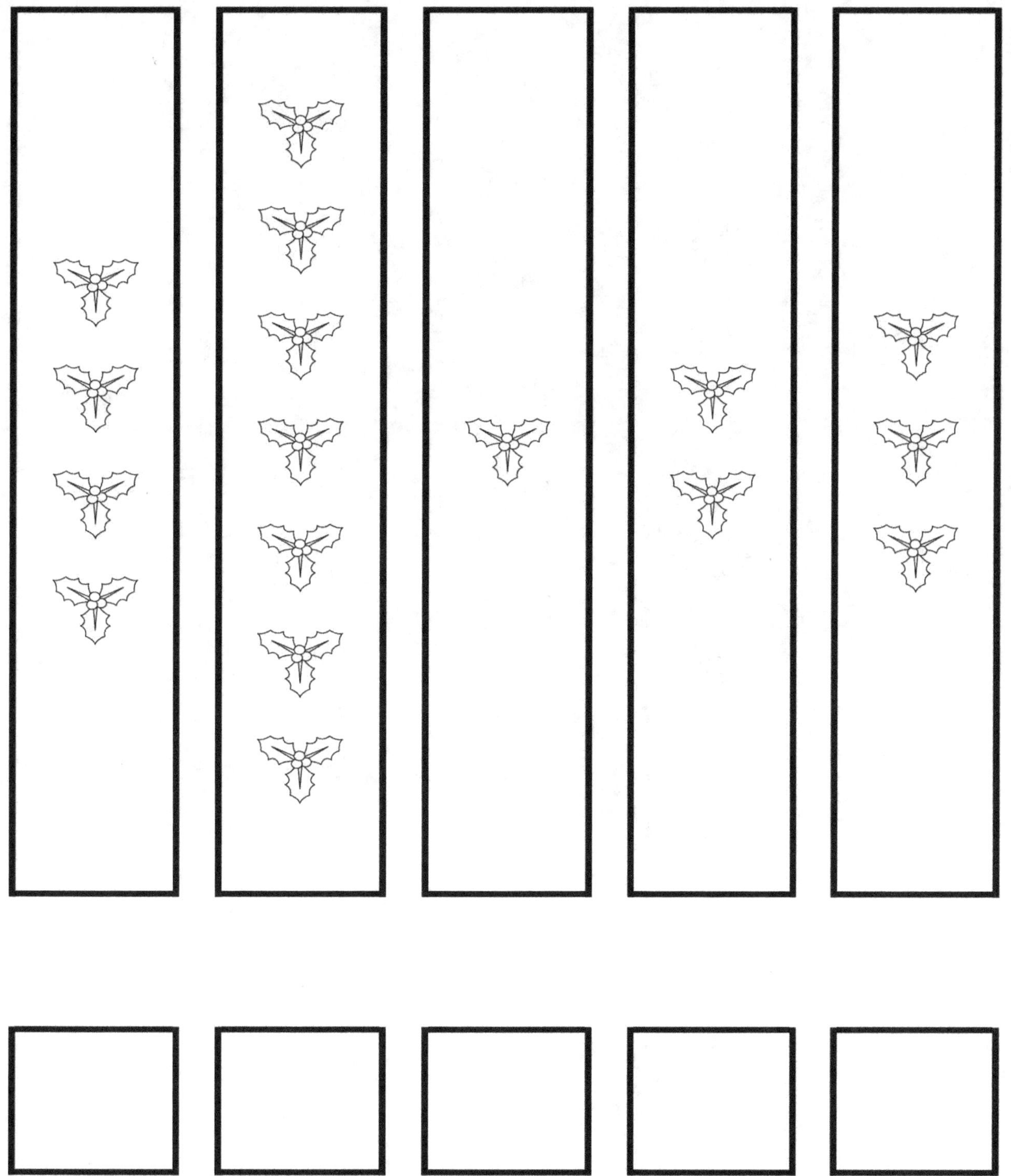

HOW MANY?

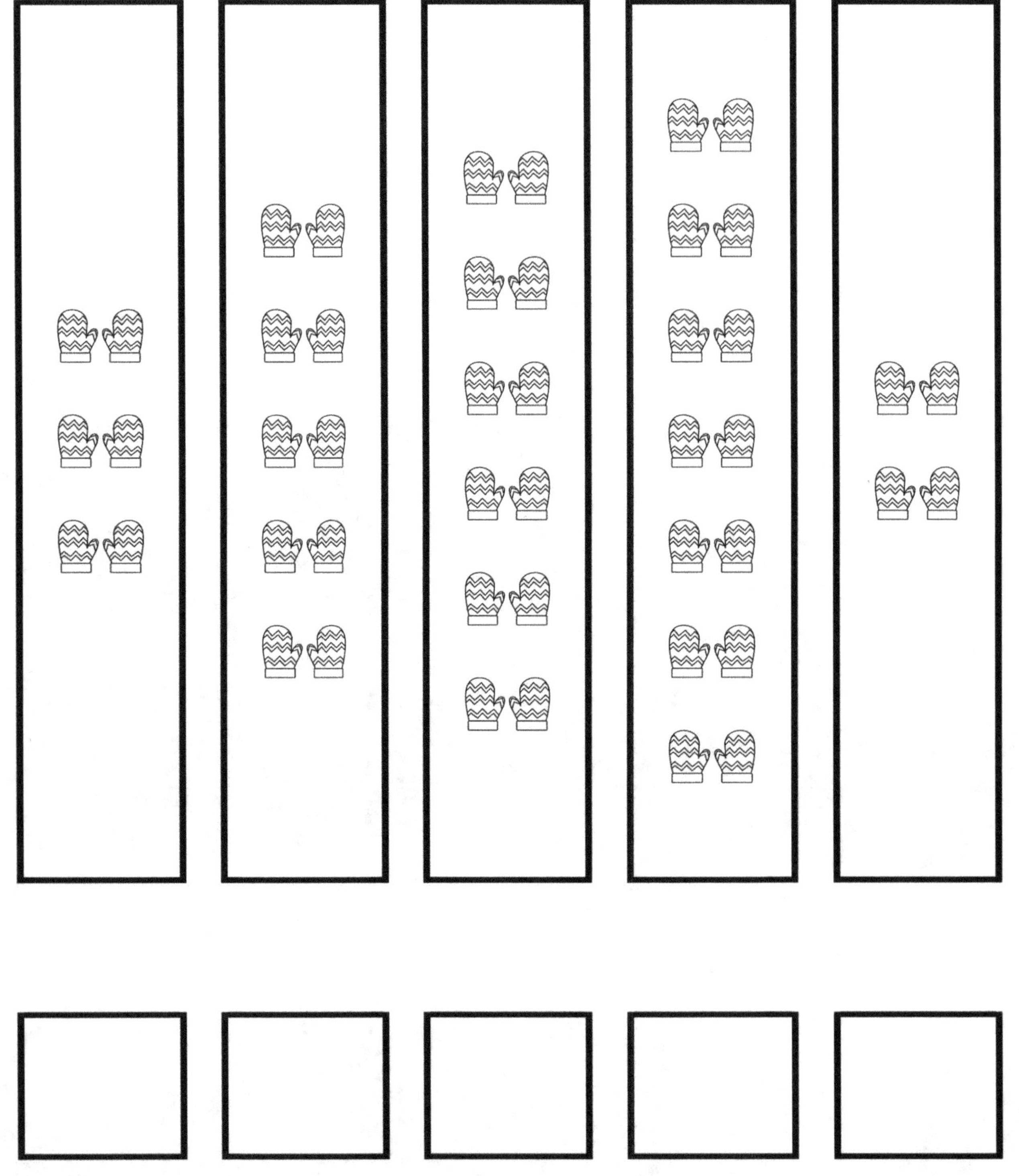

HOW MANY?

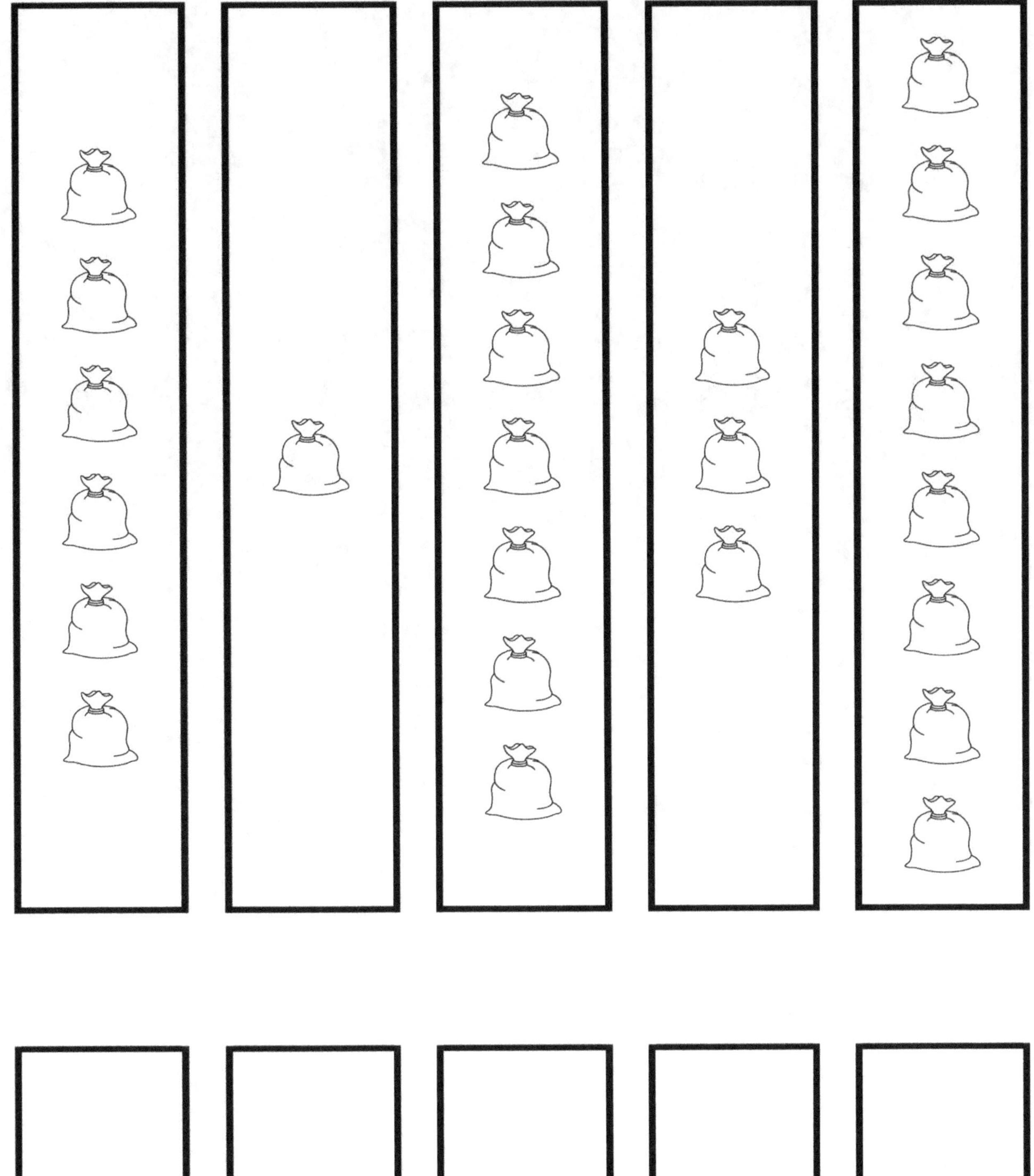

HOW MANY?

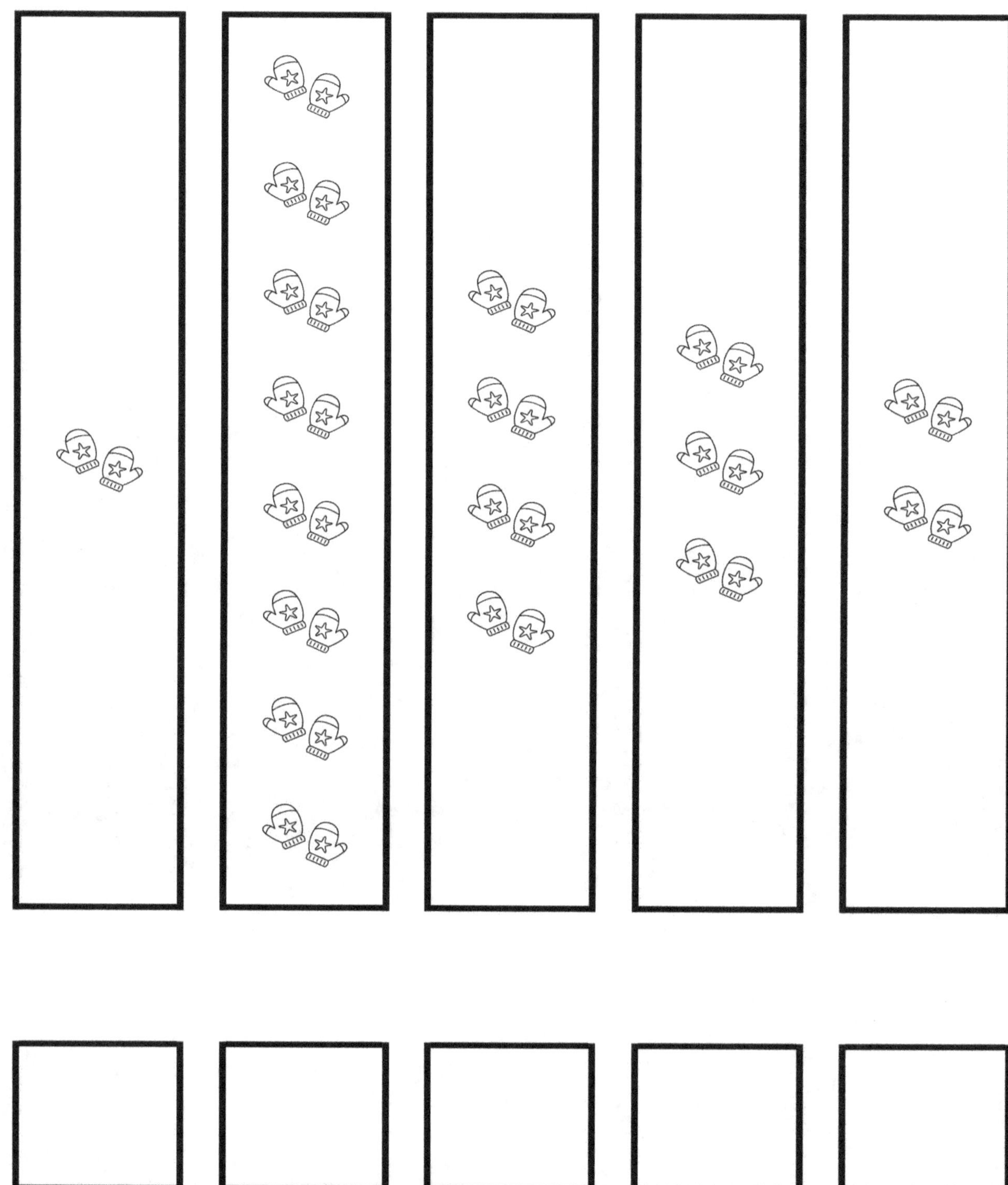

HOW MANY?

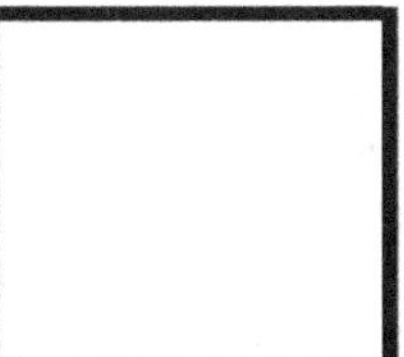

HOW MANY?

HOW MANY?

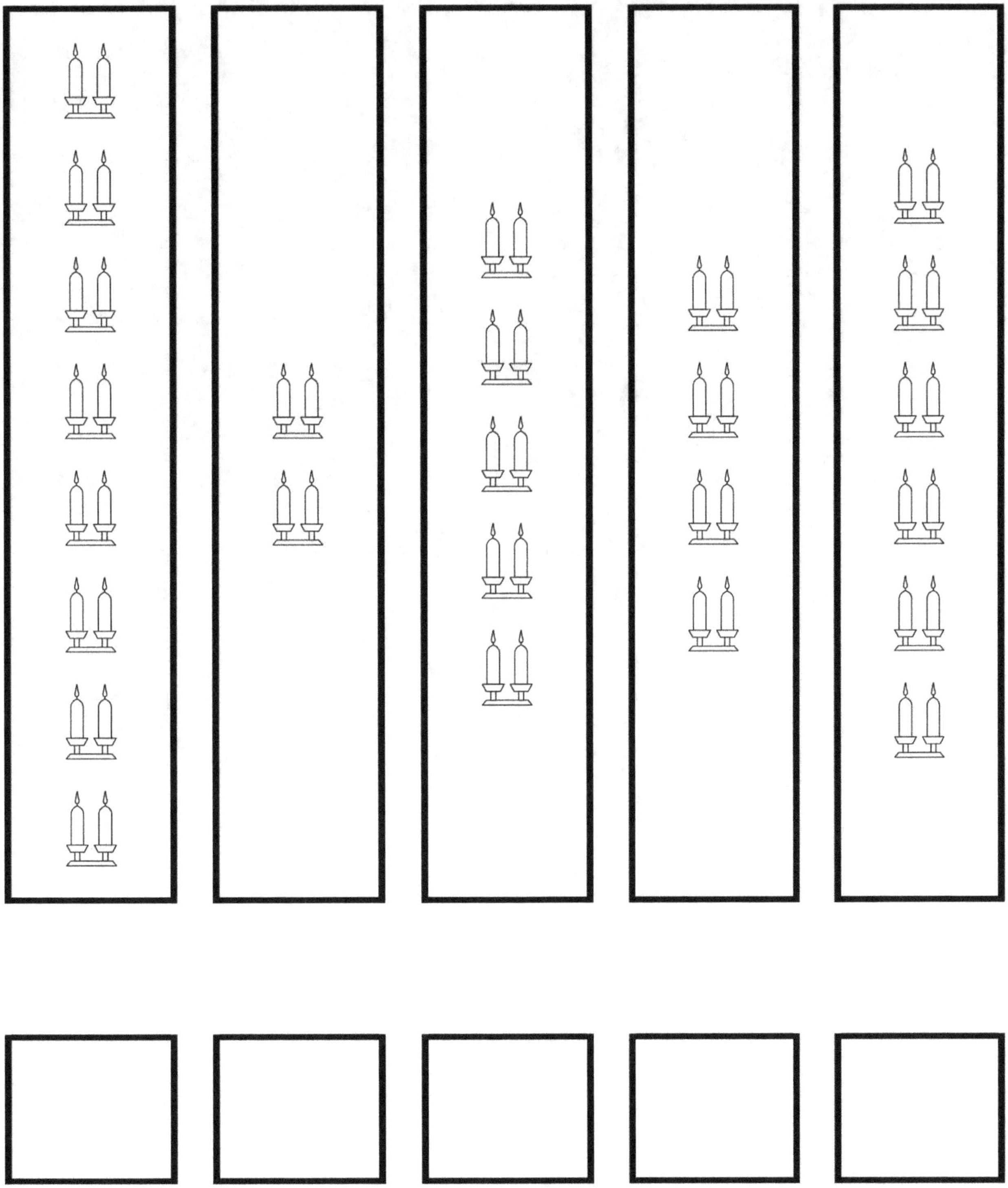

HOW MANY?

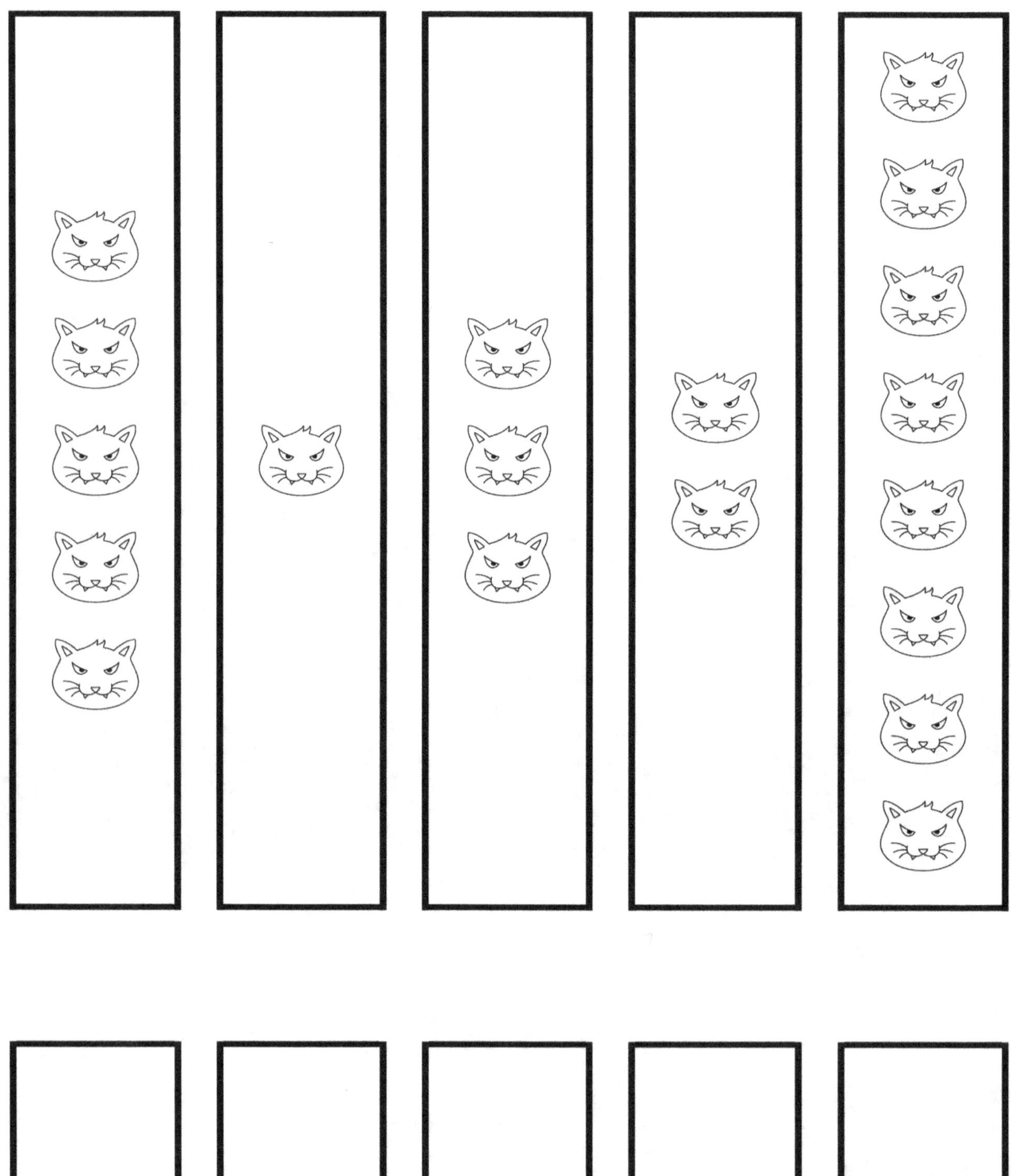

HOW MANY?

HOW MANY?

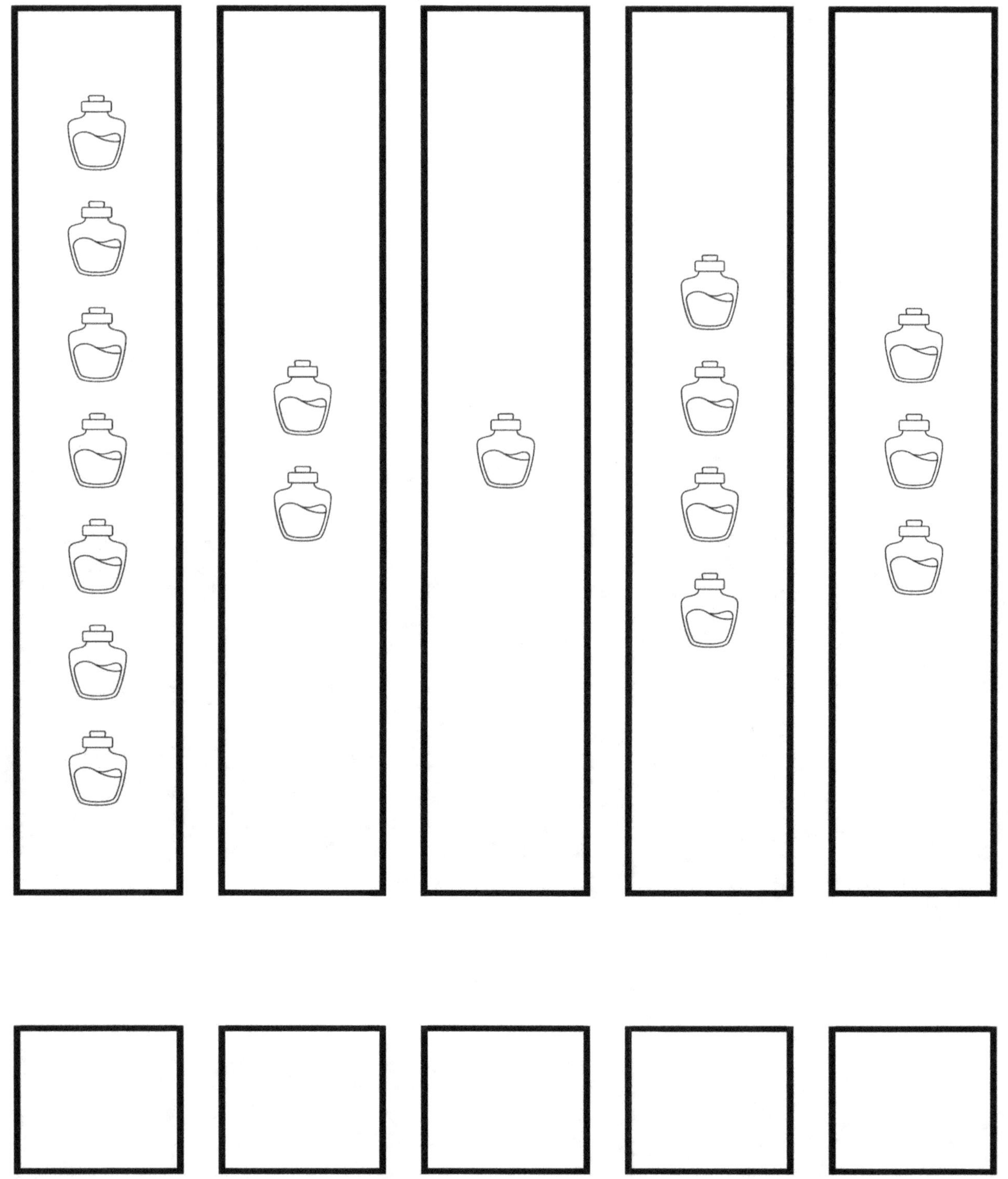

HOW MANY?

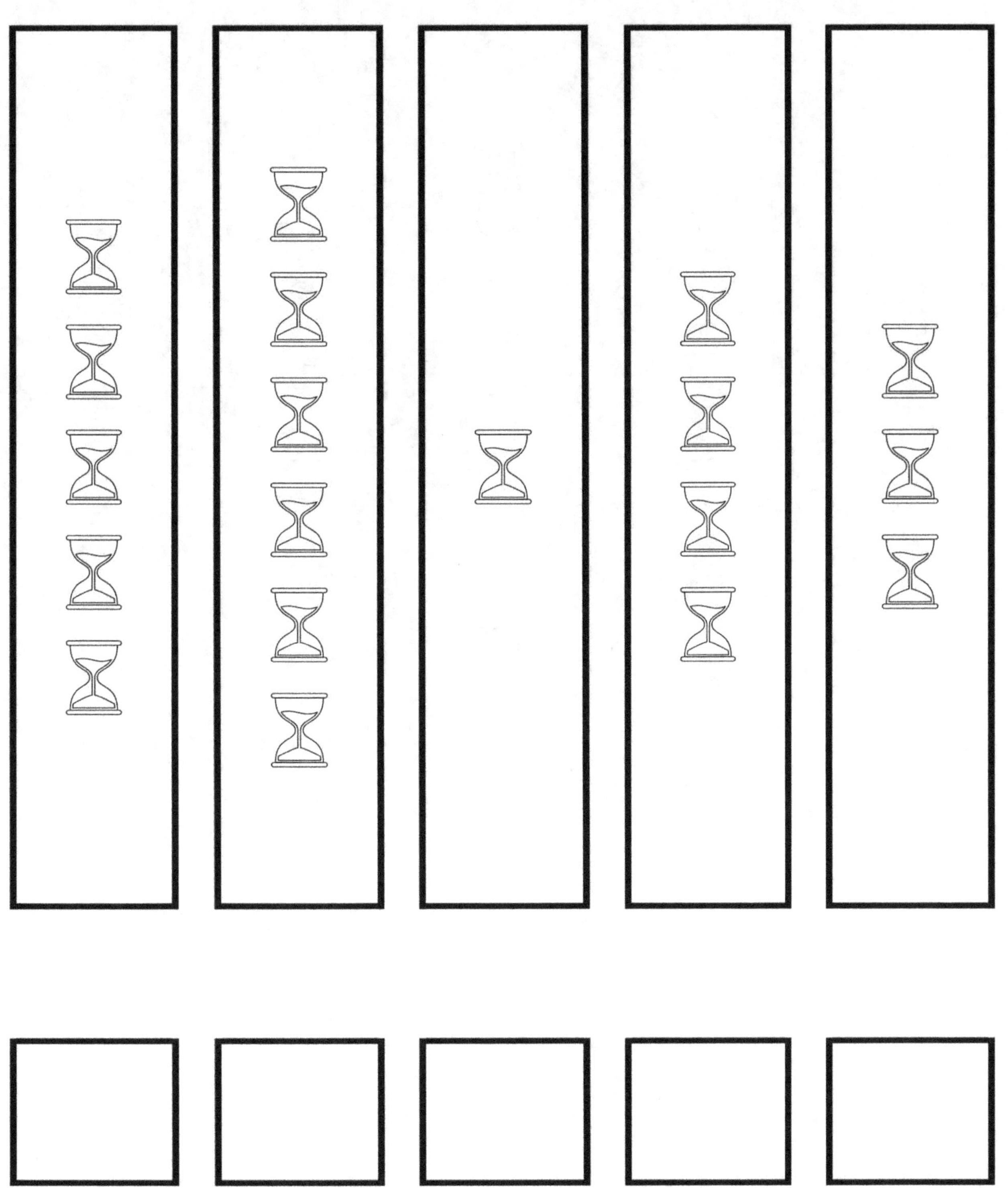

HOW MANY?

HOW MANY?

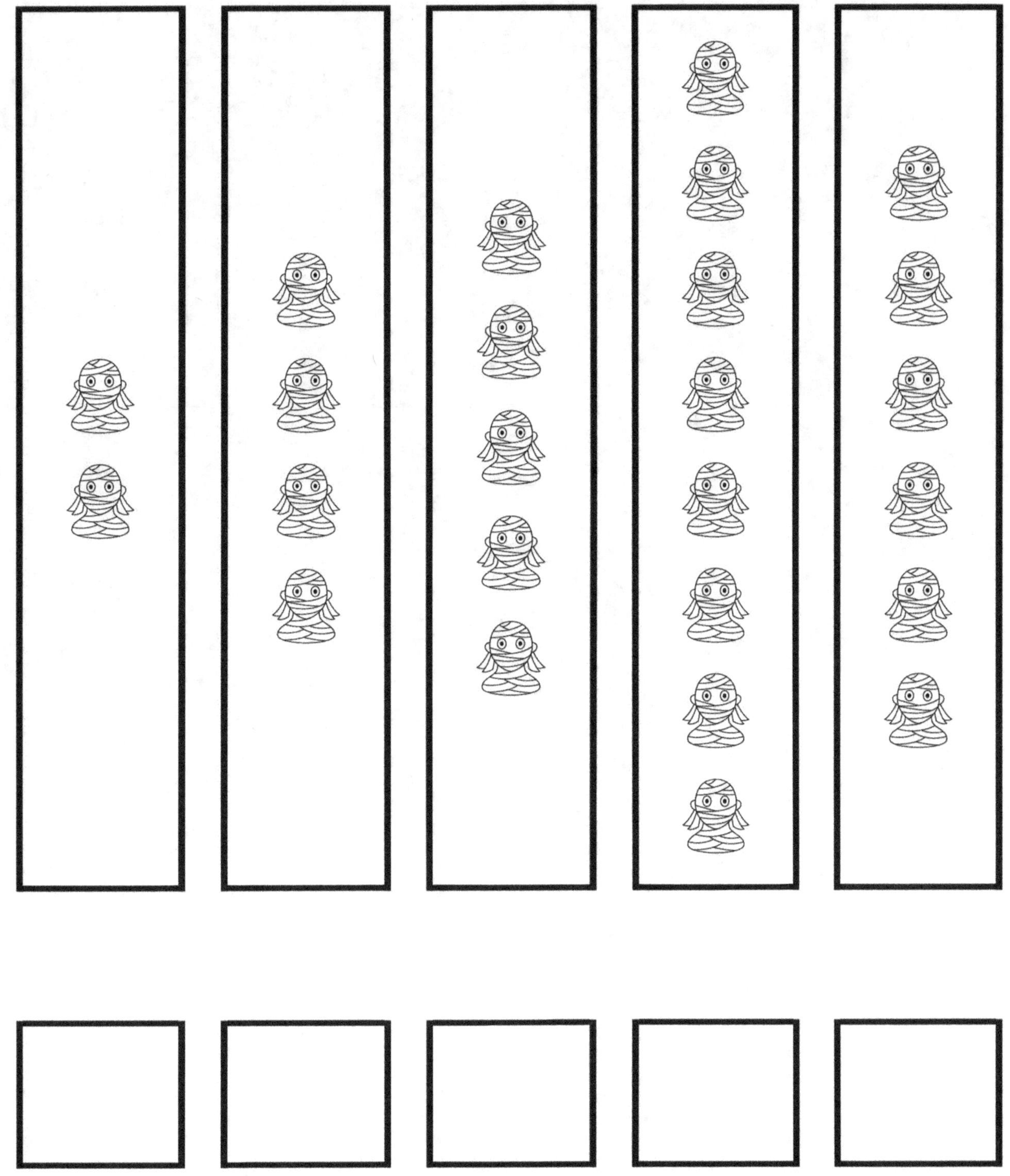

HOW MANY?

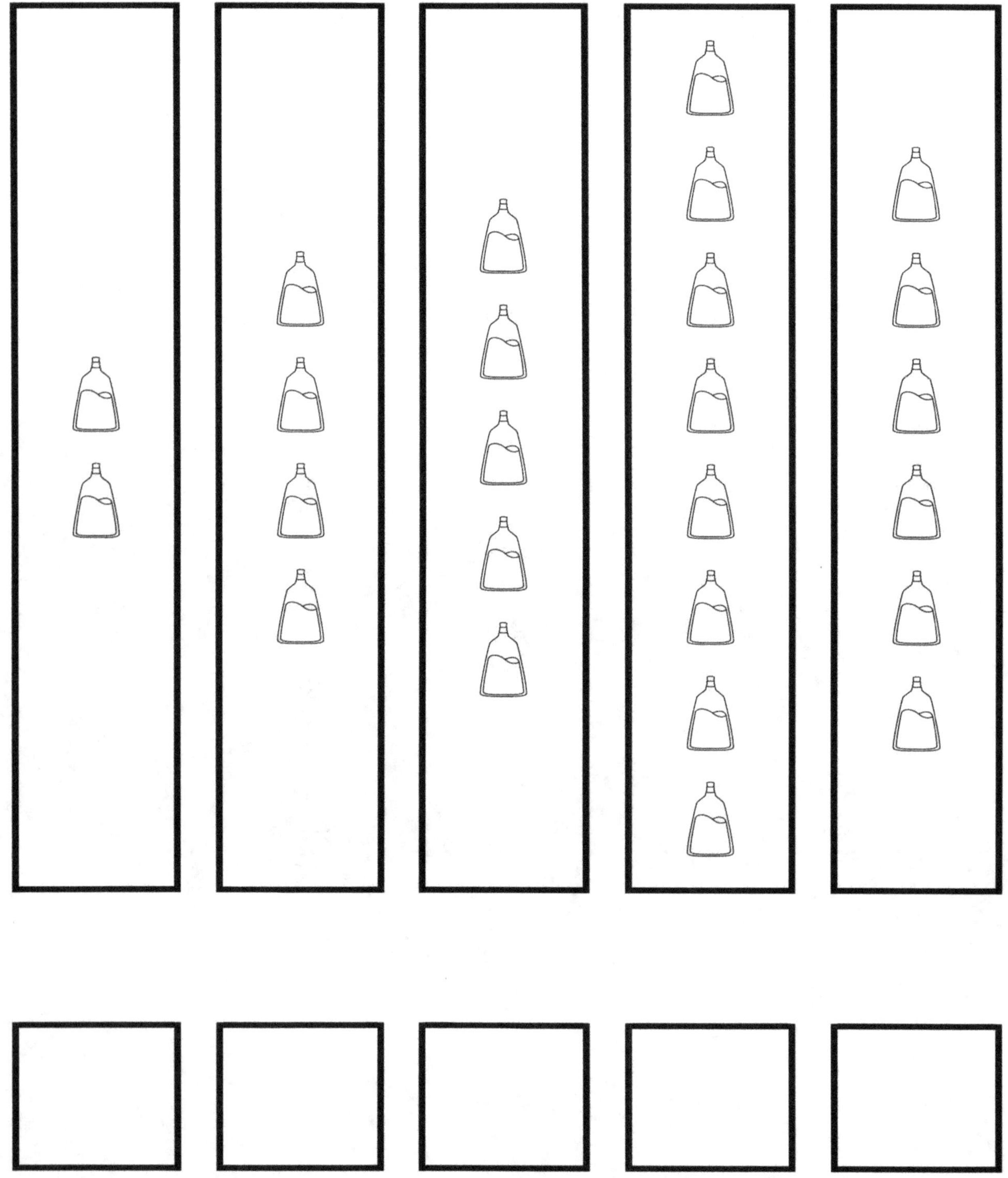

HOW MANY?

HOW MANY?

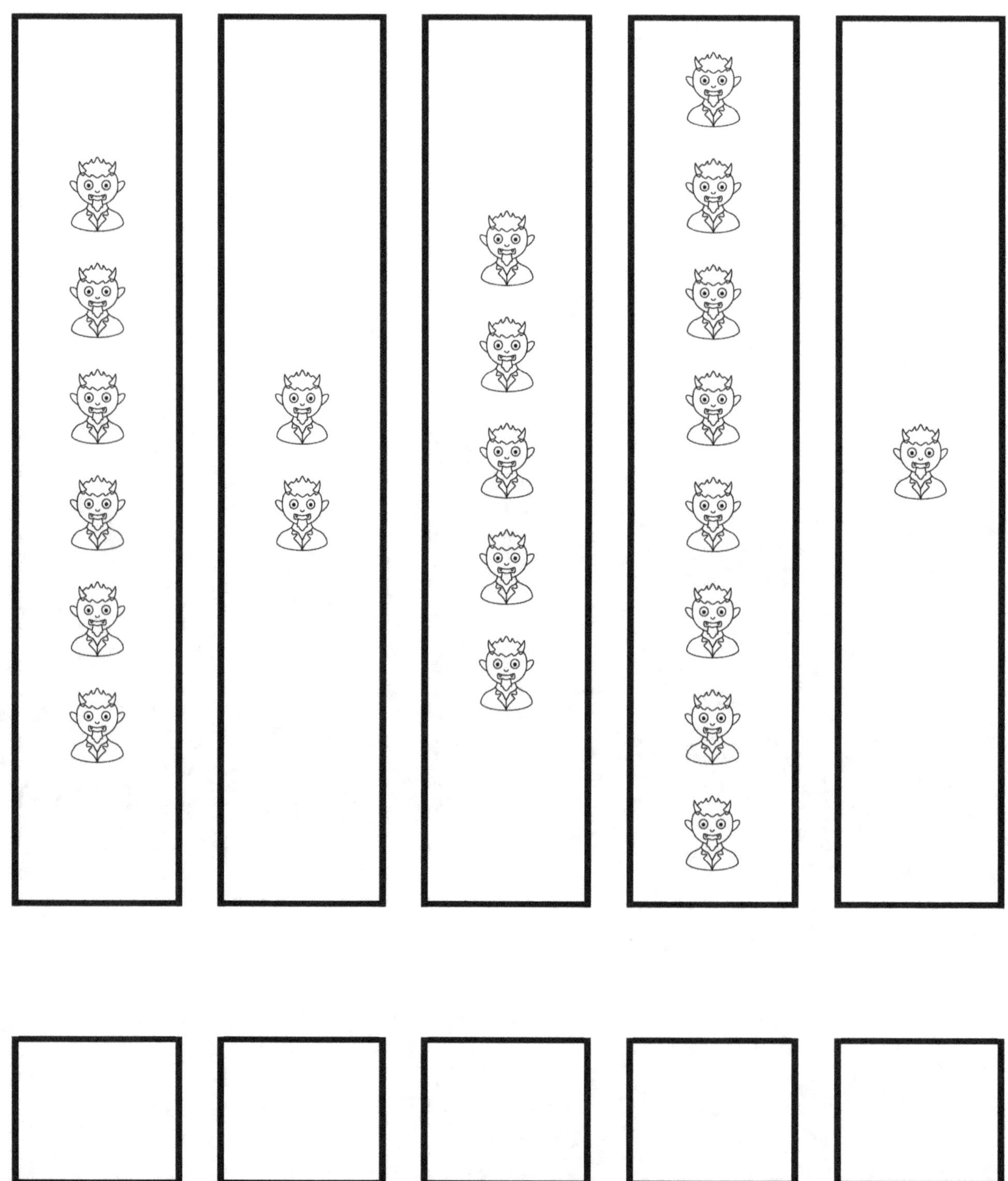

HOW MANY?

HOW MANY?

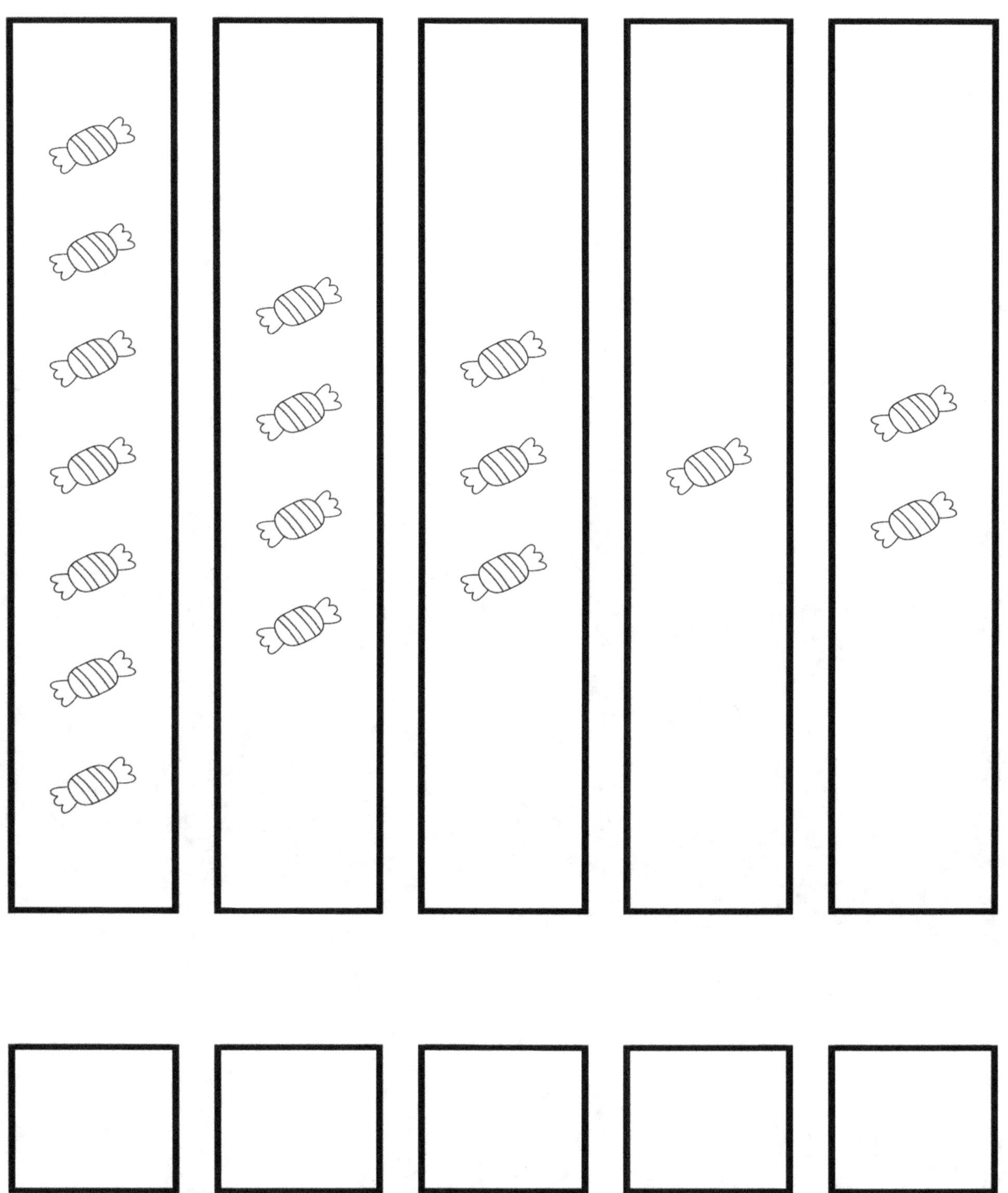

HOW MANY?

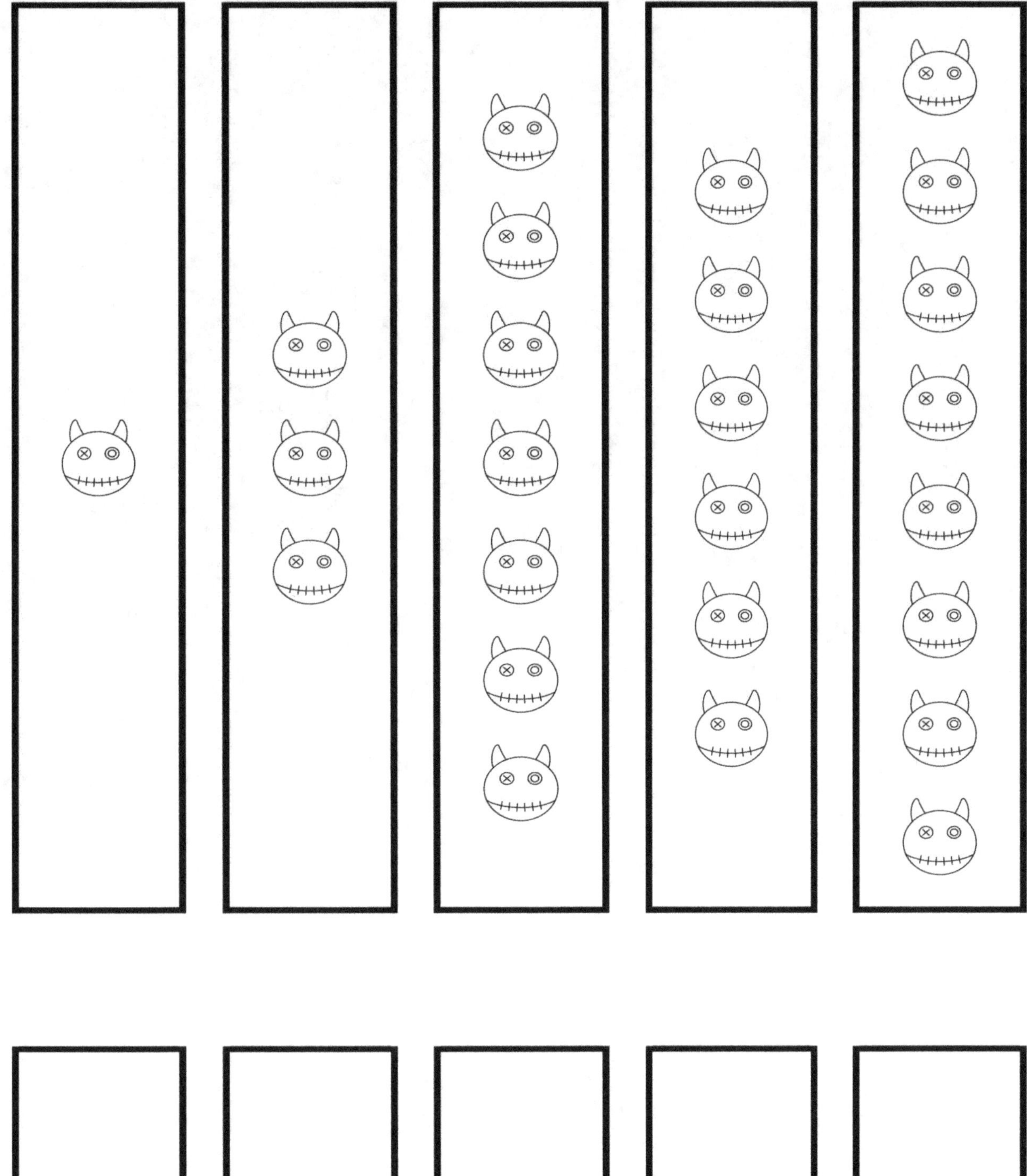

HOW MANY?

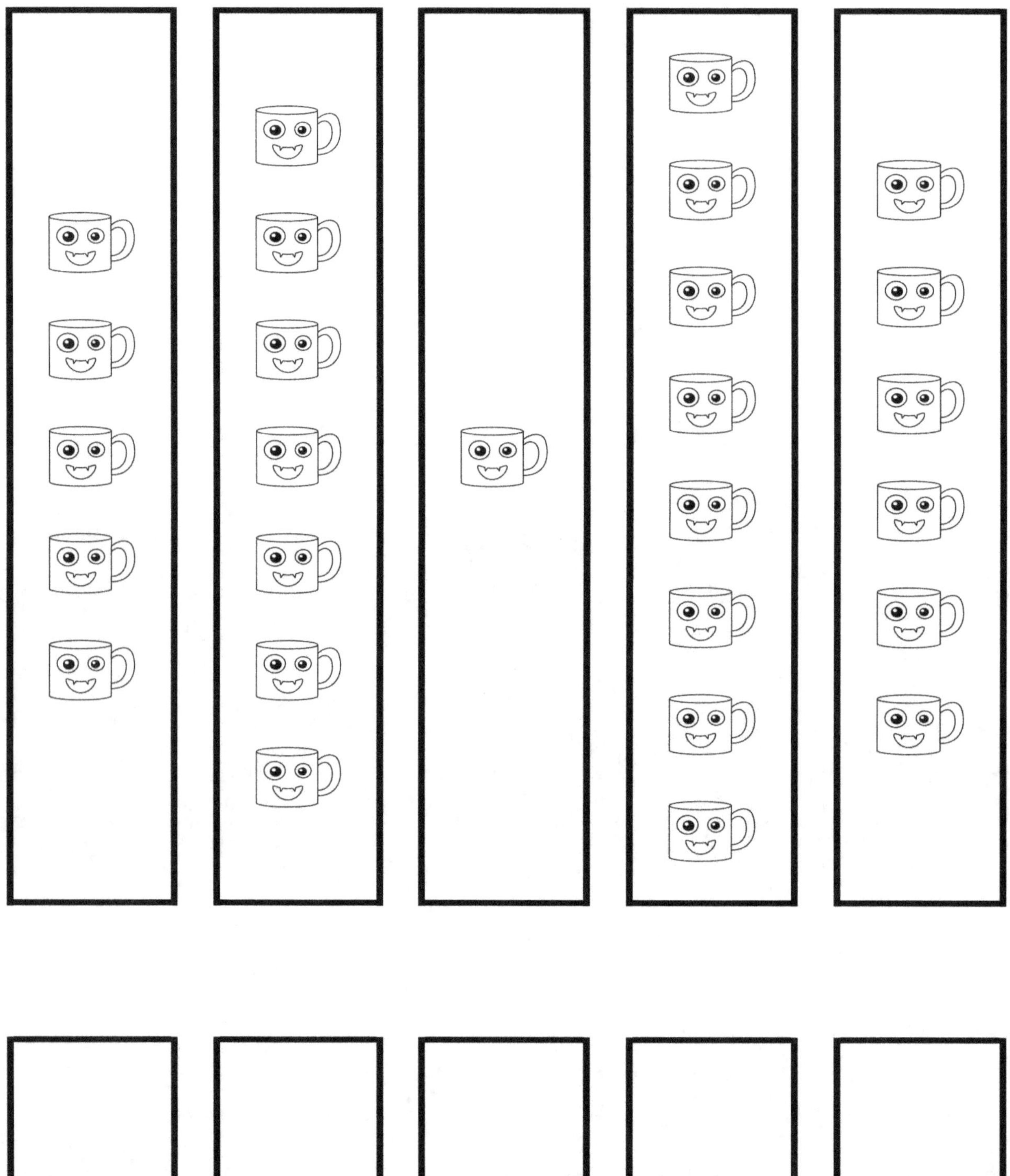

HOW MANY?

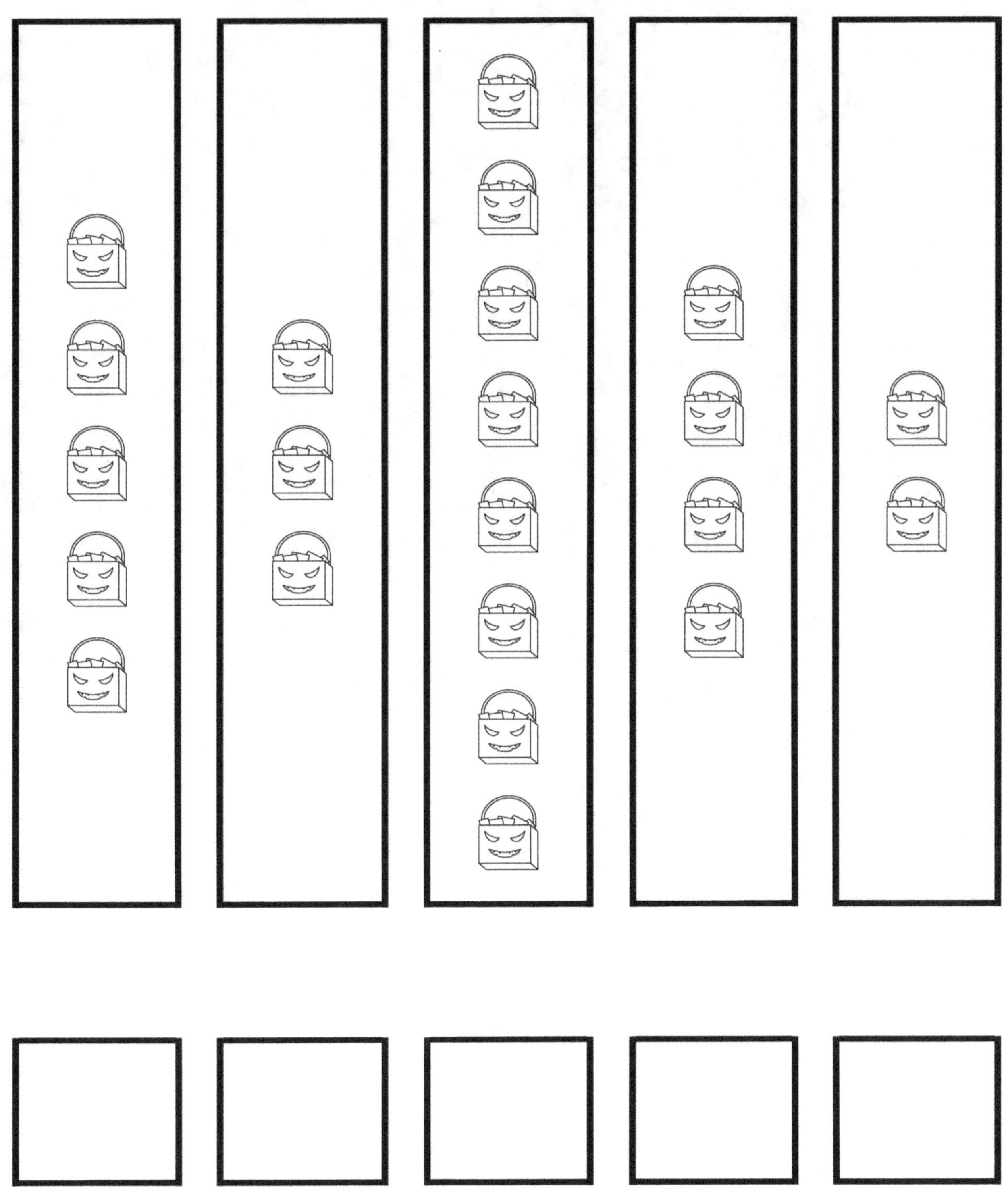

HOW MANY?

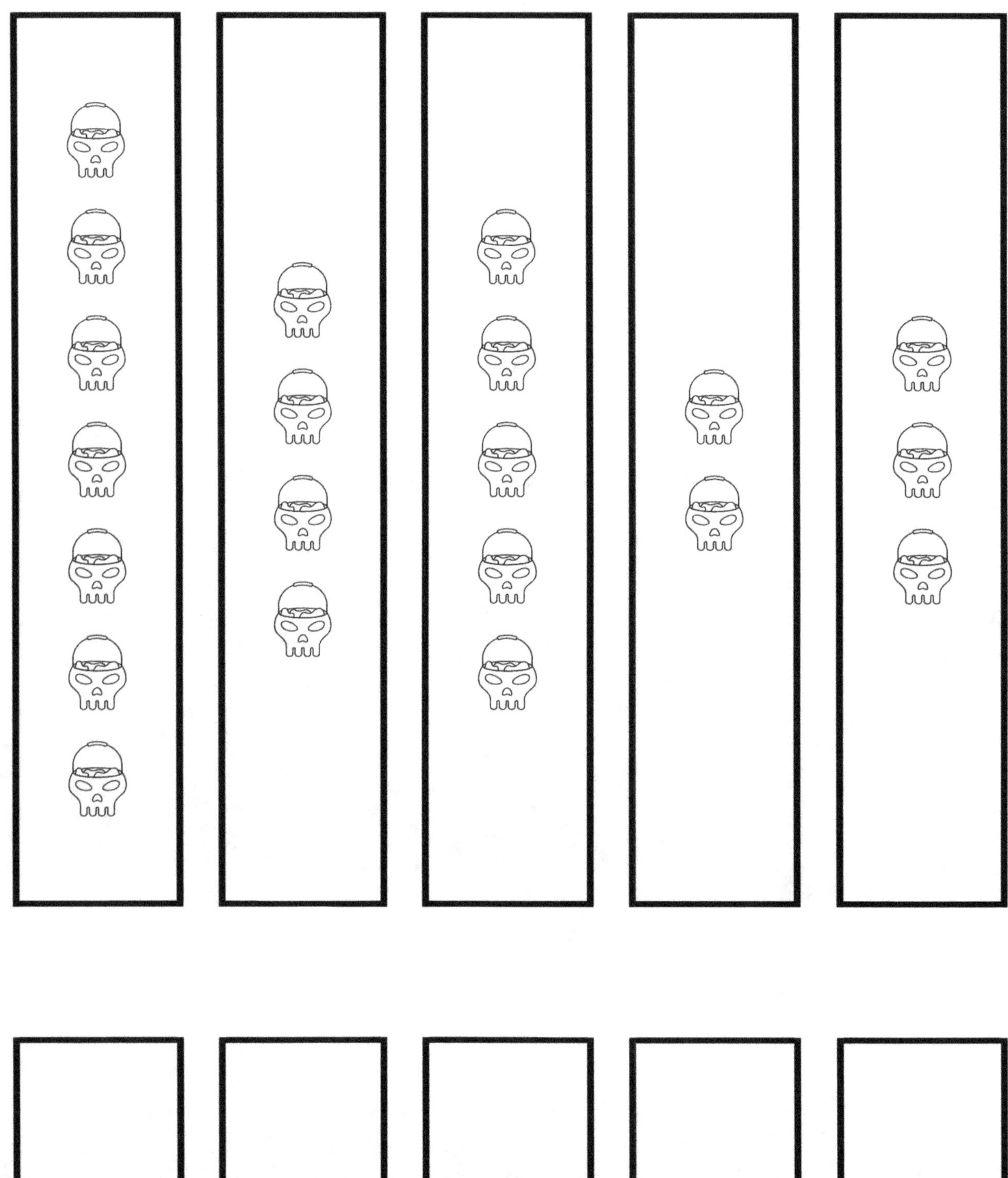

HOW MANY?

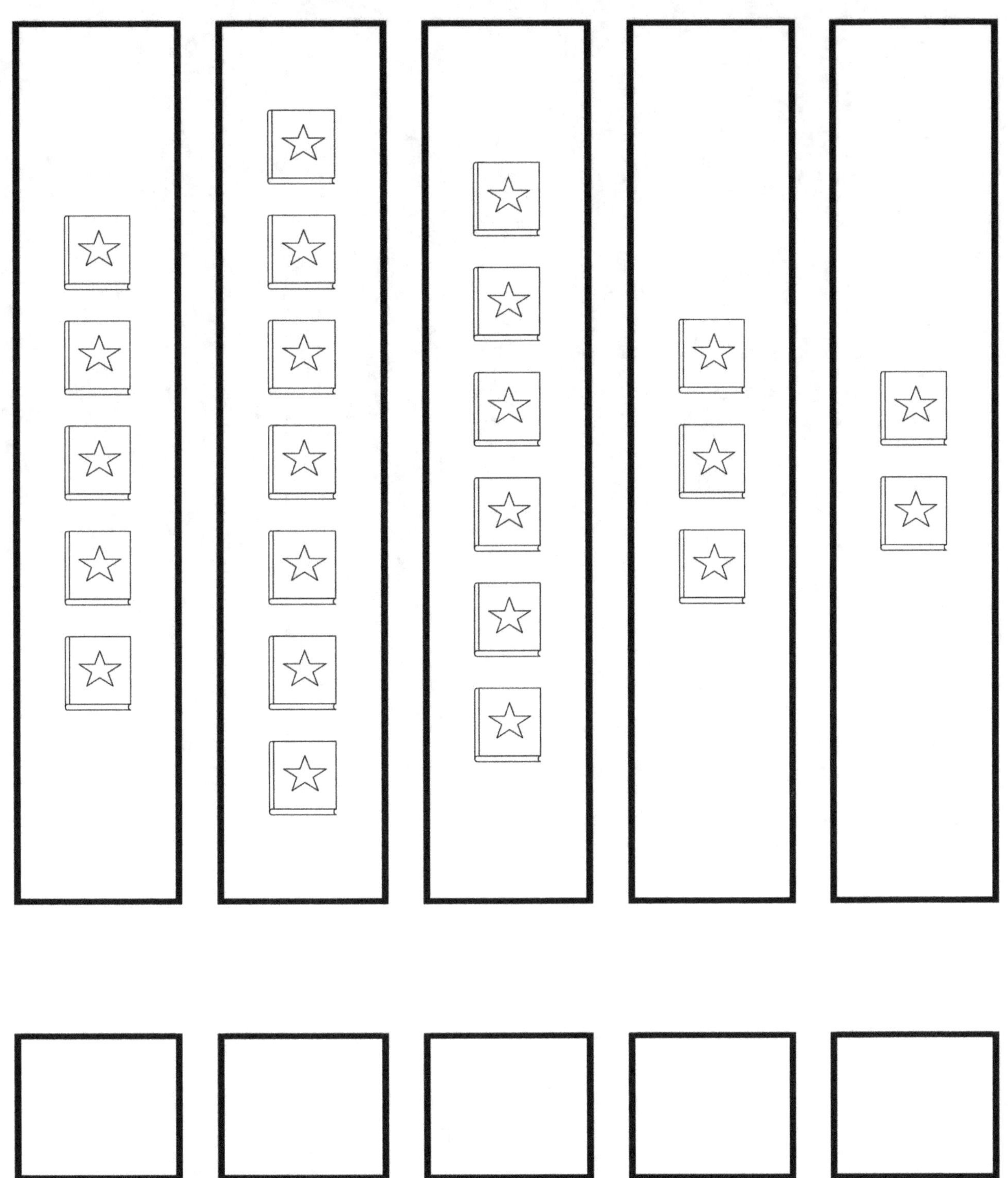

HOW MANY?

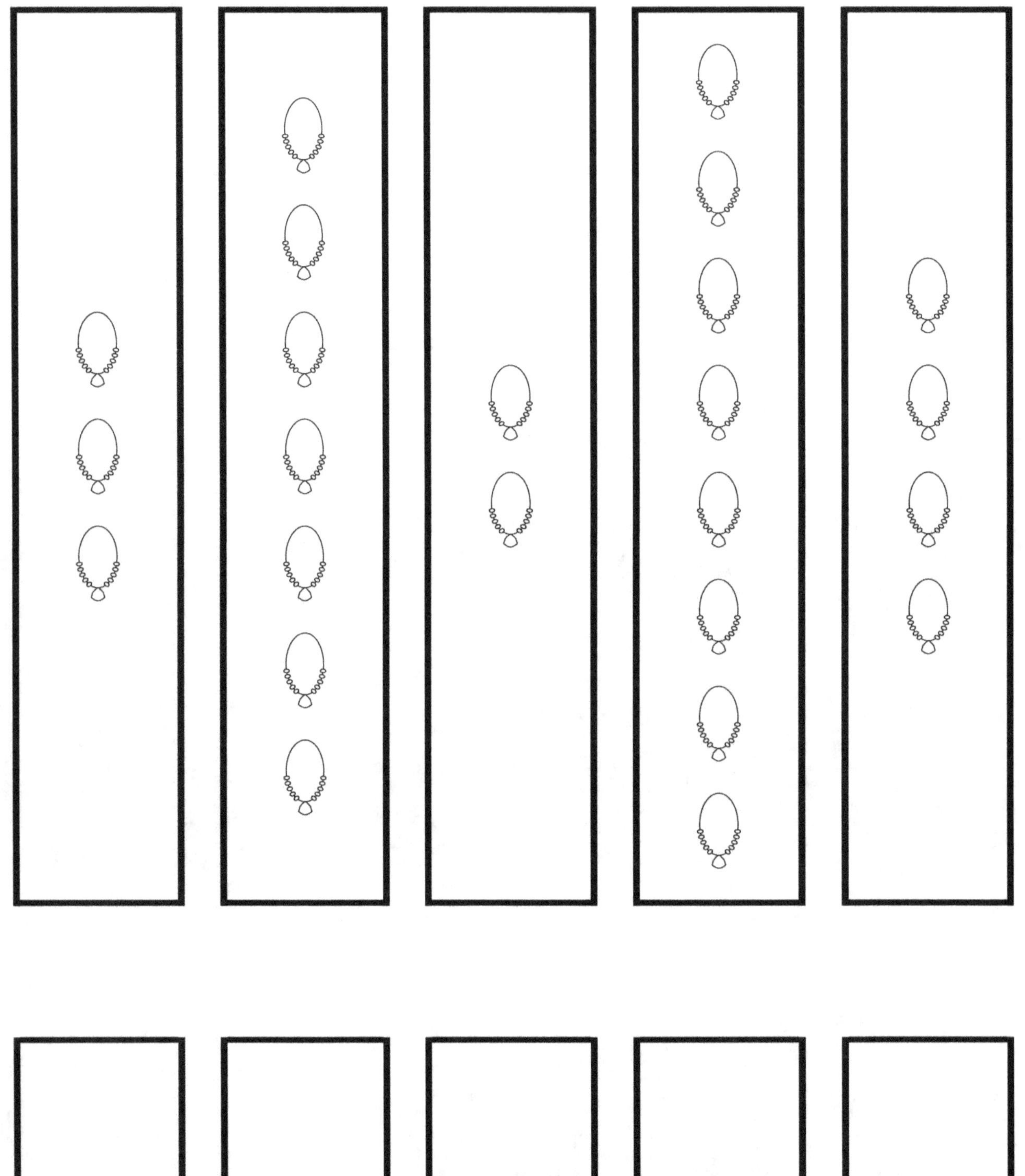

HOW MANY?

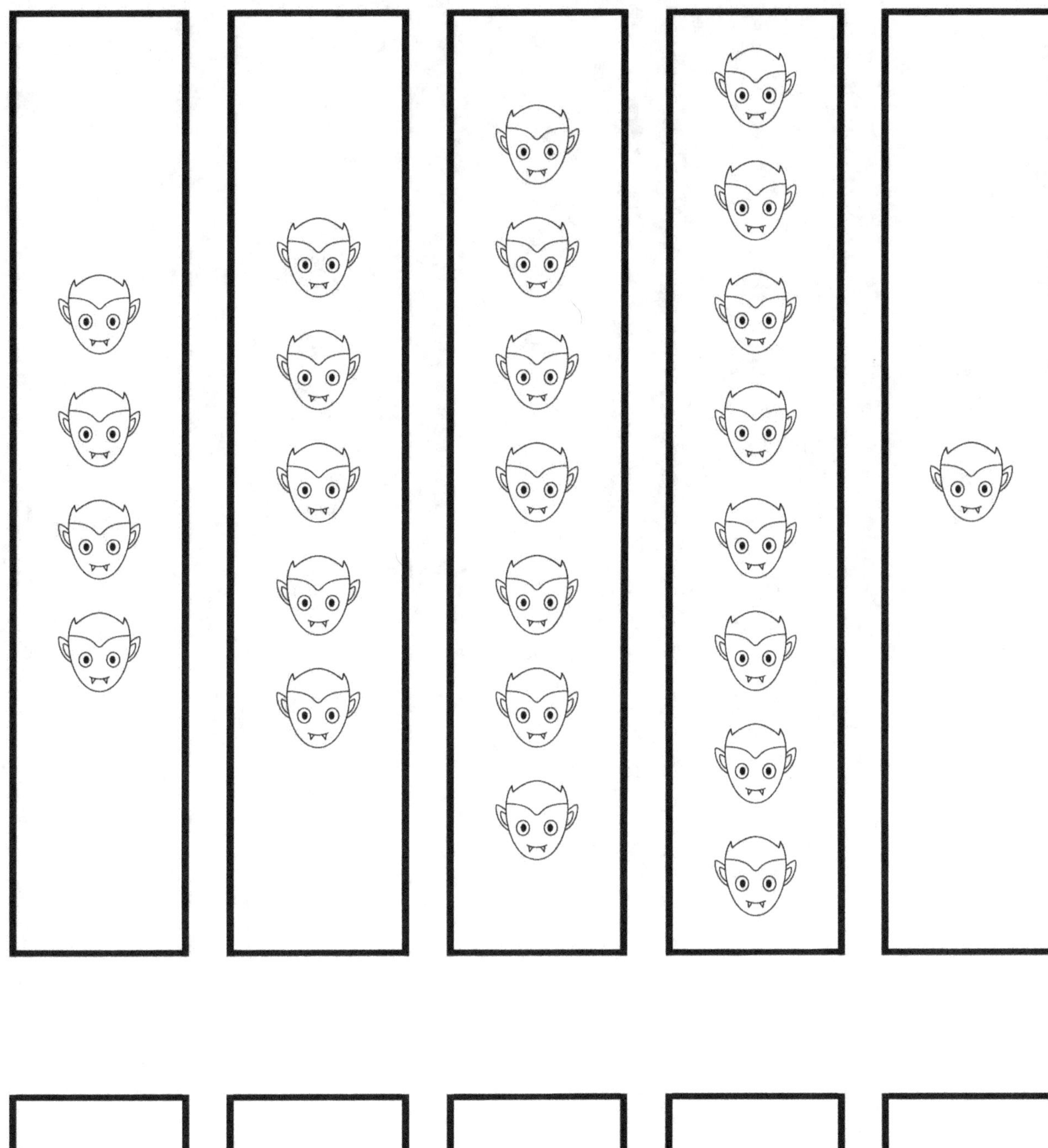

HOW MANY?

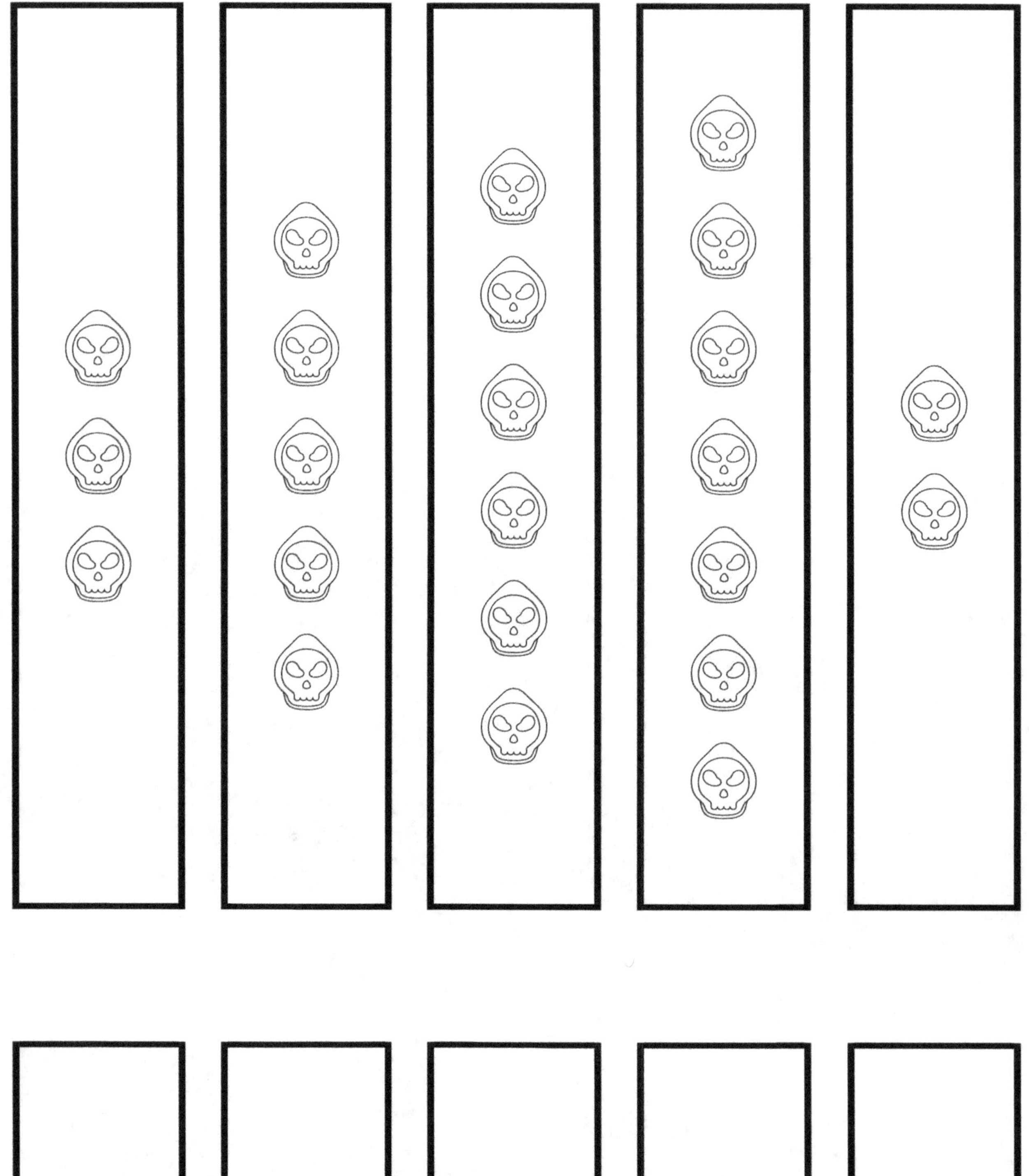

HOW MANY?

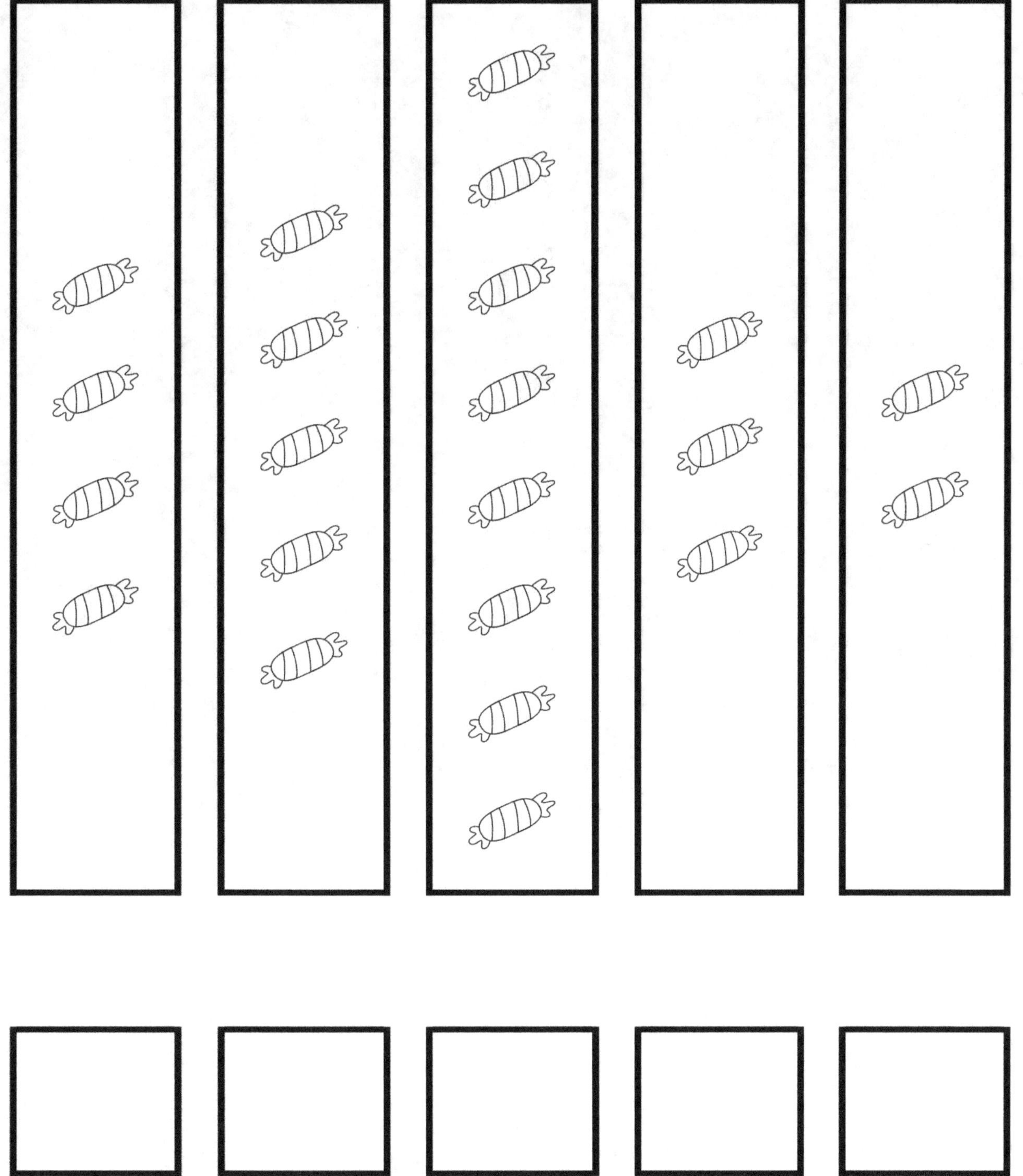

HOW MANY?

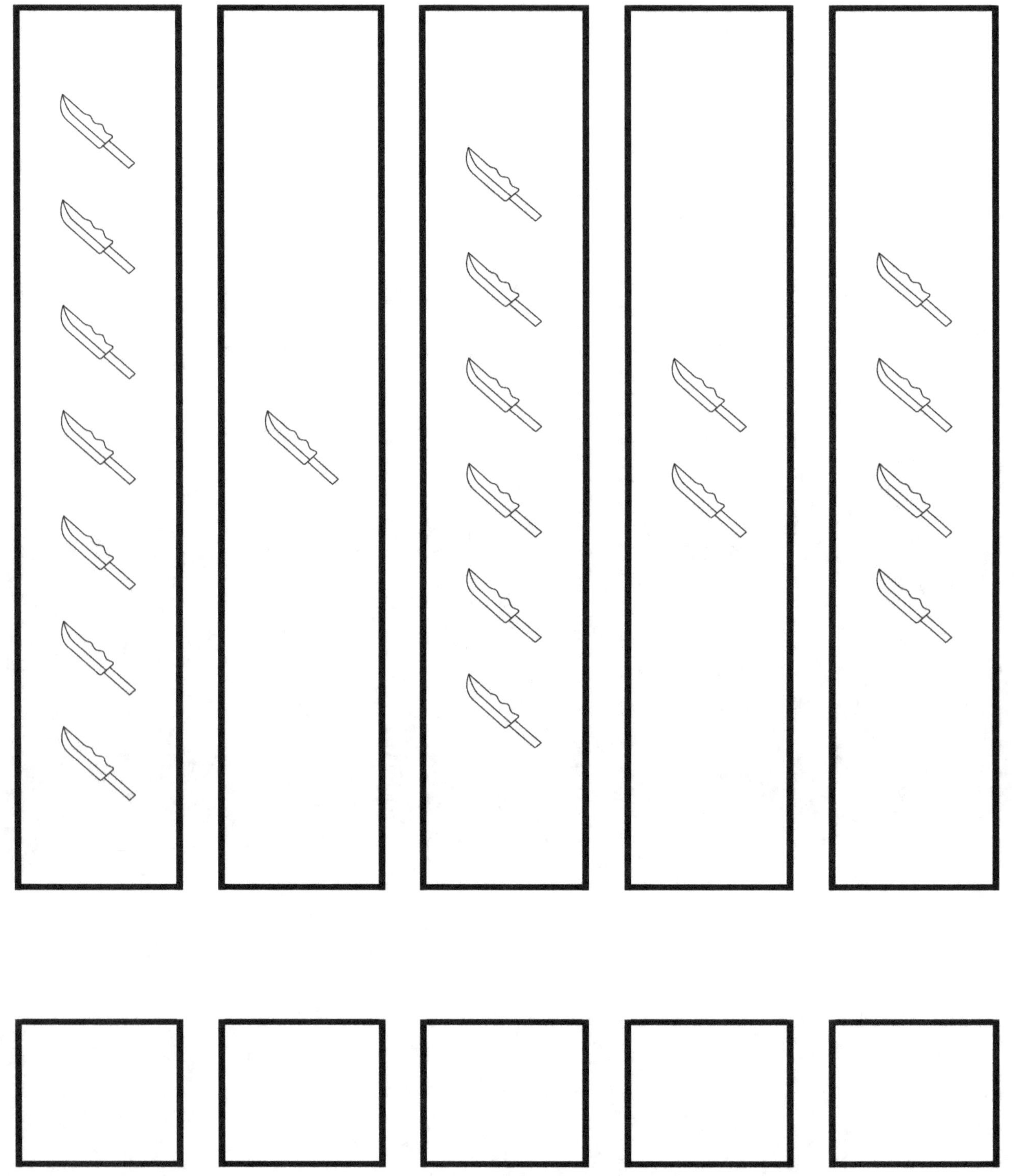

HOW MANY?

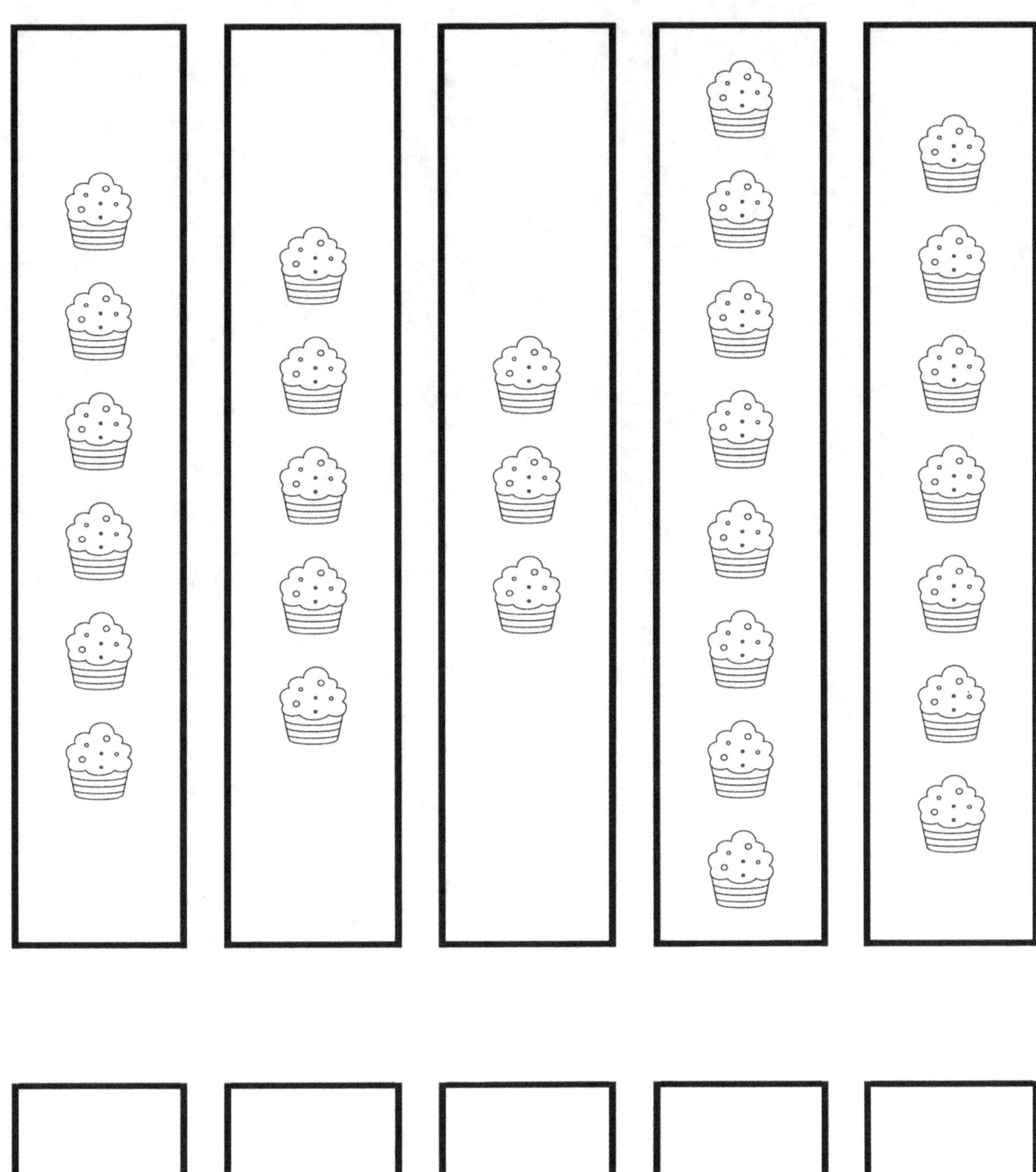

HOW MANY?

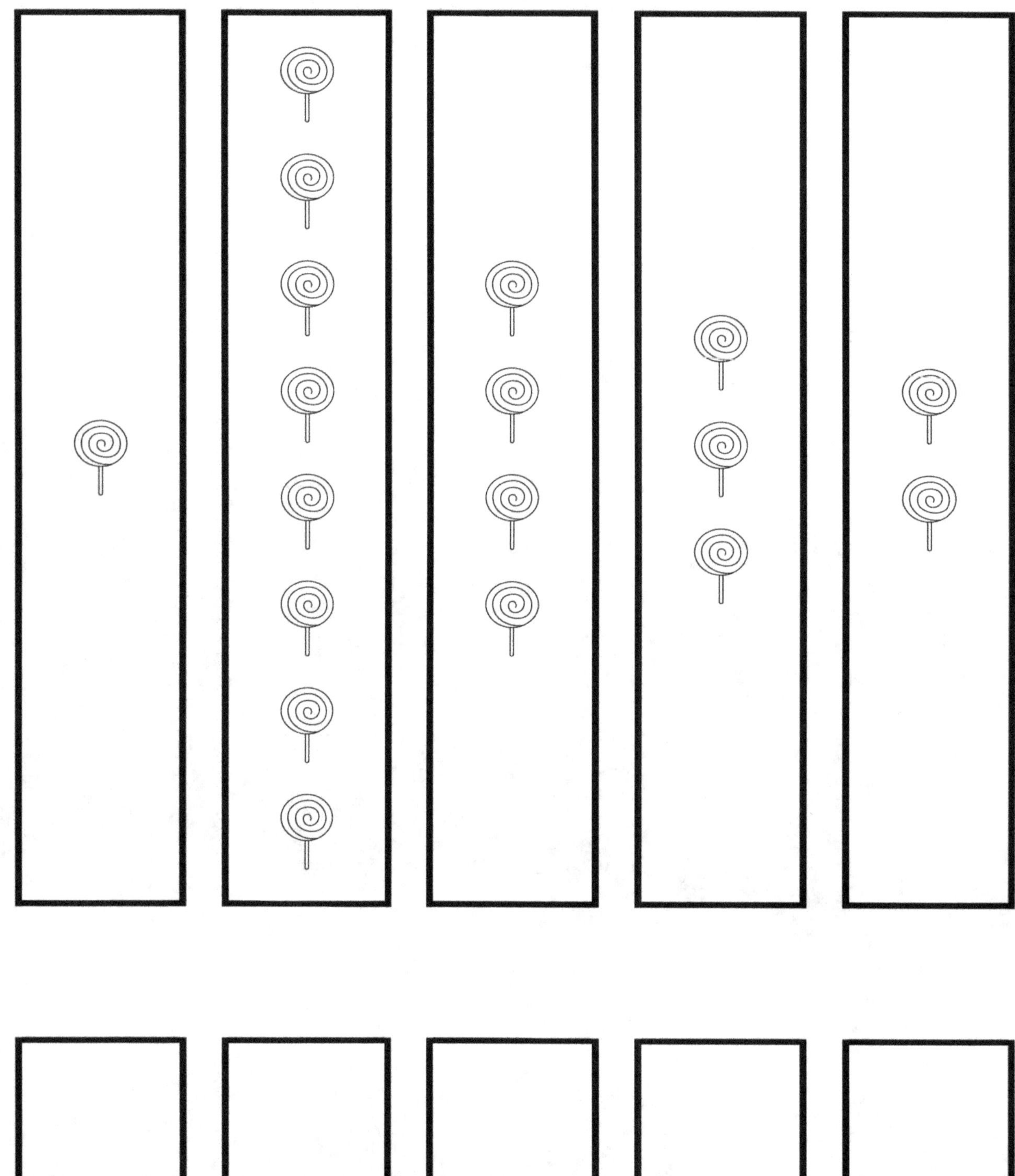

HOW MANY?

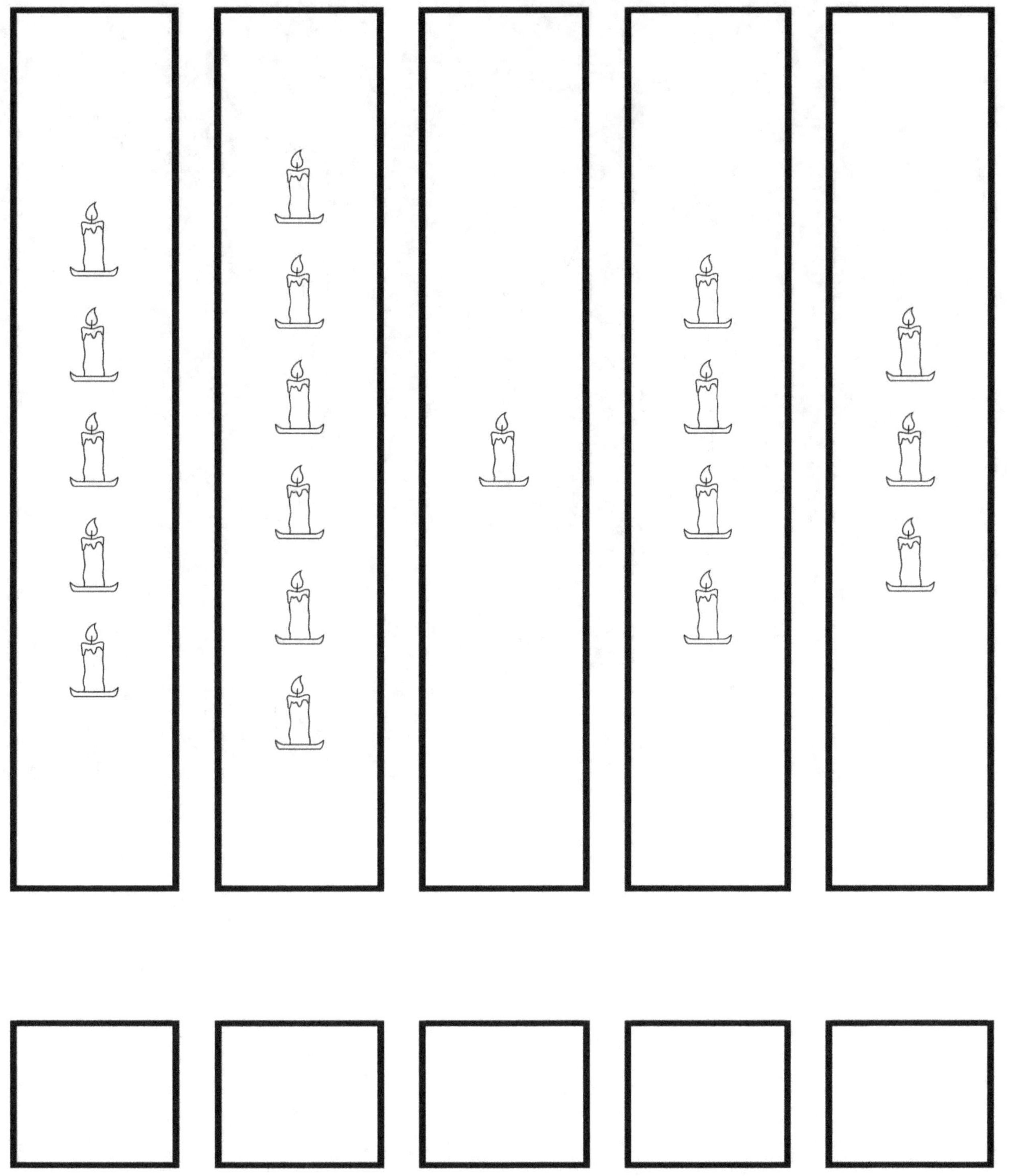

HOW MANY?

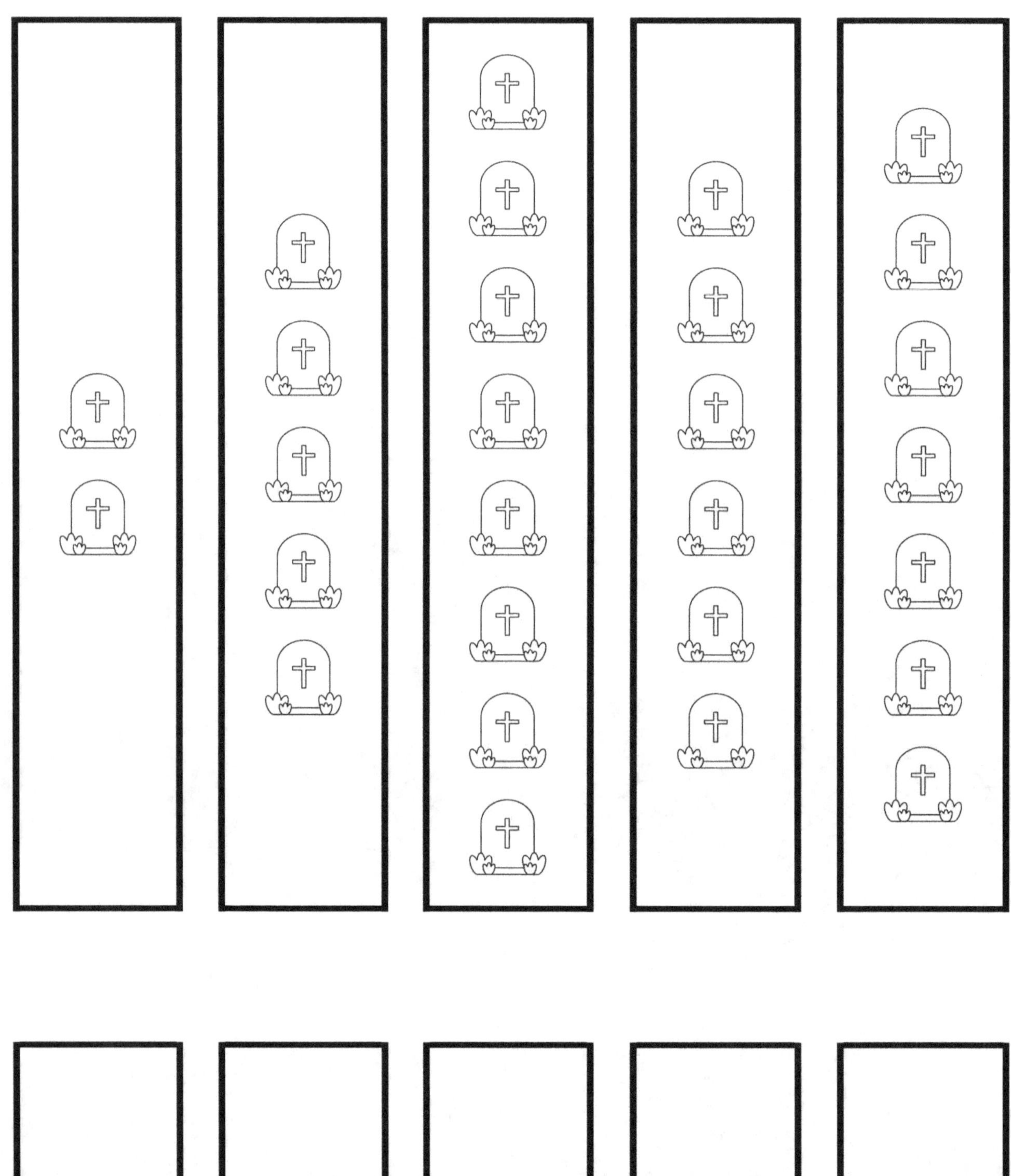

HOW MANY?

HOW MANY?

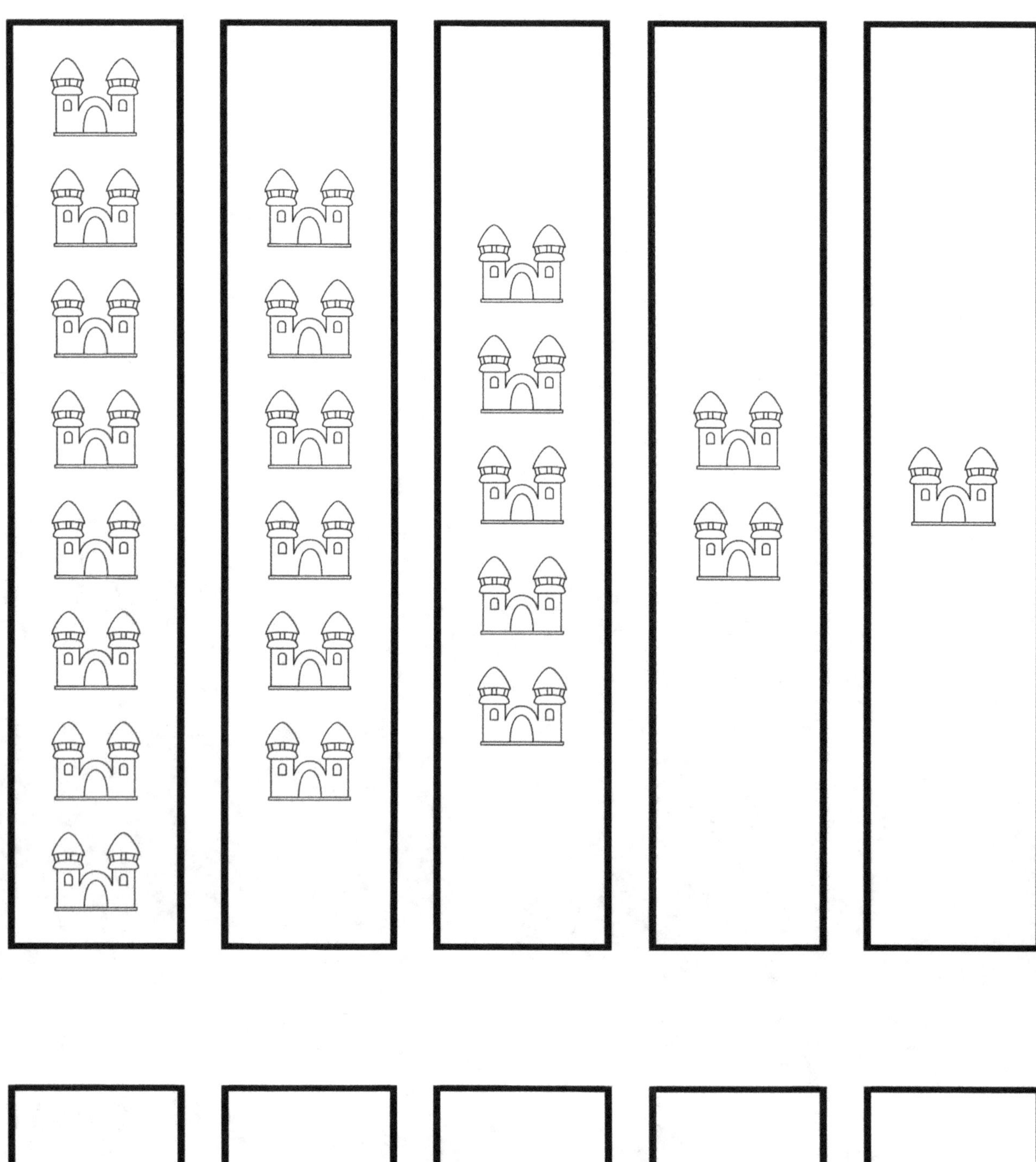

HOW MANY?

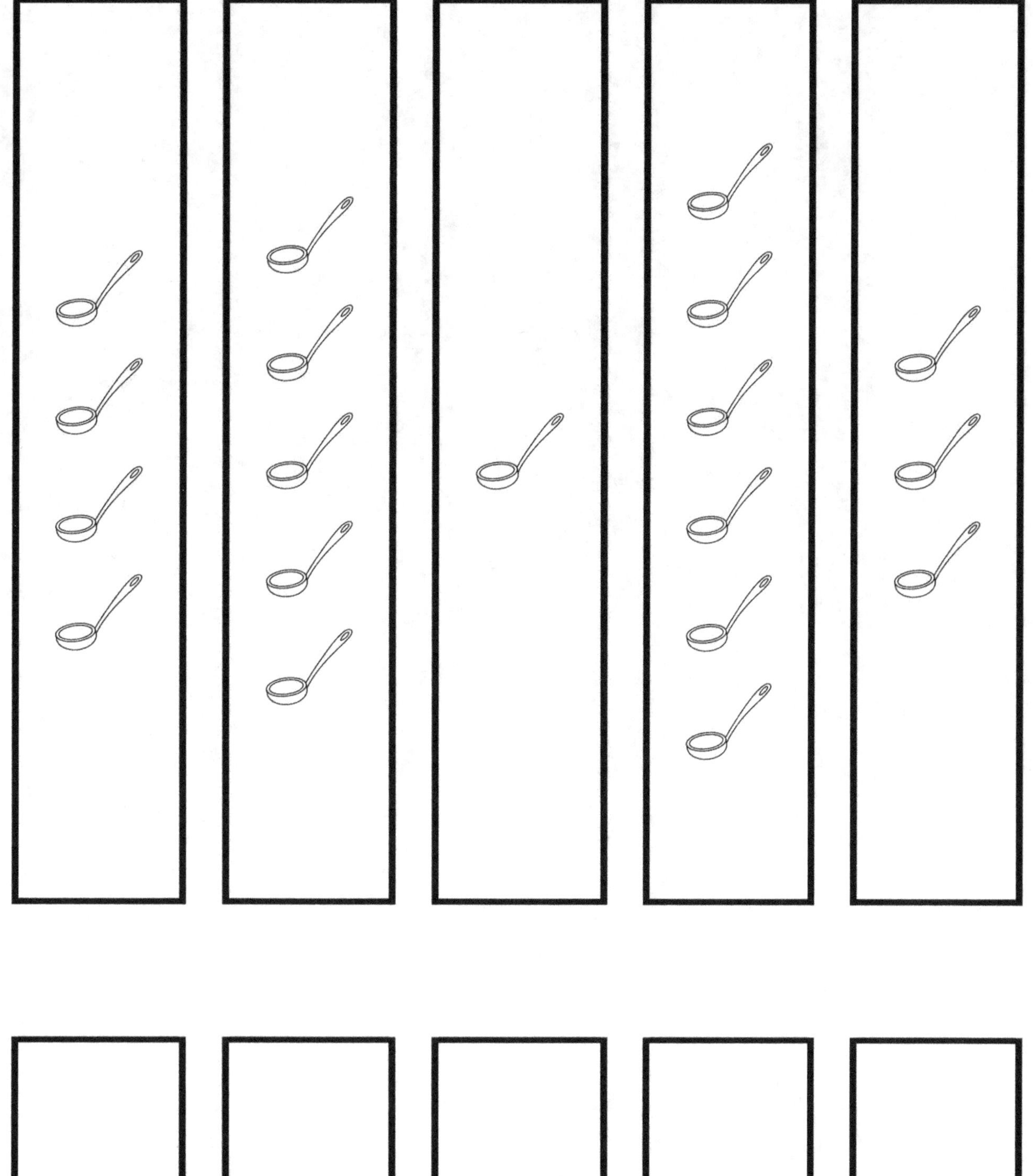

HOW MANY?

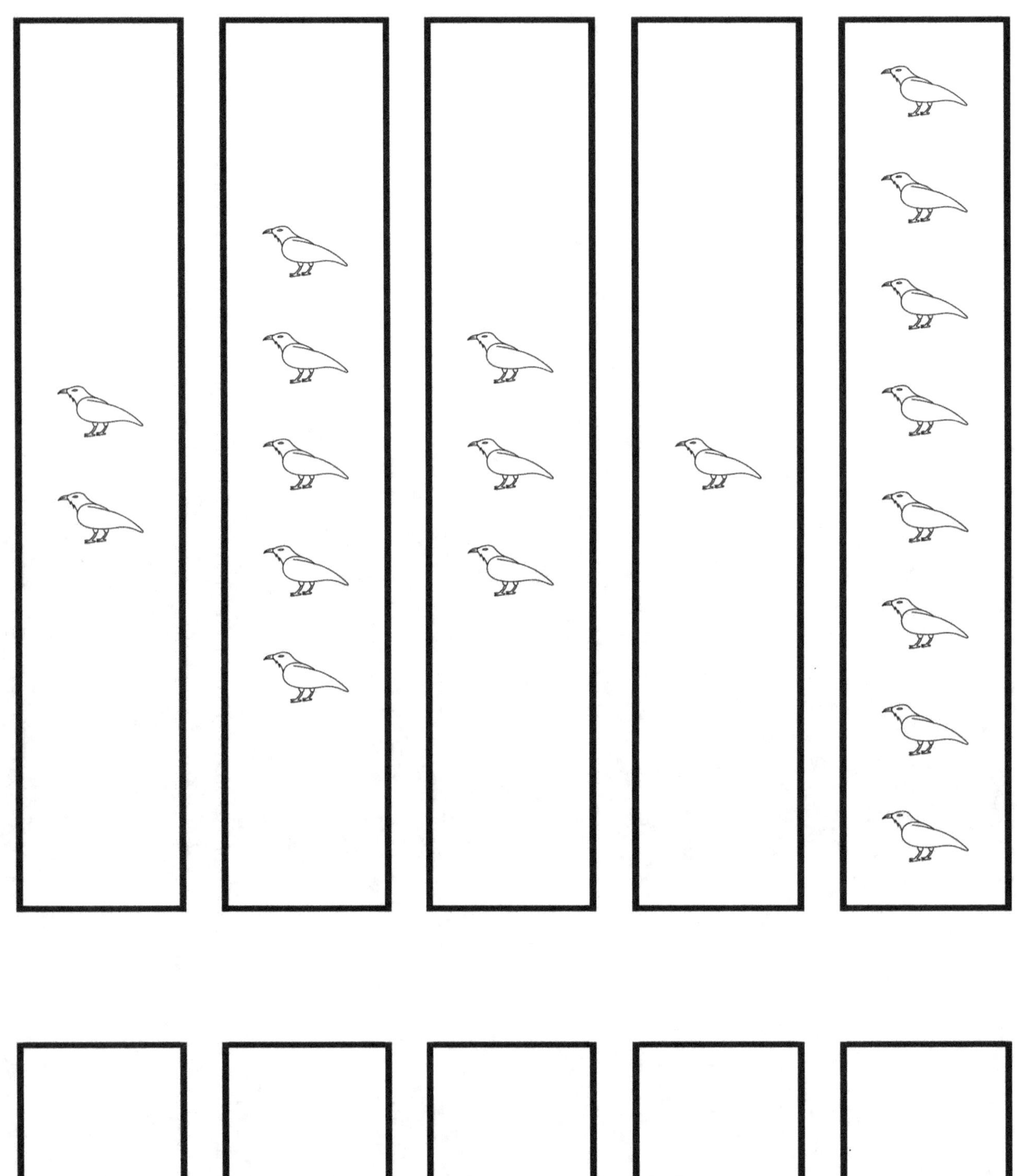

HOW MANY?

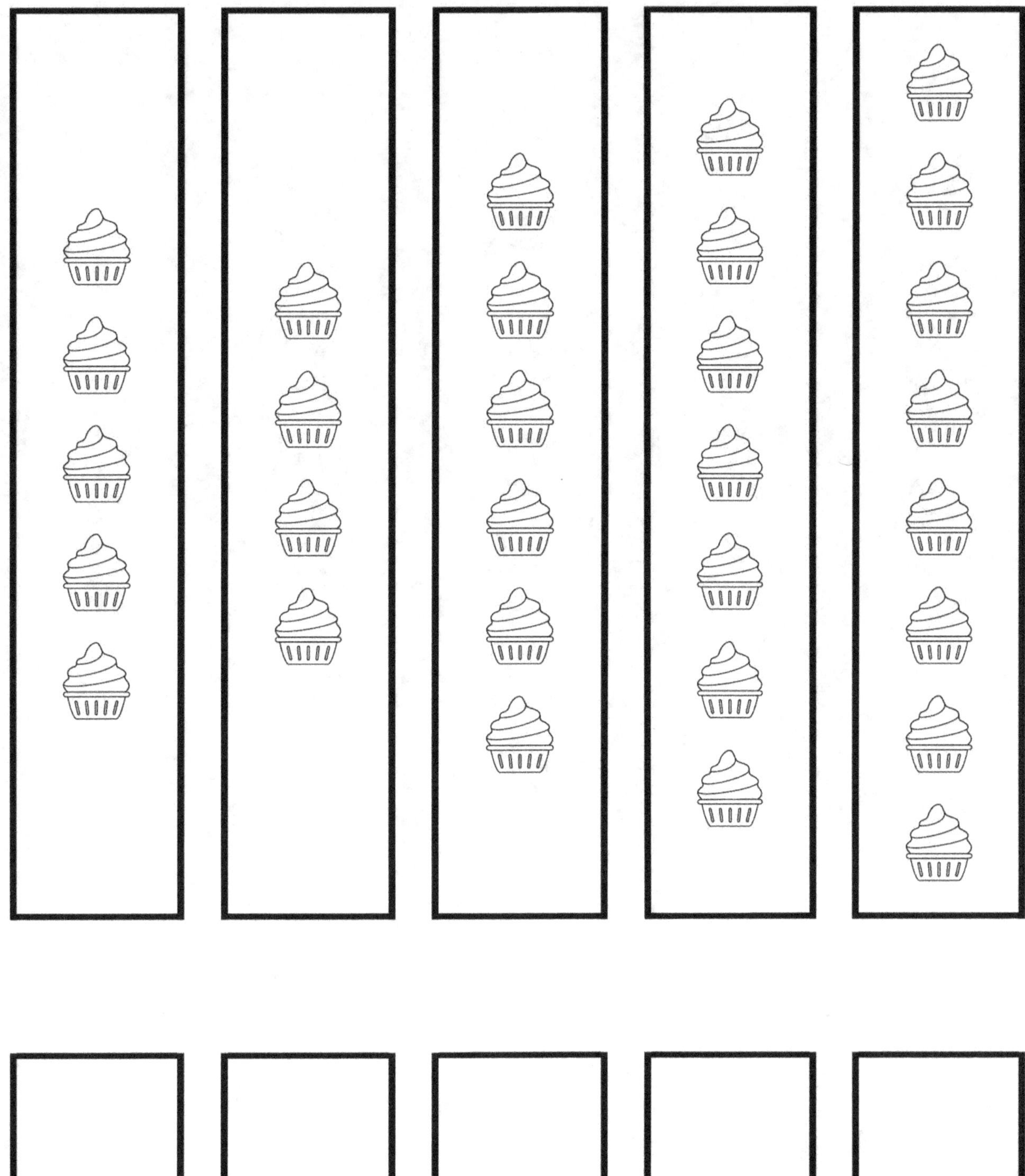

HOW MANY?

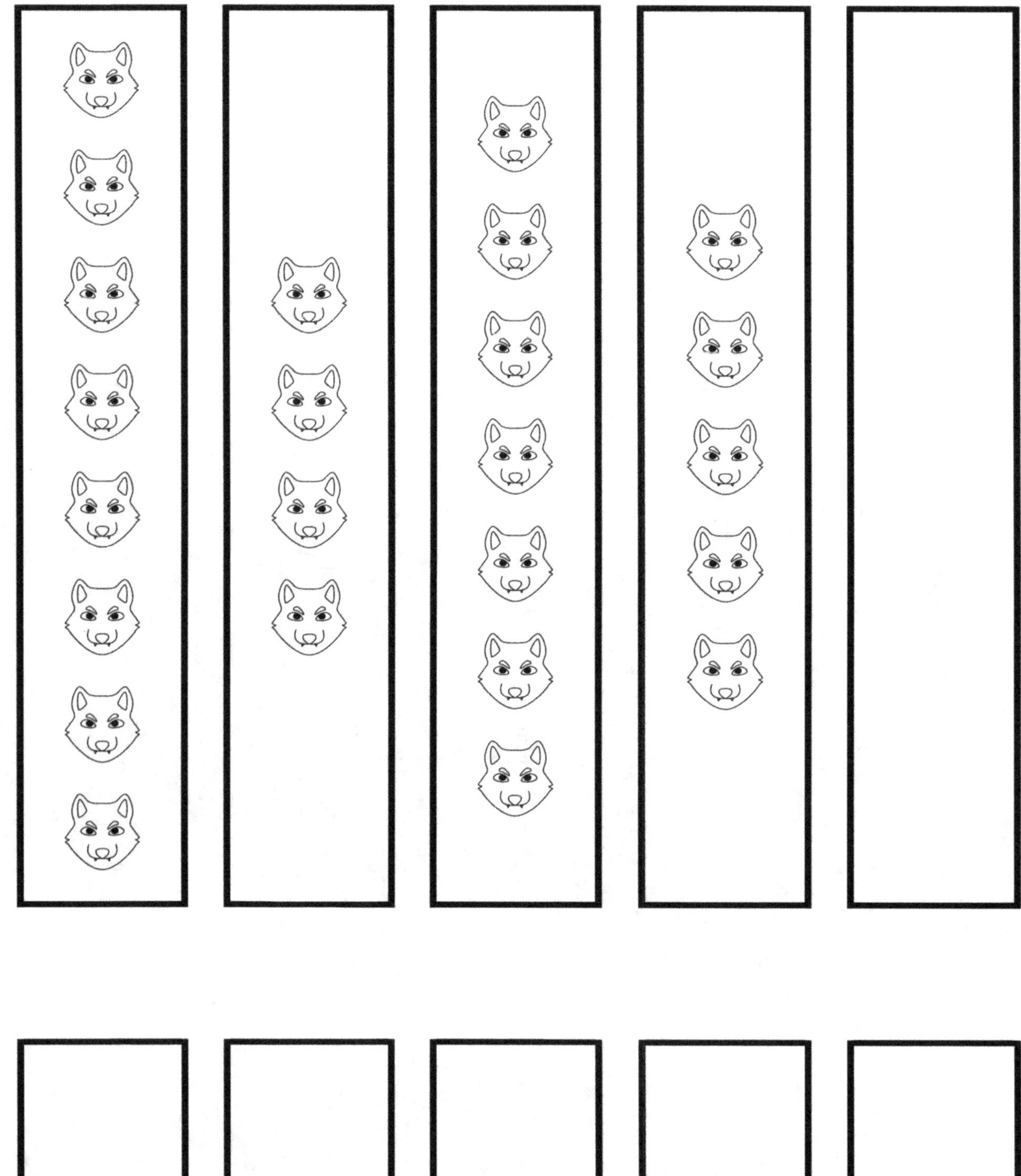

HOW MANY?

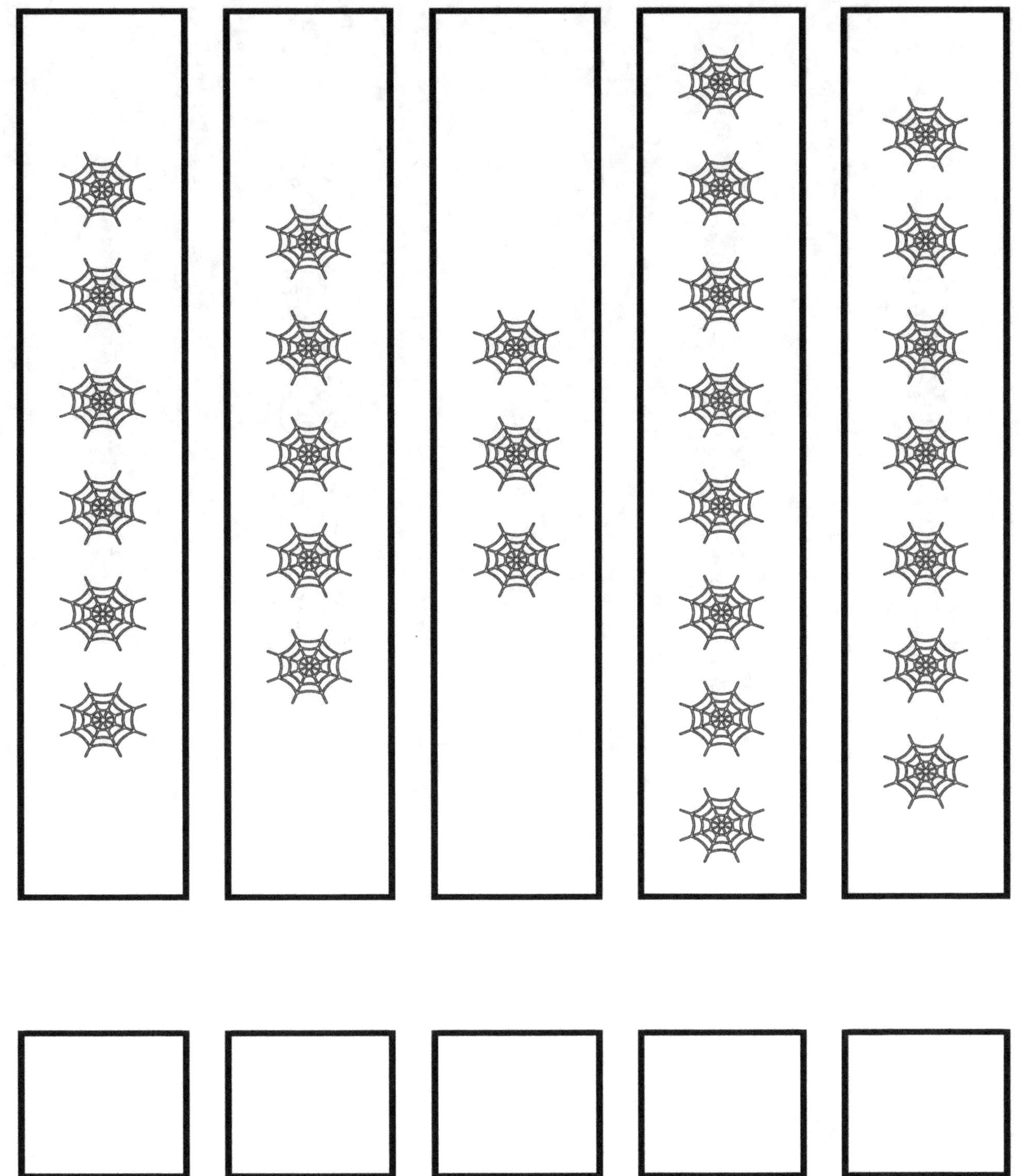

HOW MANY?

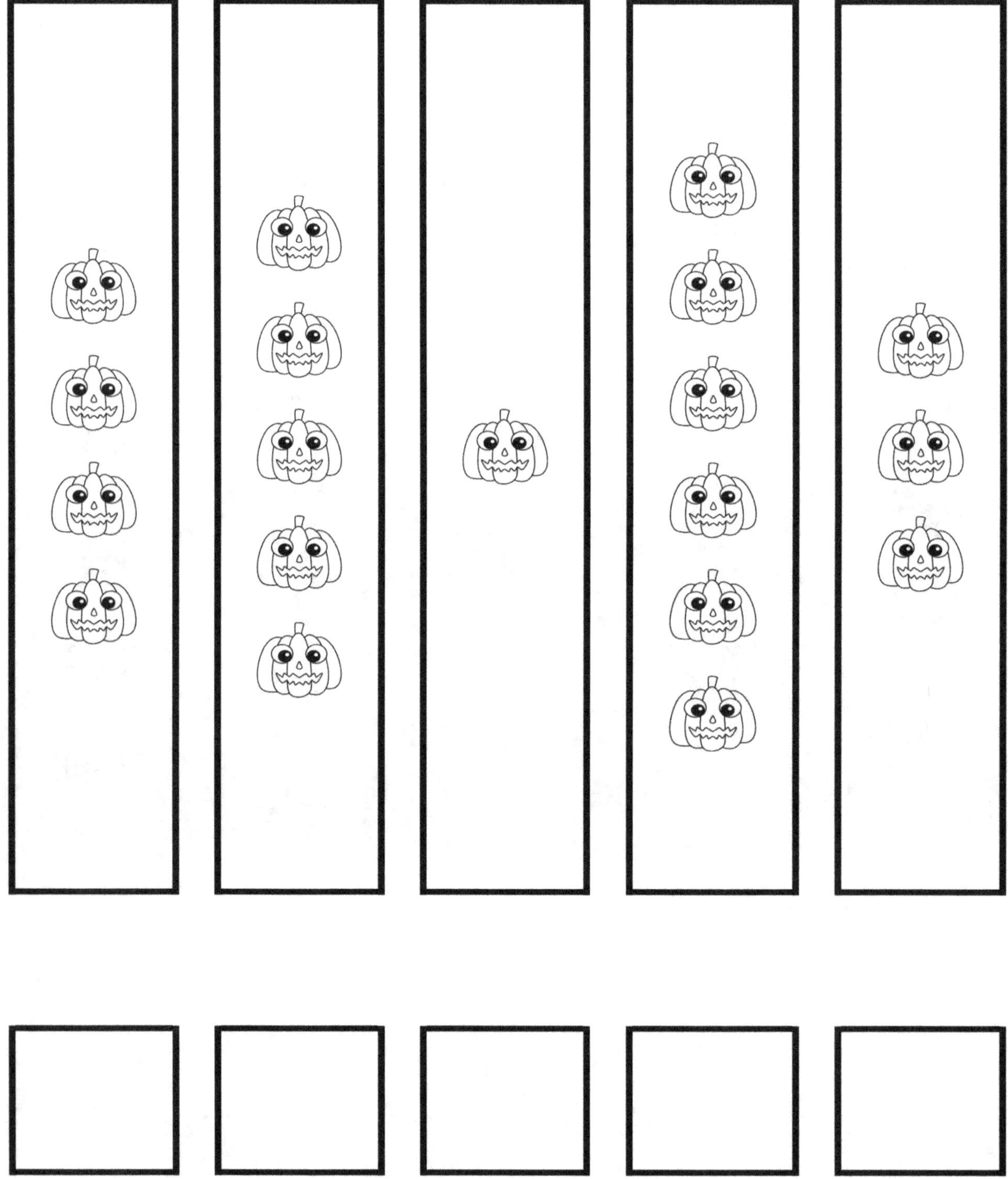

HOW MANY?

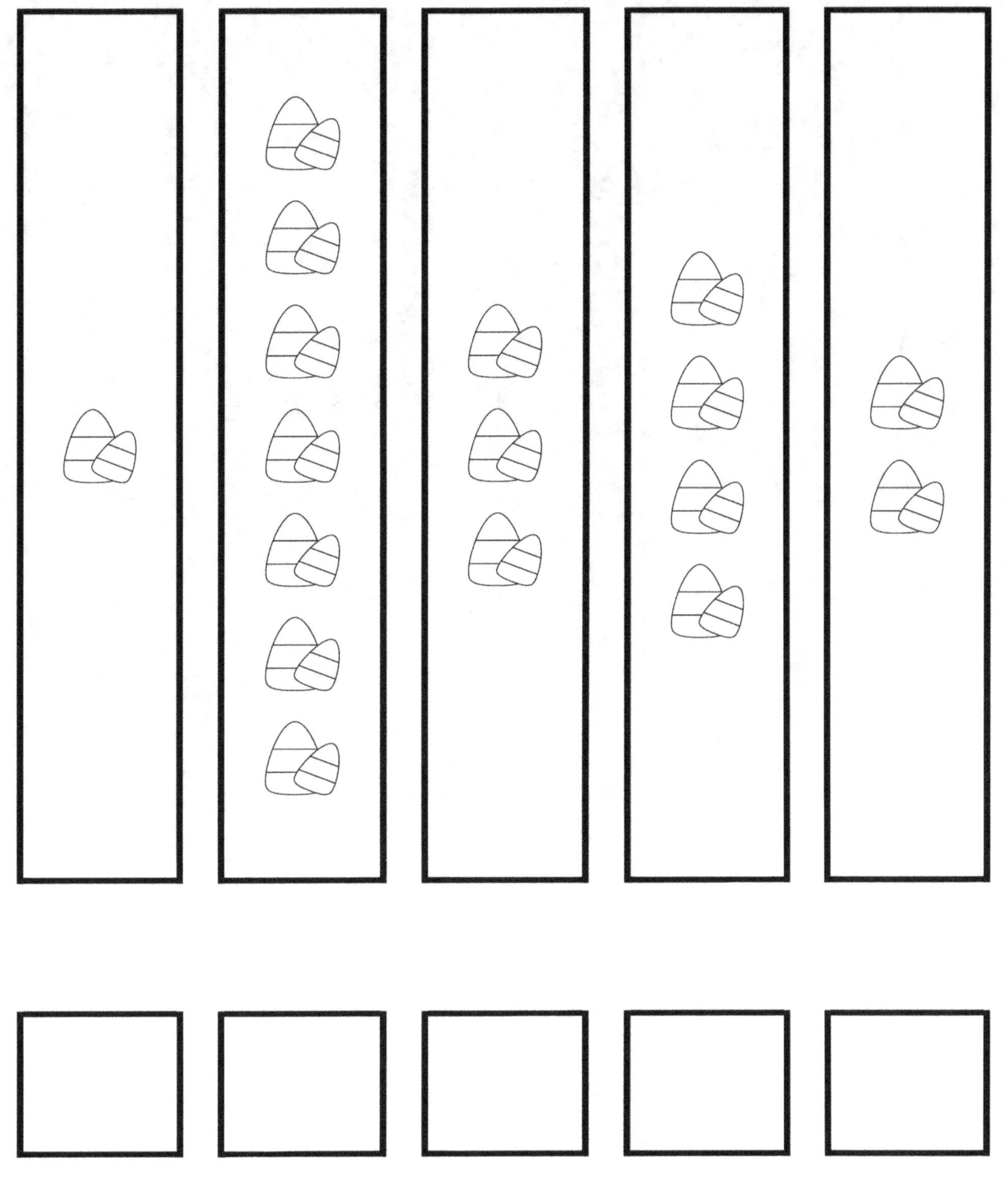

HOW MANY?

HOW MANY?

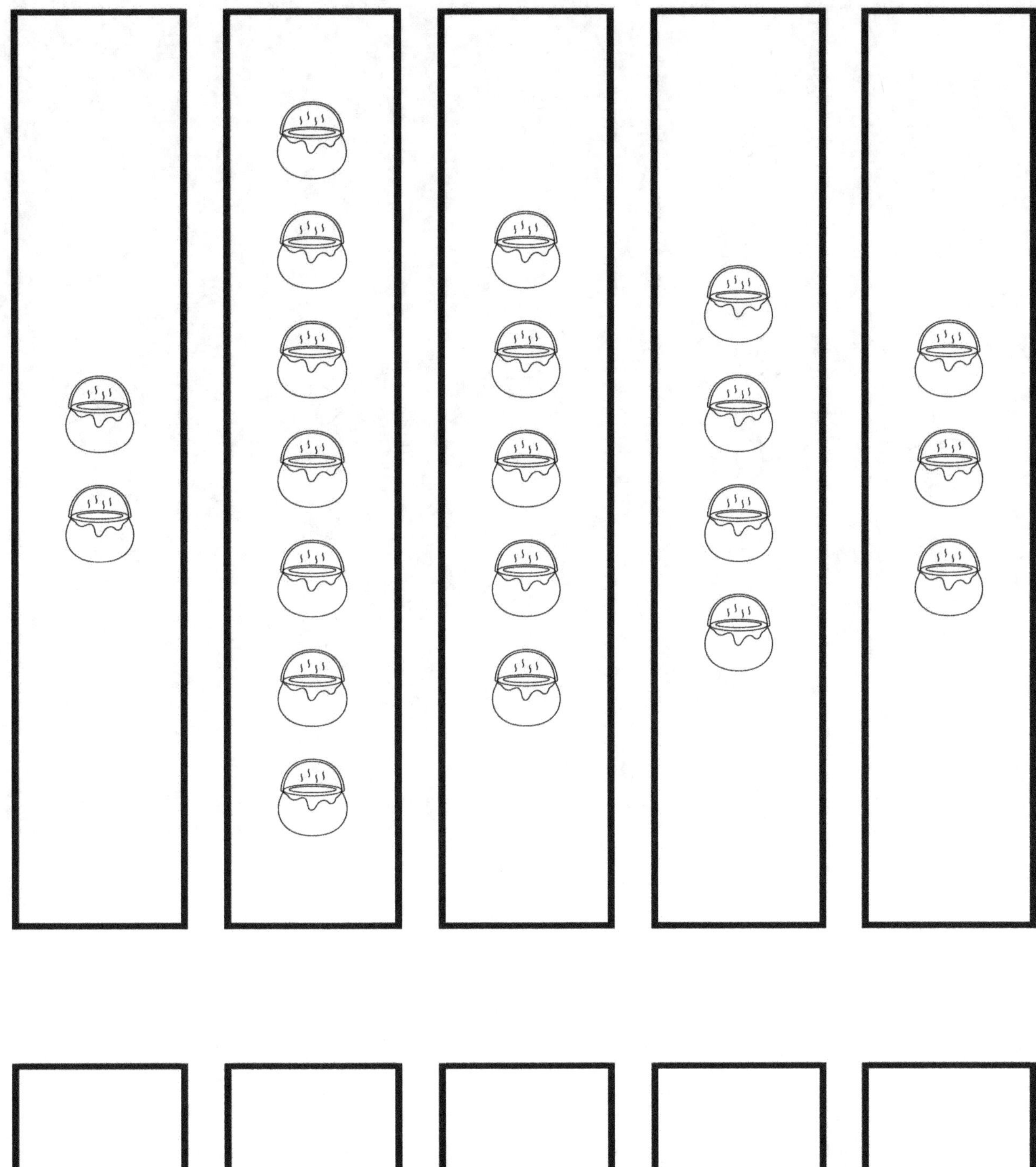

HOW MANY?

HOW MANY?

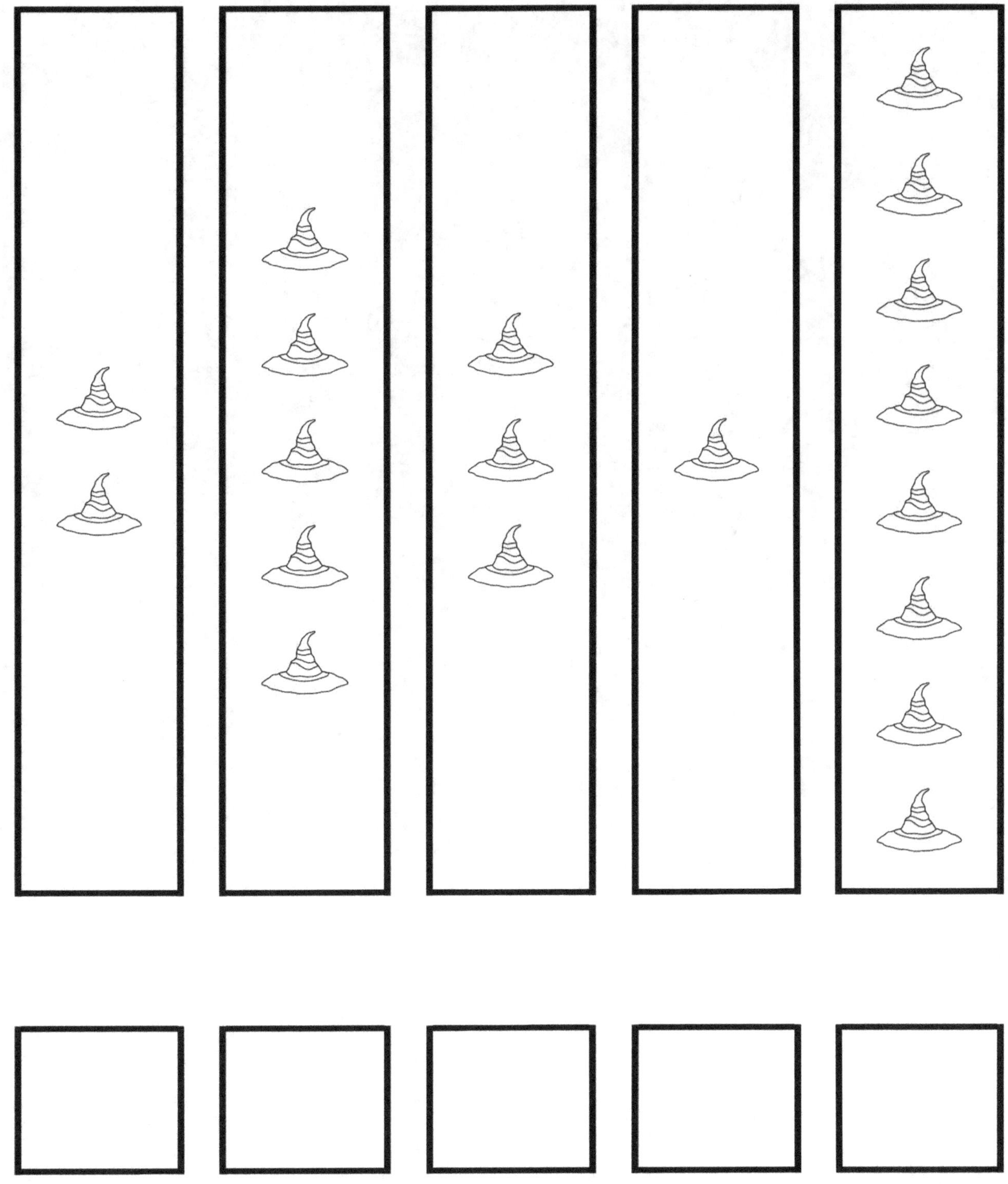

HOW MANY?

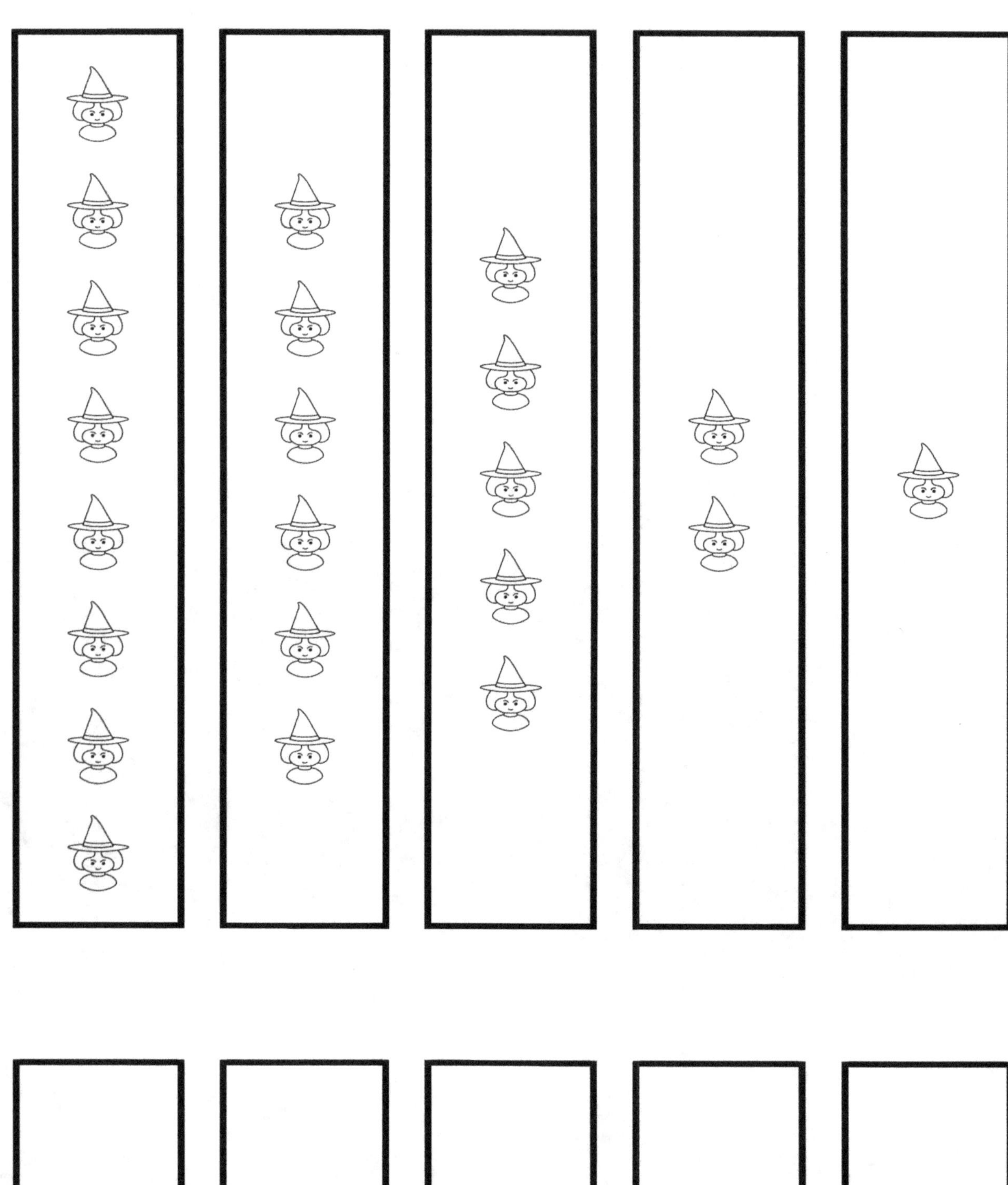

HOW MANY?

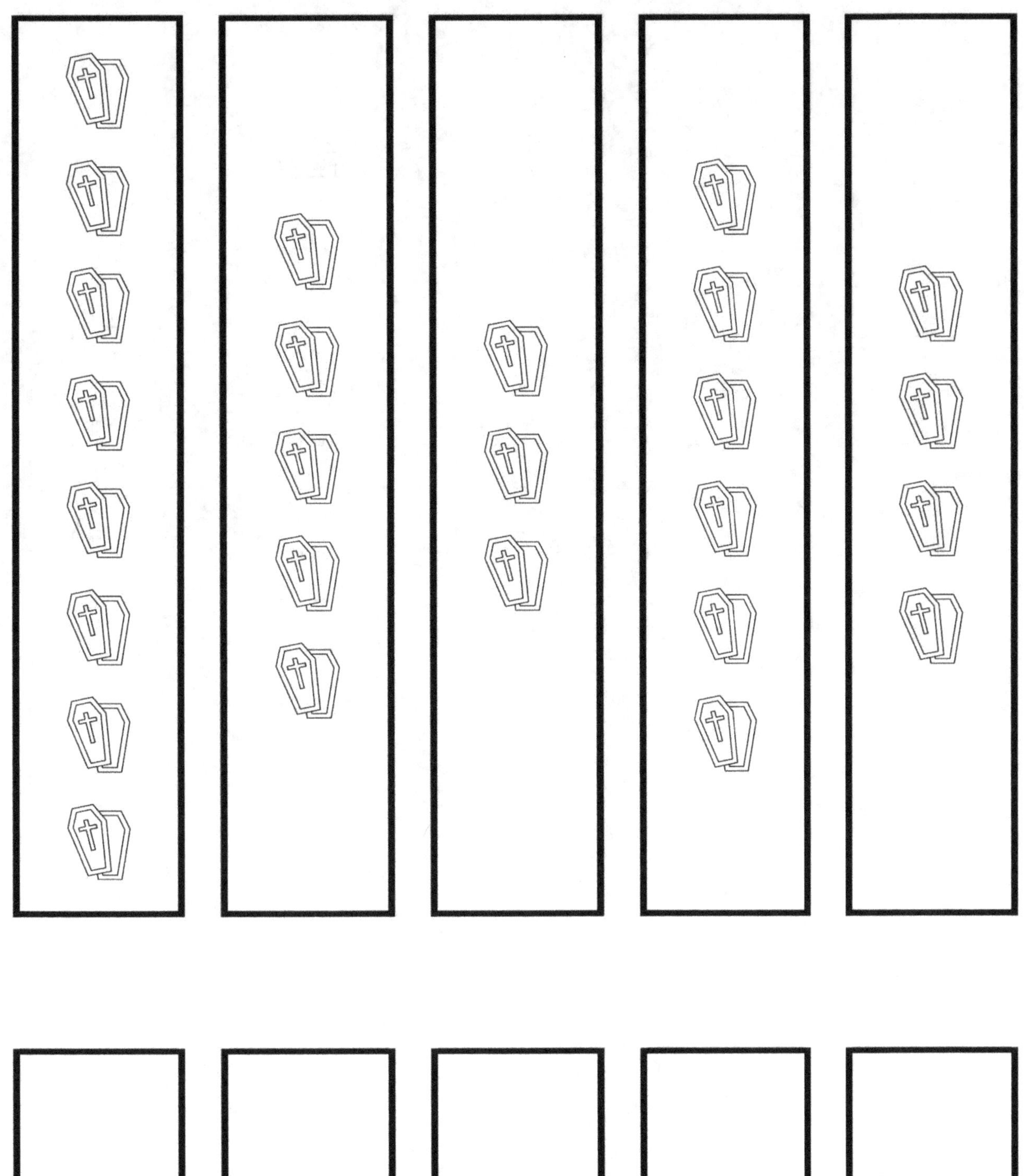

HOW MANY?

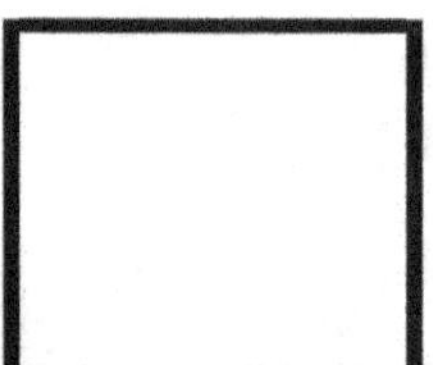

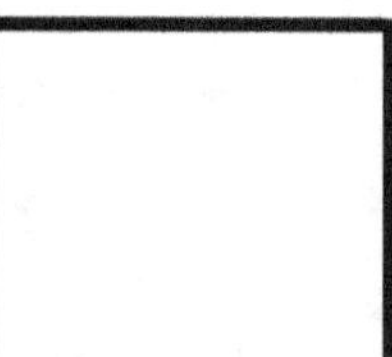
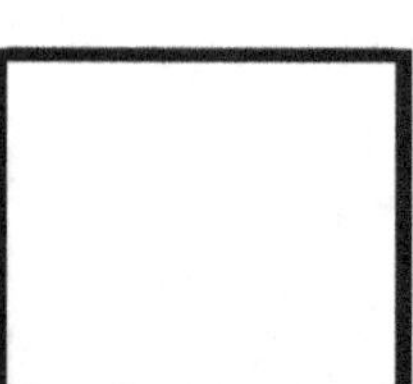
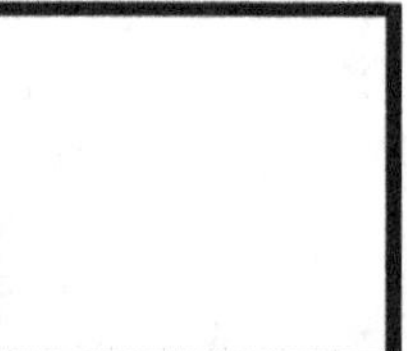

HOW MANY?

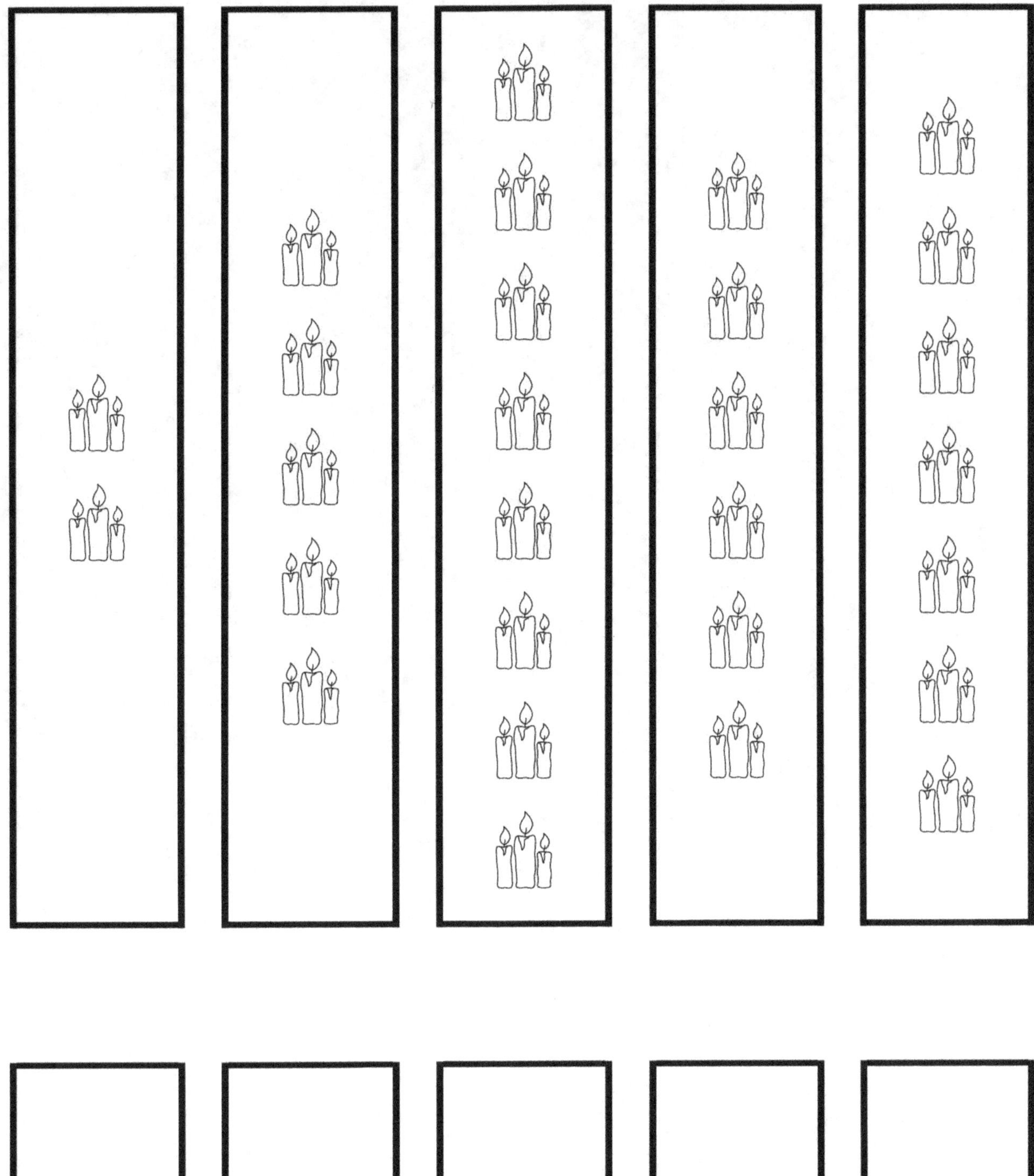

HOW MANY?

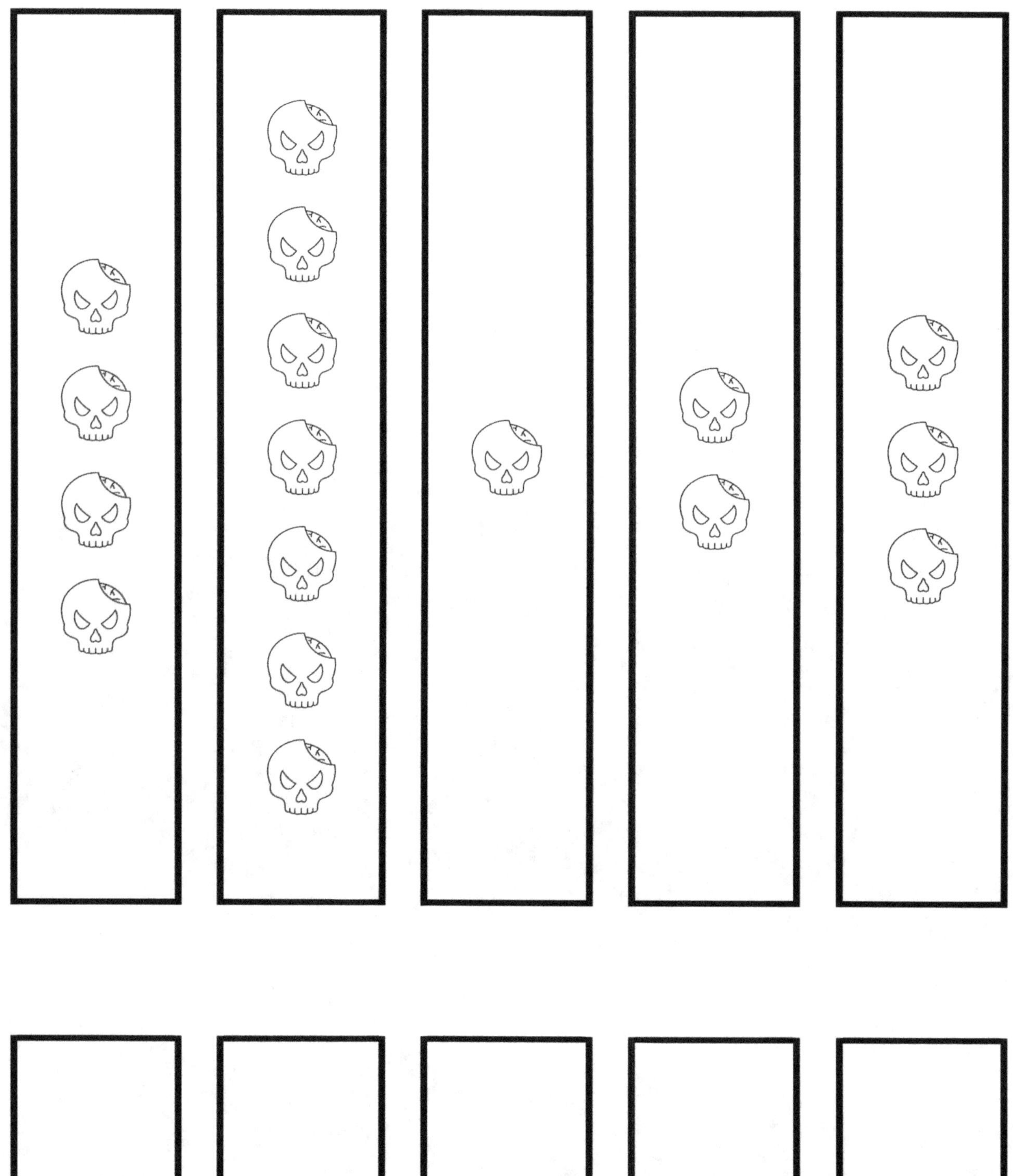

HOW MANY?

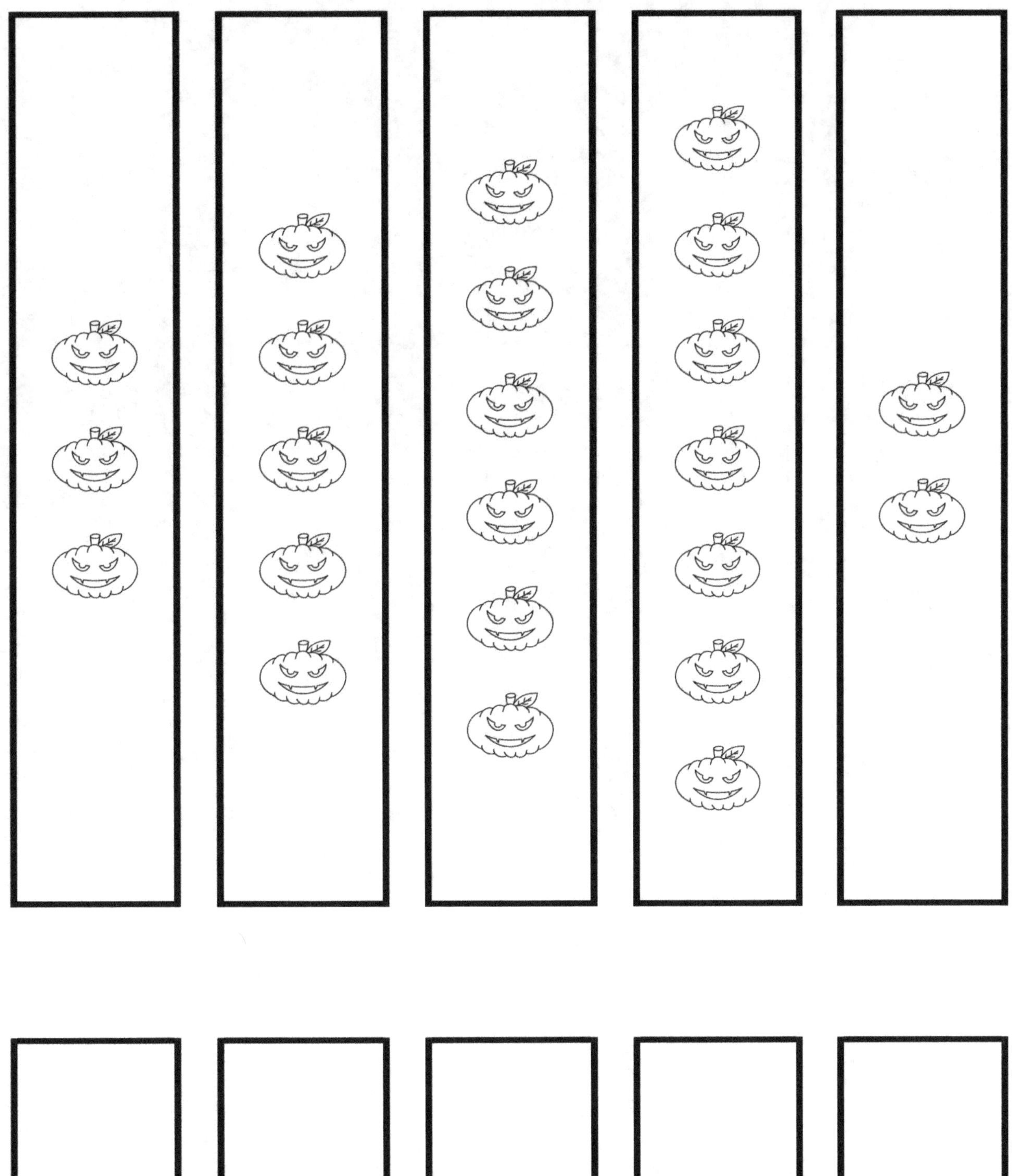

HOW MANY?

HOW MANY?

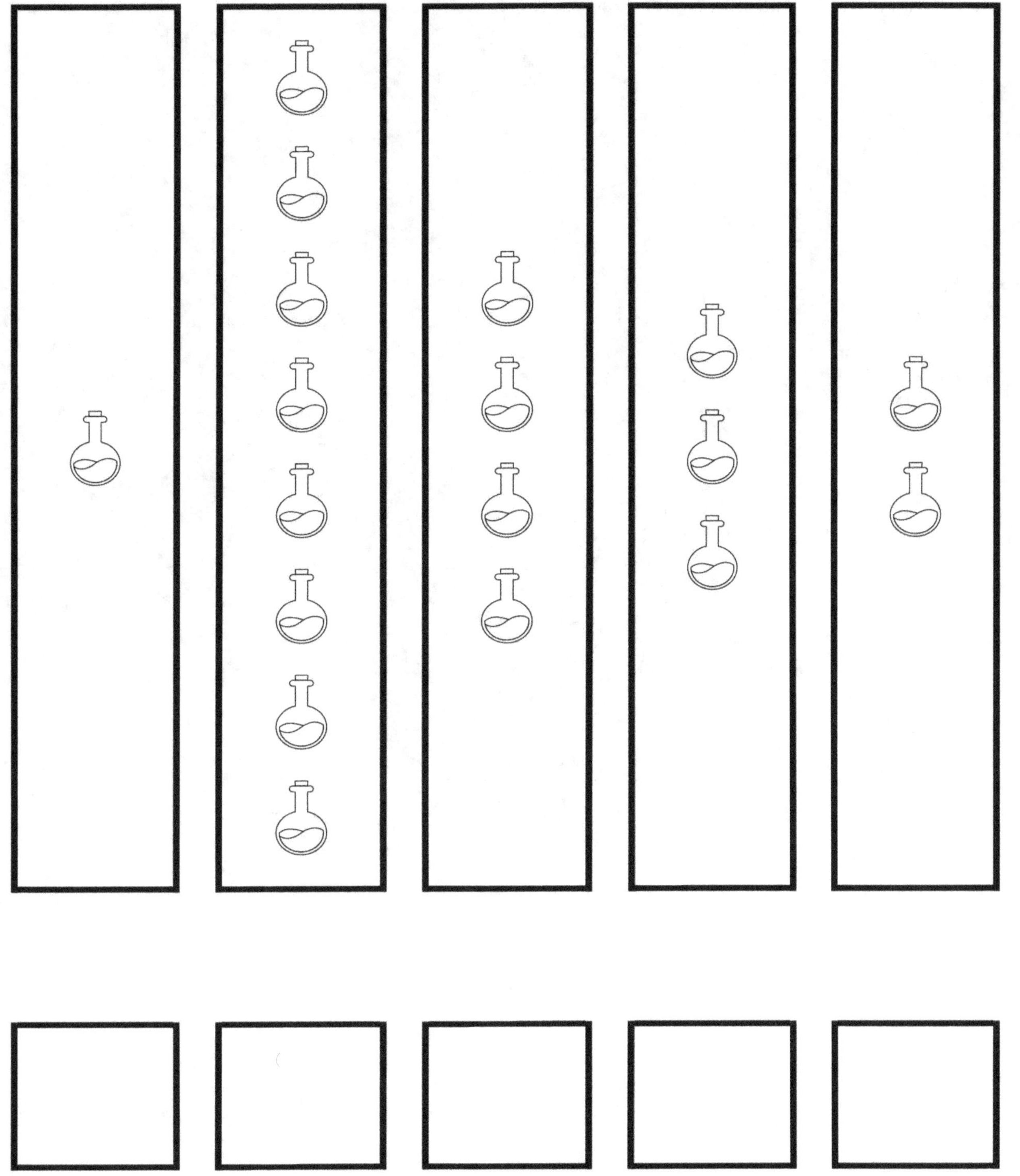

HOW MANY?

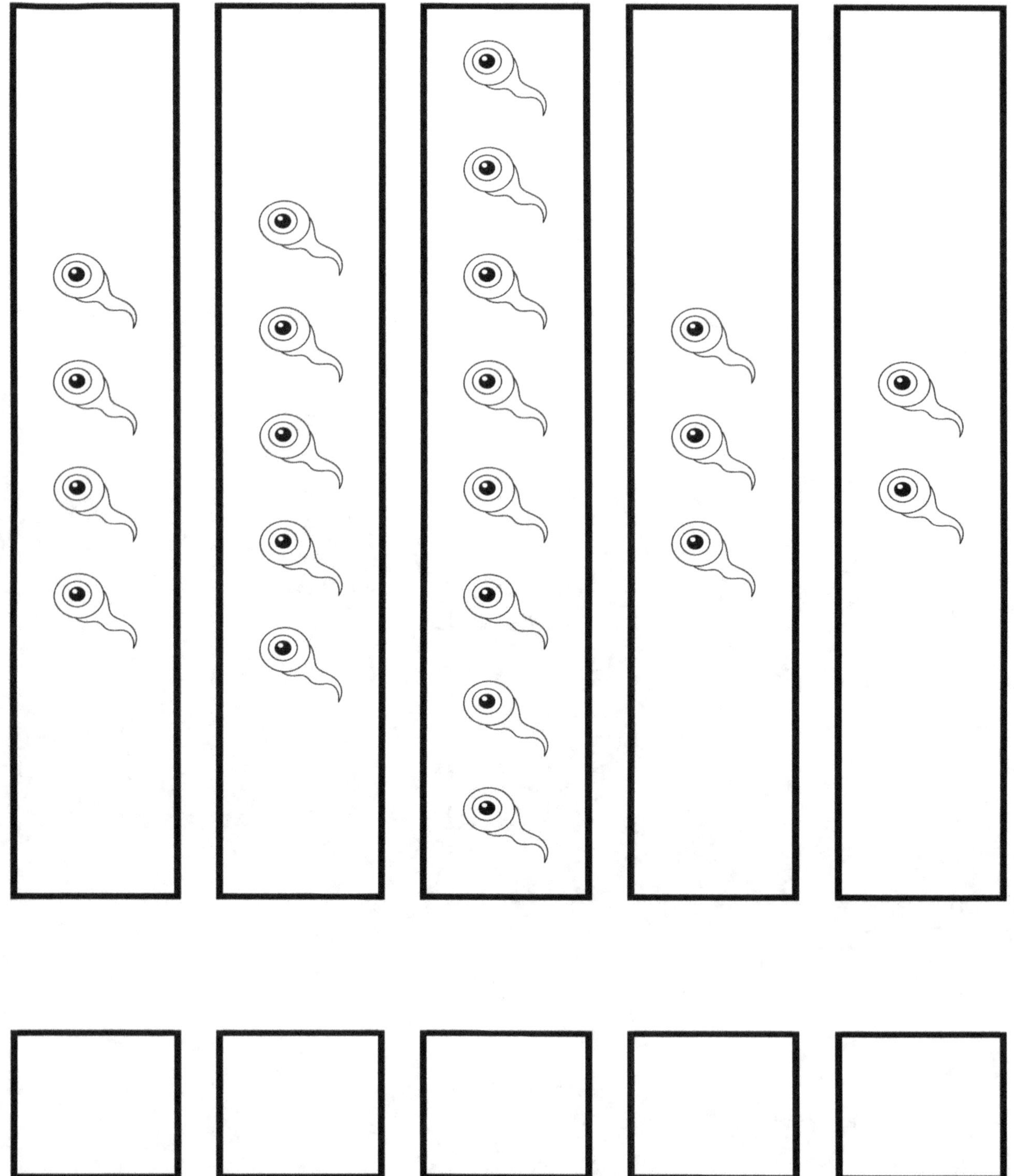

HOW MANY?

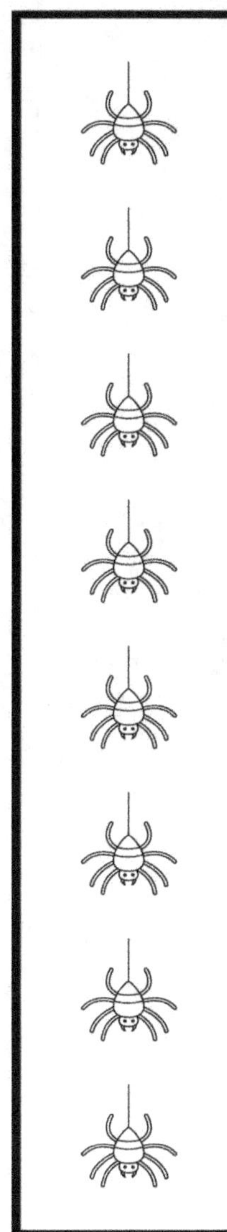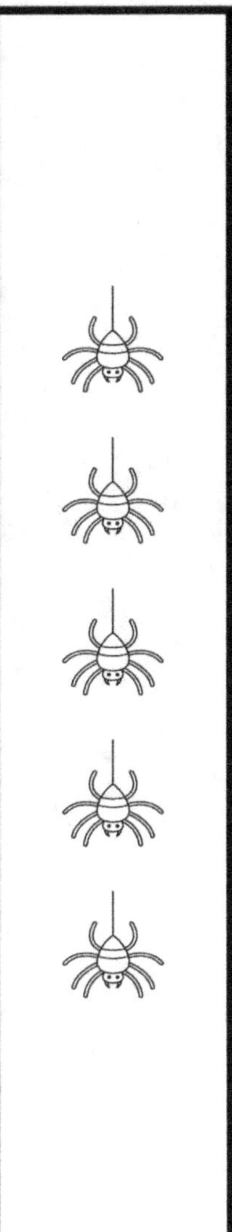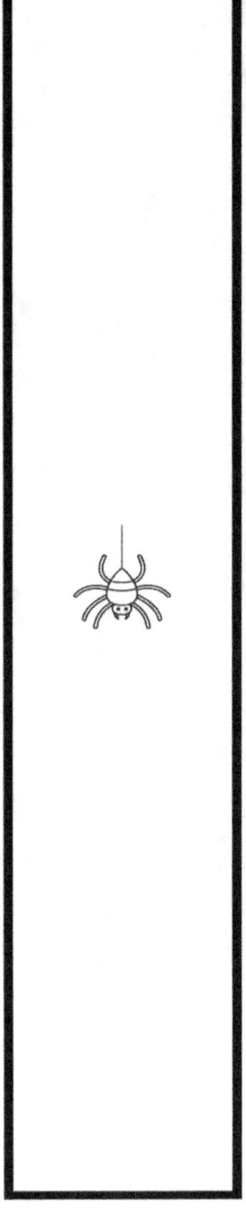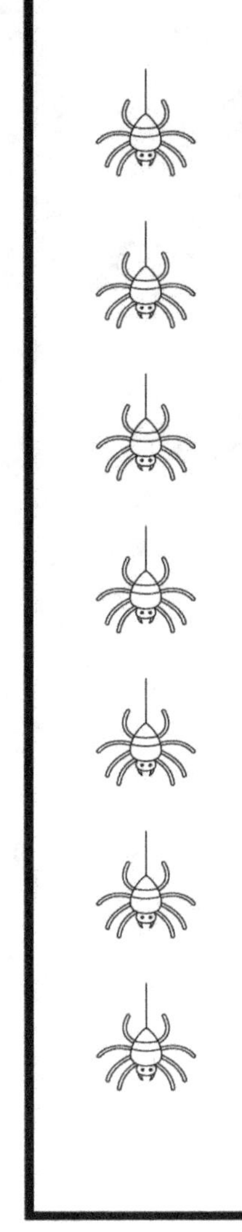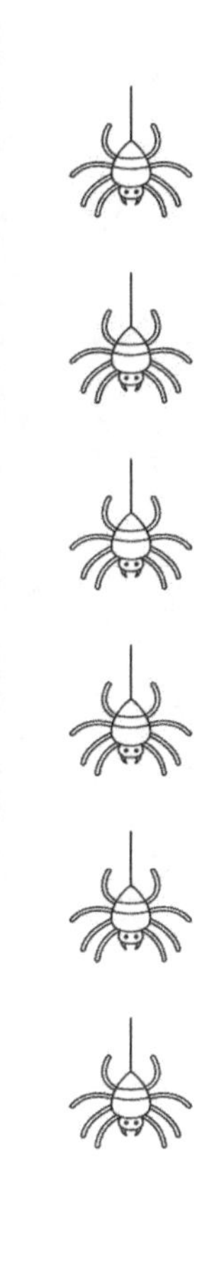

HOW MANY?

HOW MANY?

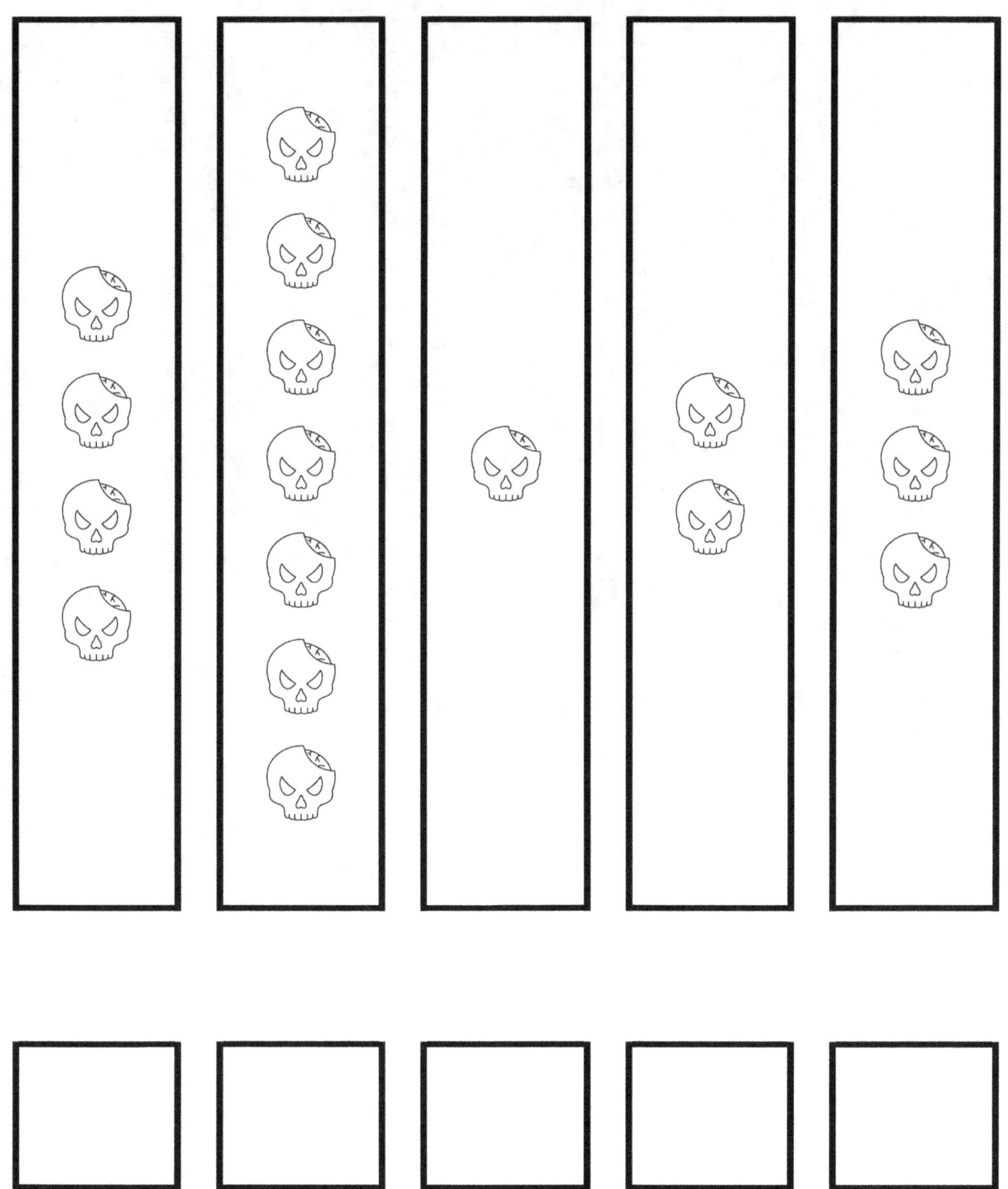

HOW MANY?

HOW MANY?

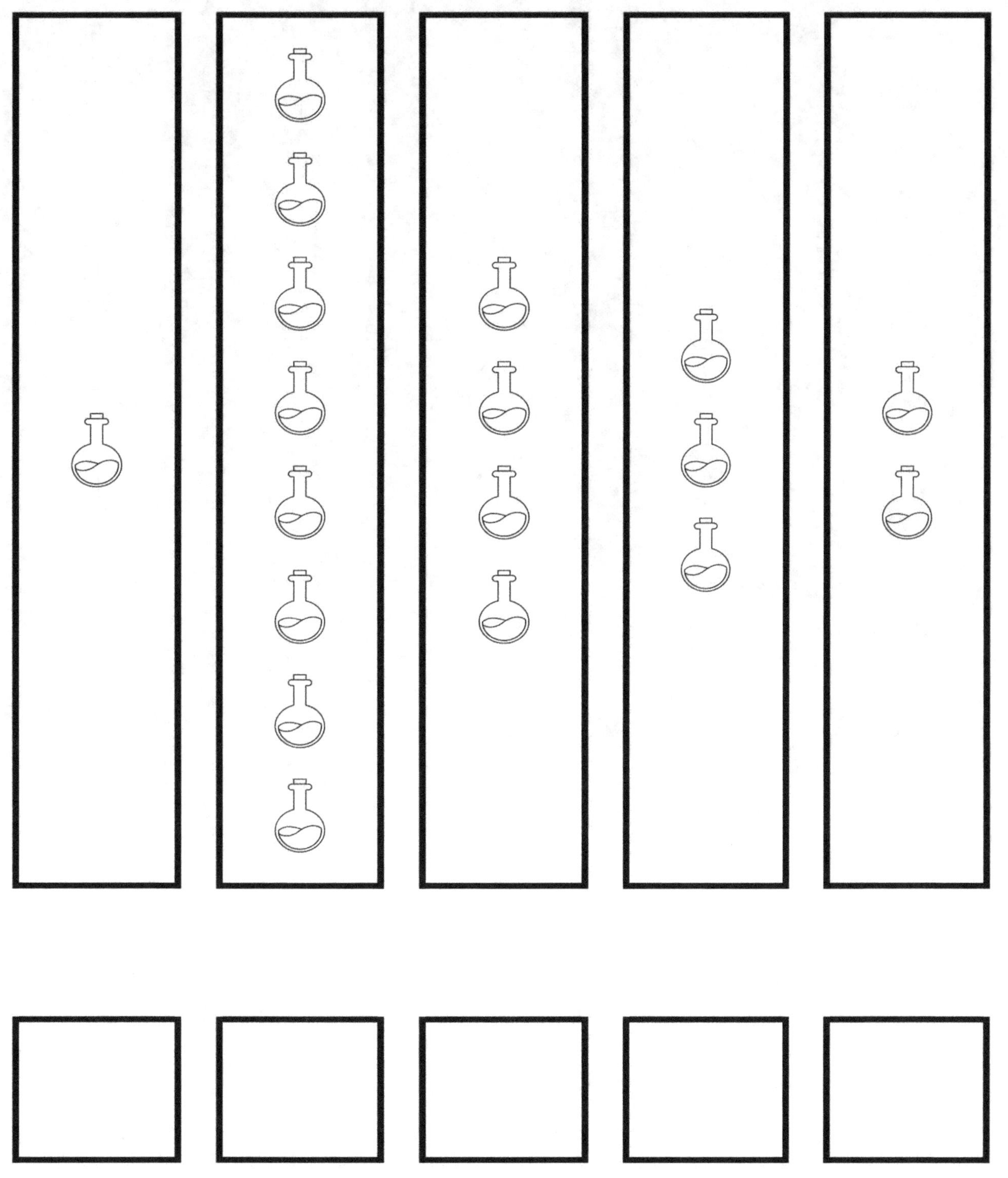

HOW MANY?

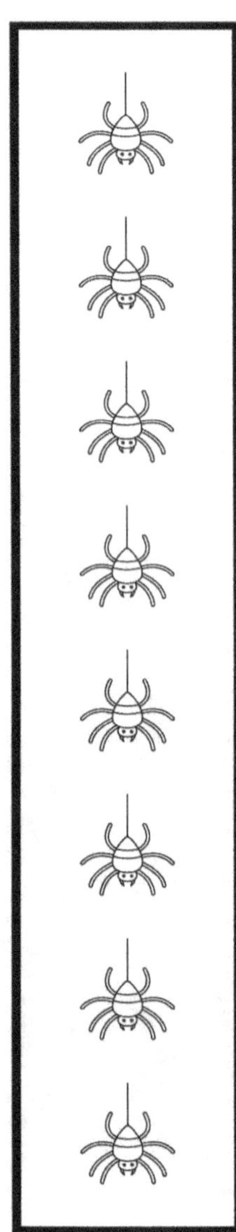

HOW MANY?

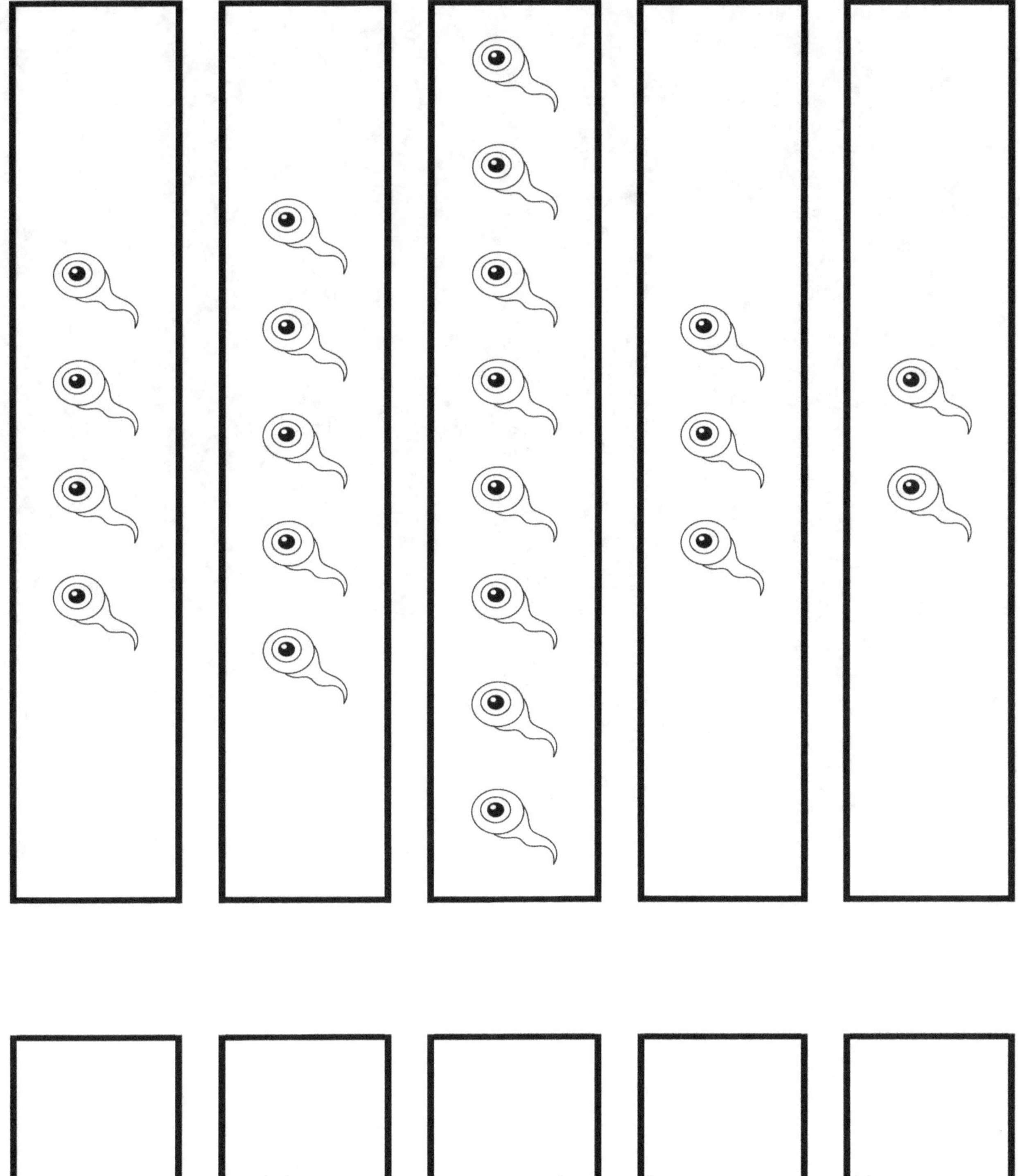

HOW MANY?

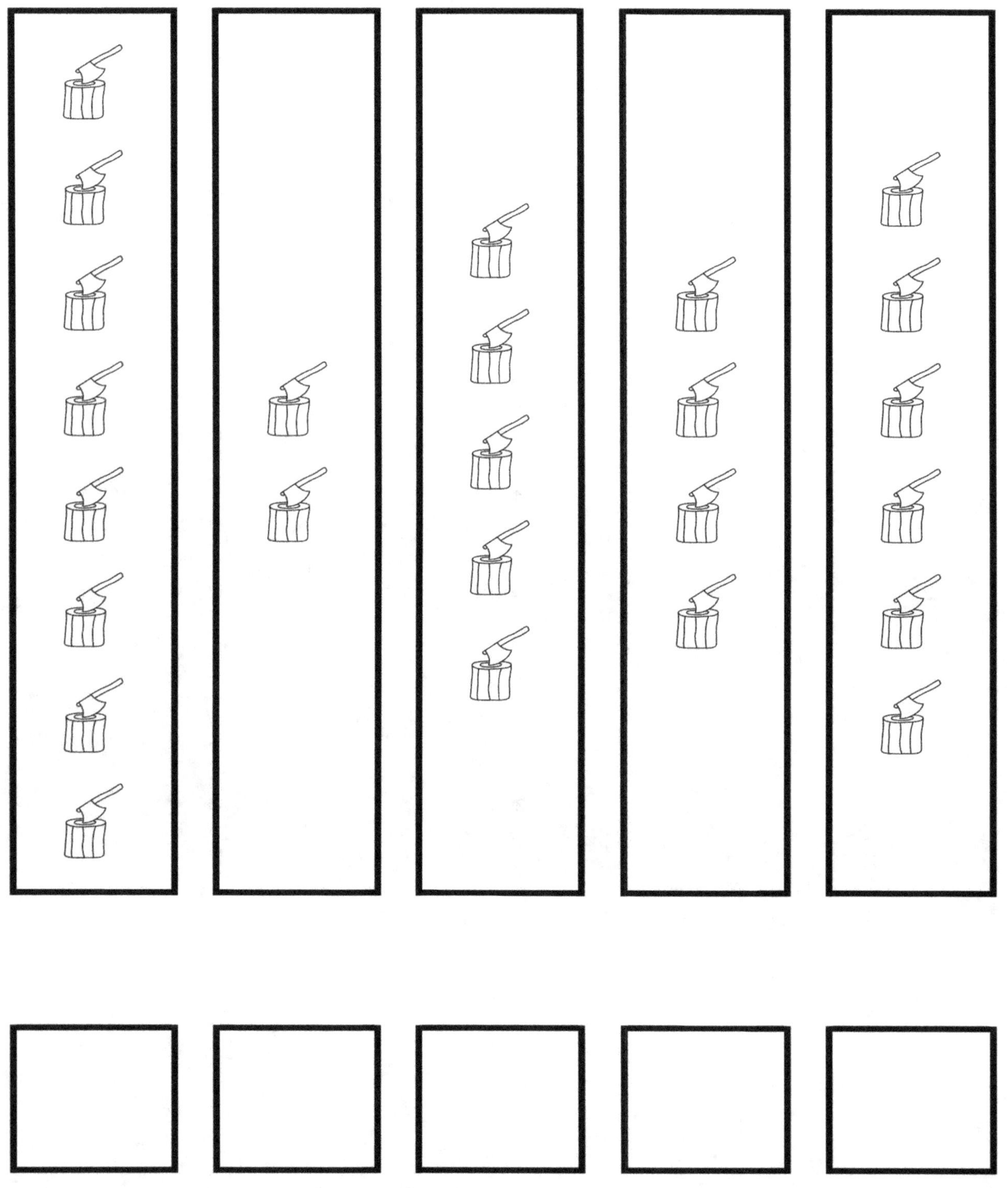

HOW MANY?

HOW MANY?

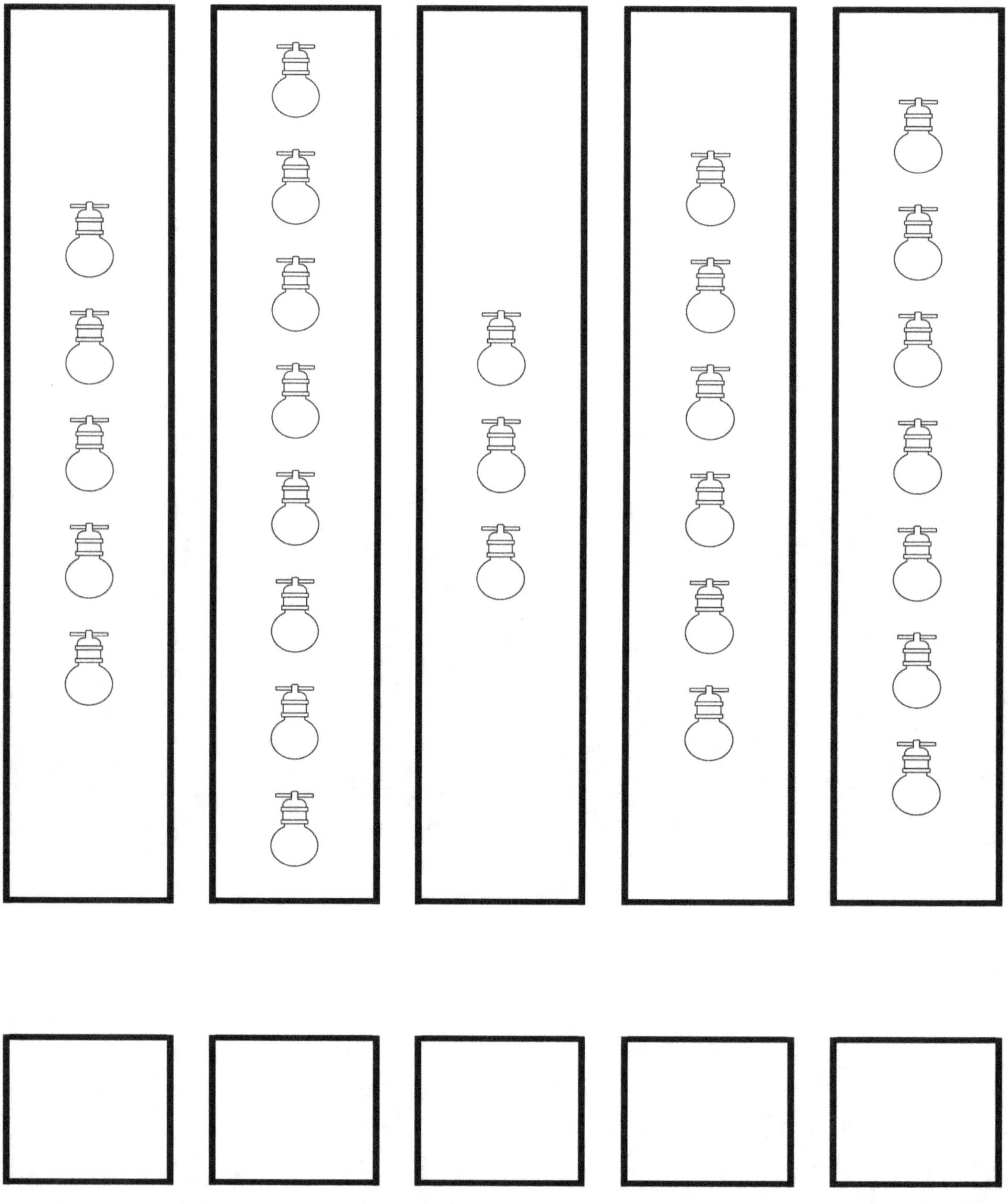

HOW MANY?

HOW MANY?

HOW MANY?

HOW MANY?

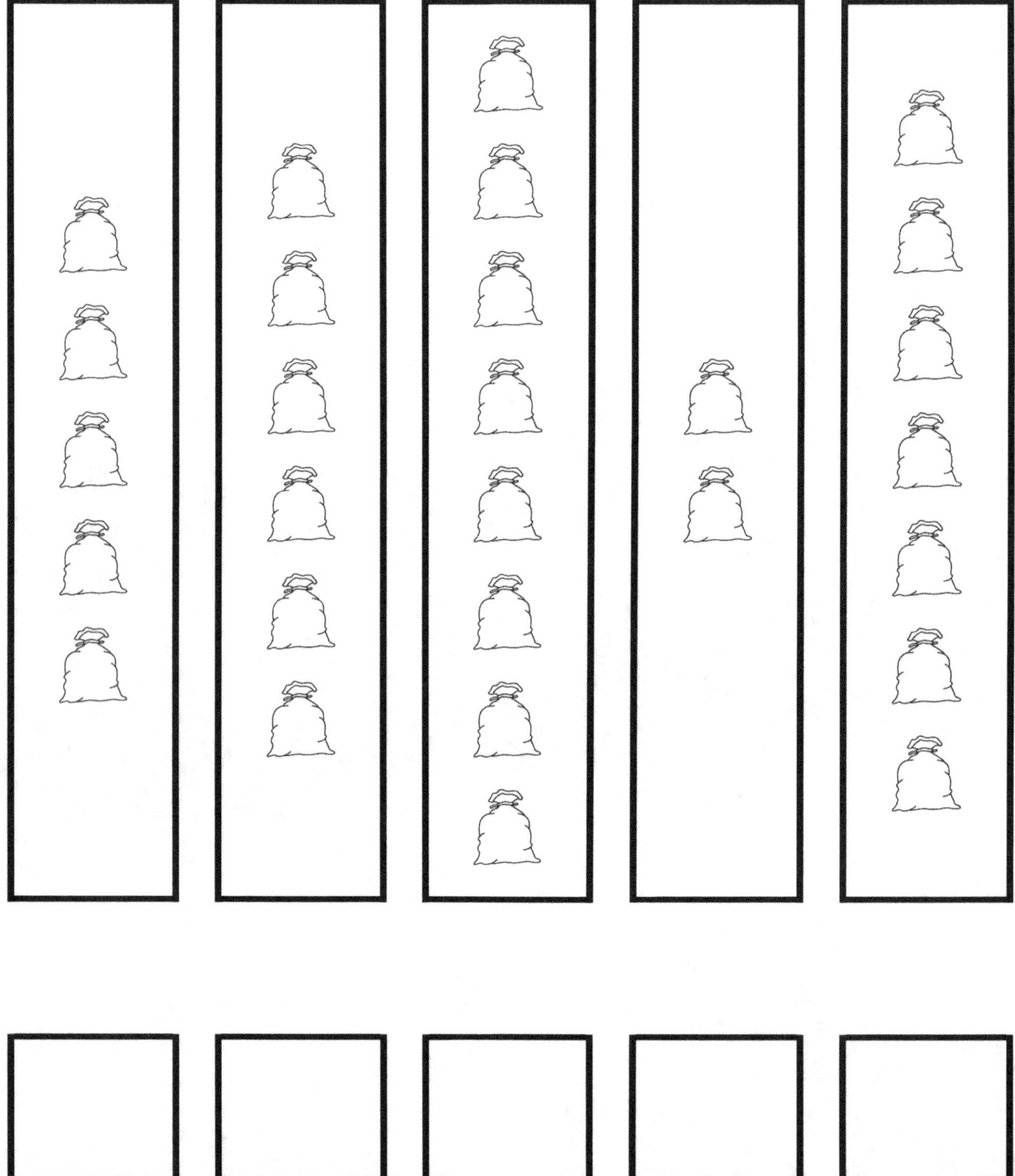

HOW MANY?

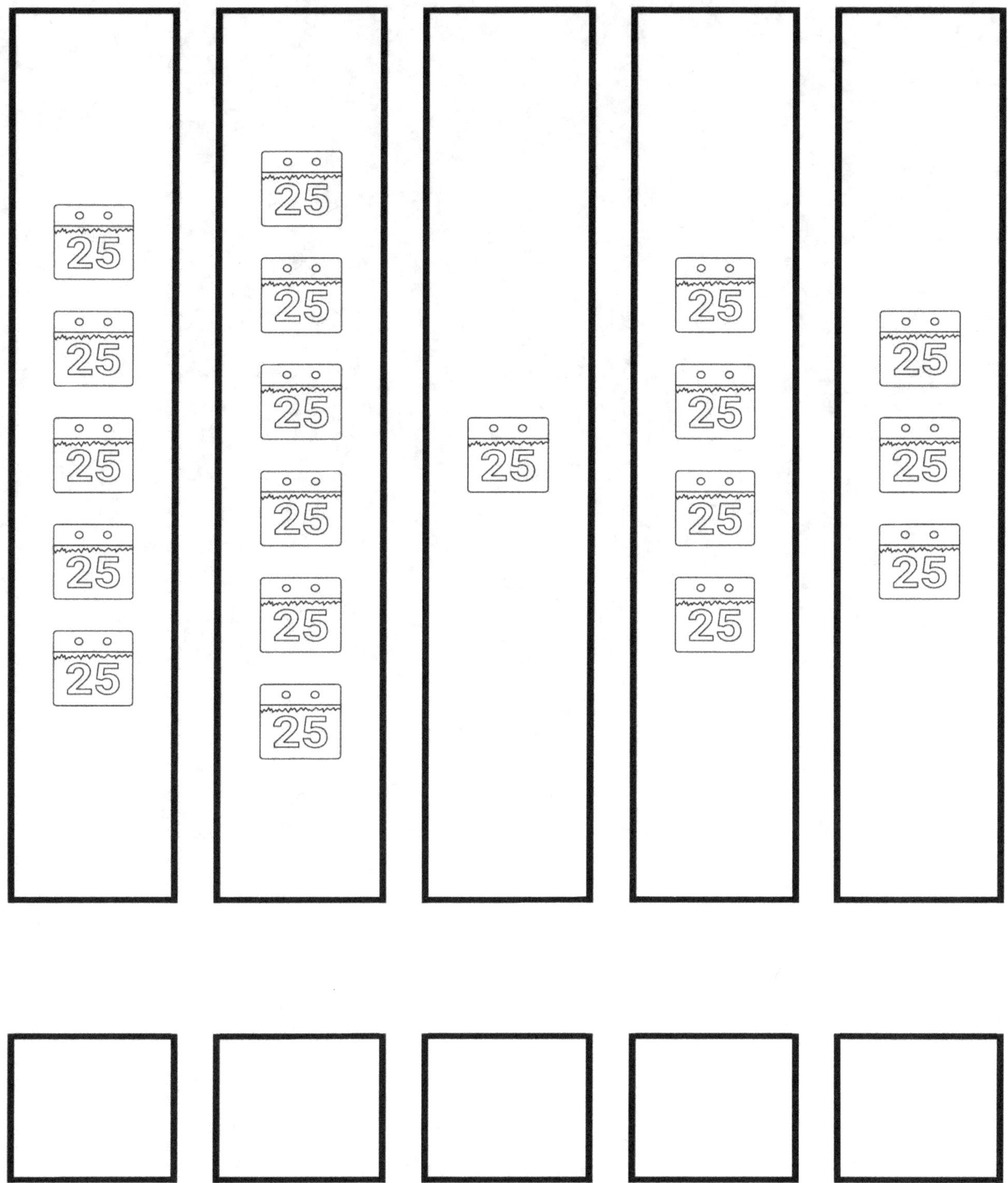

HOW MANY?

HOW MANY?

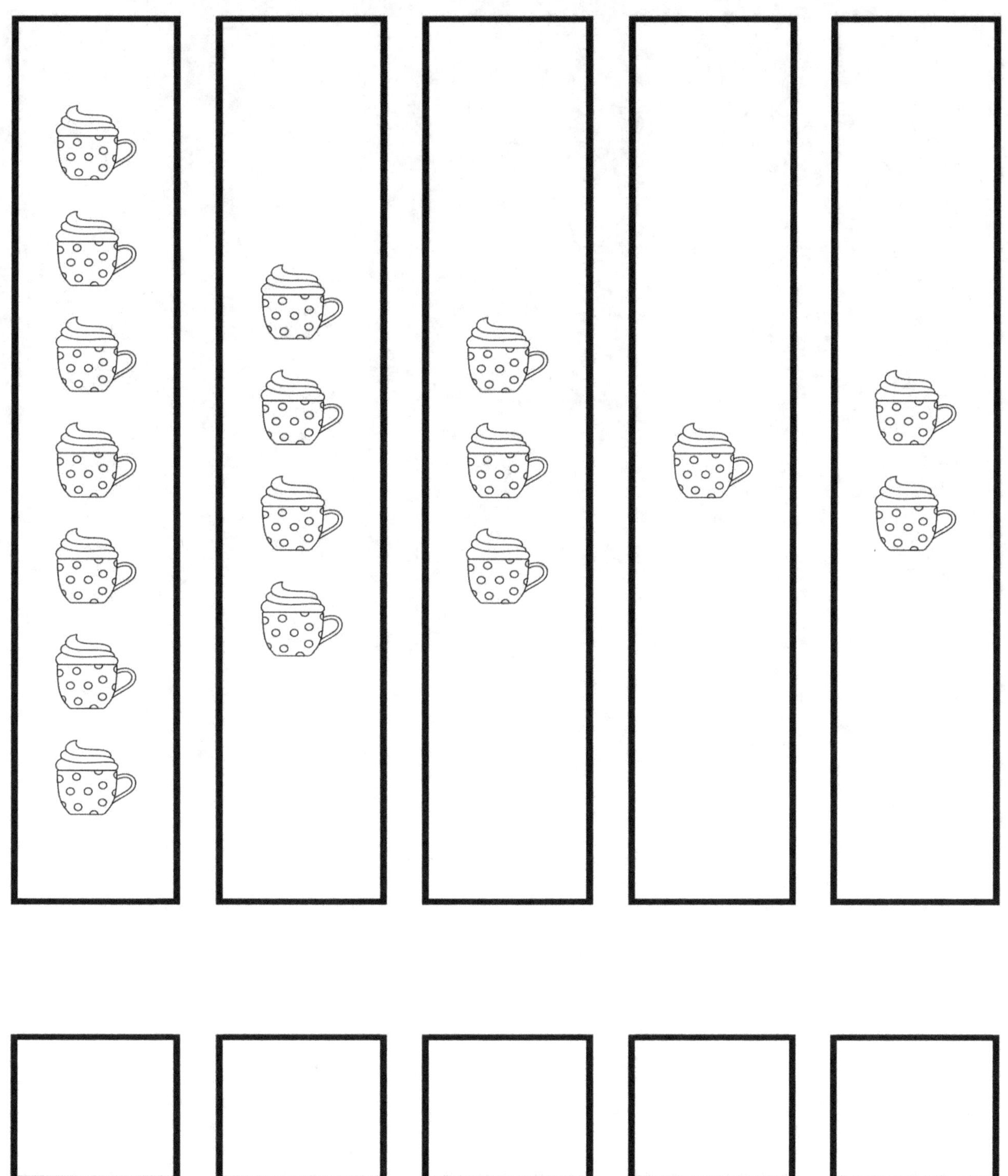

HOW MANY?

HOW MANY?

HOW MANY?

HOW MANY?

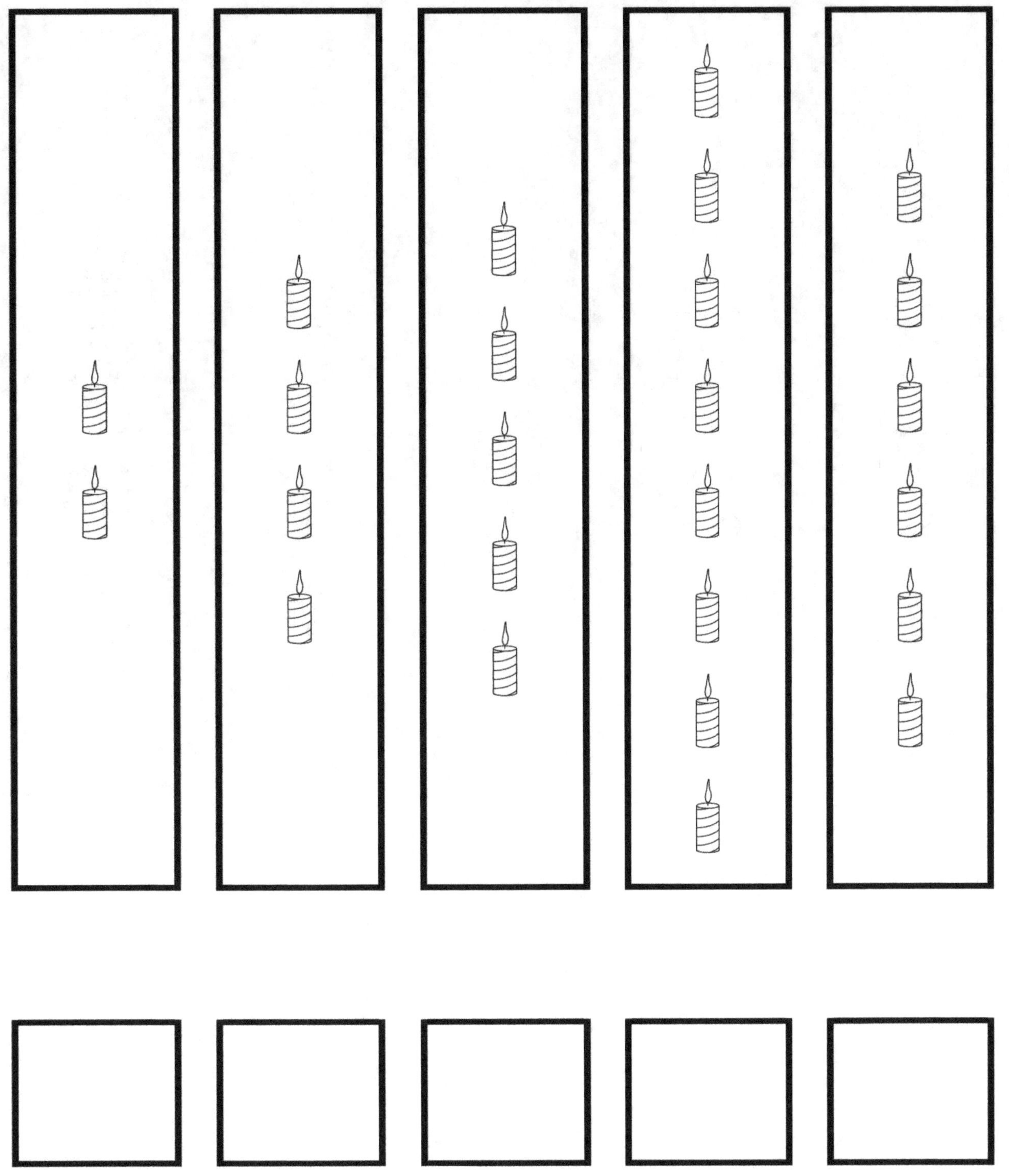

HOW MANY?

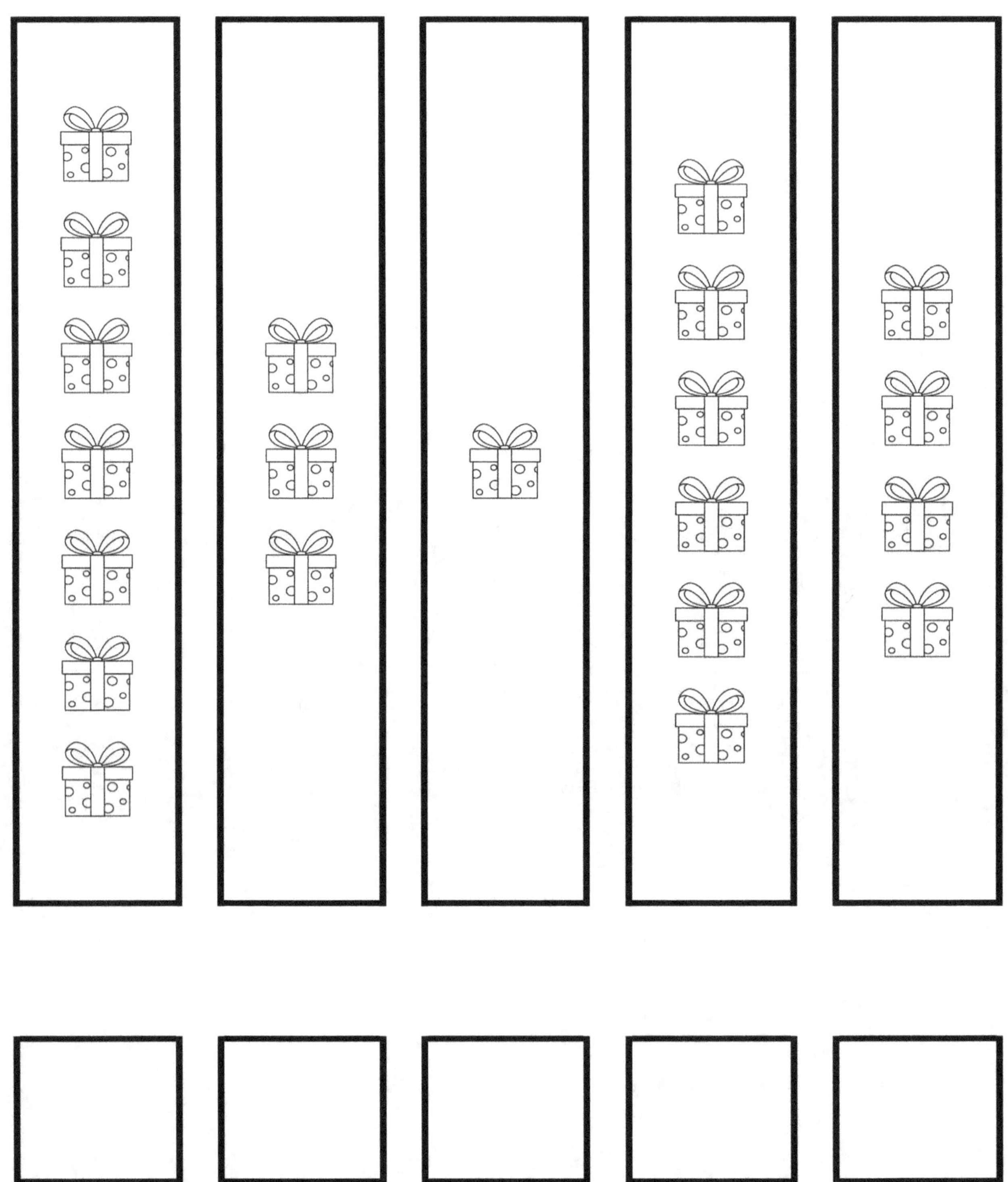

HOW MANY?

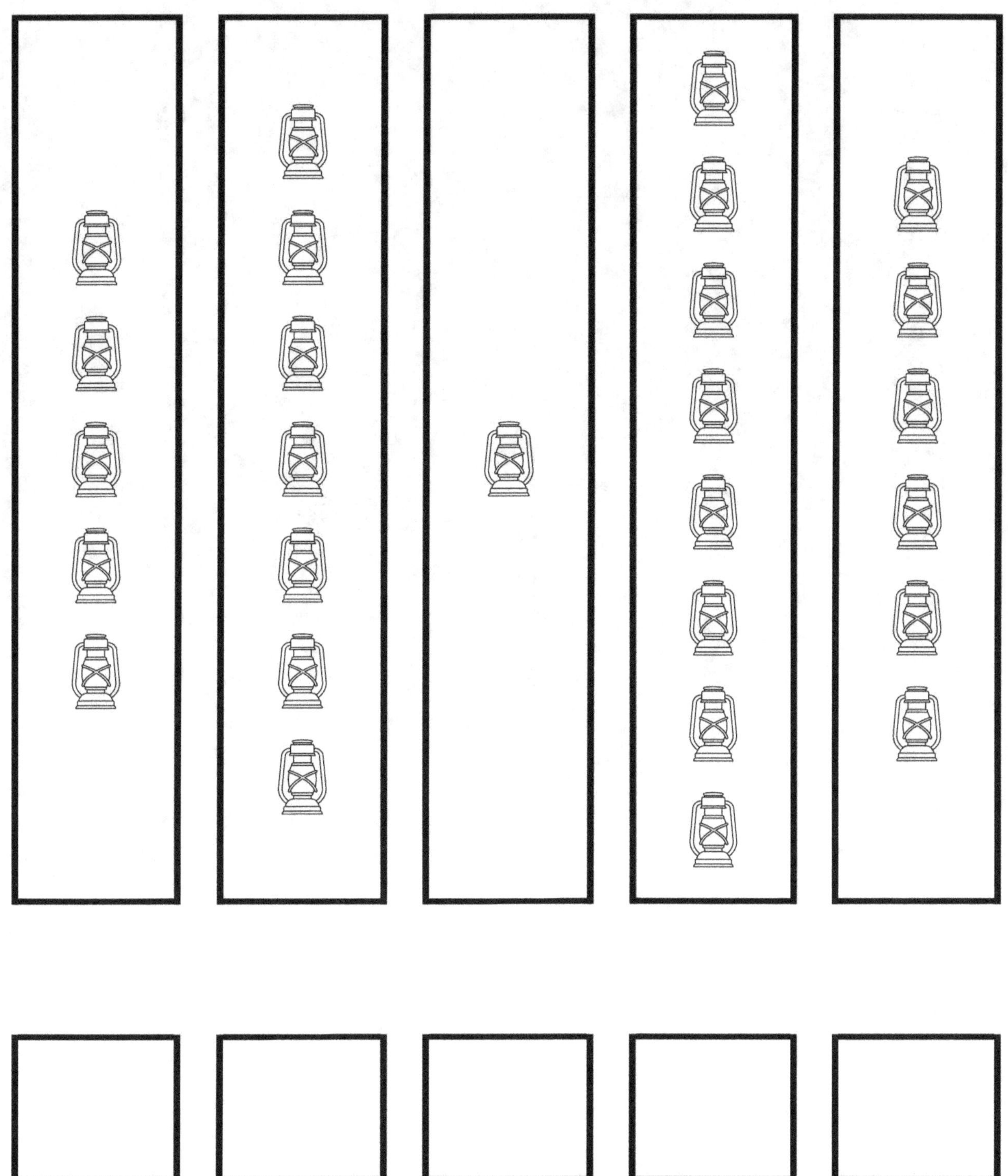

HOW MANY?

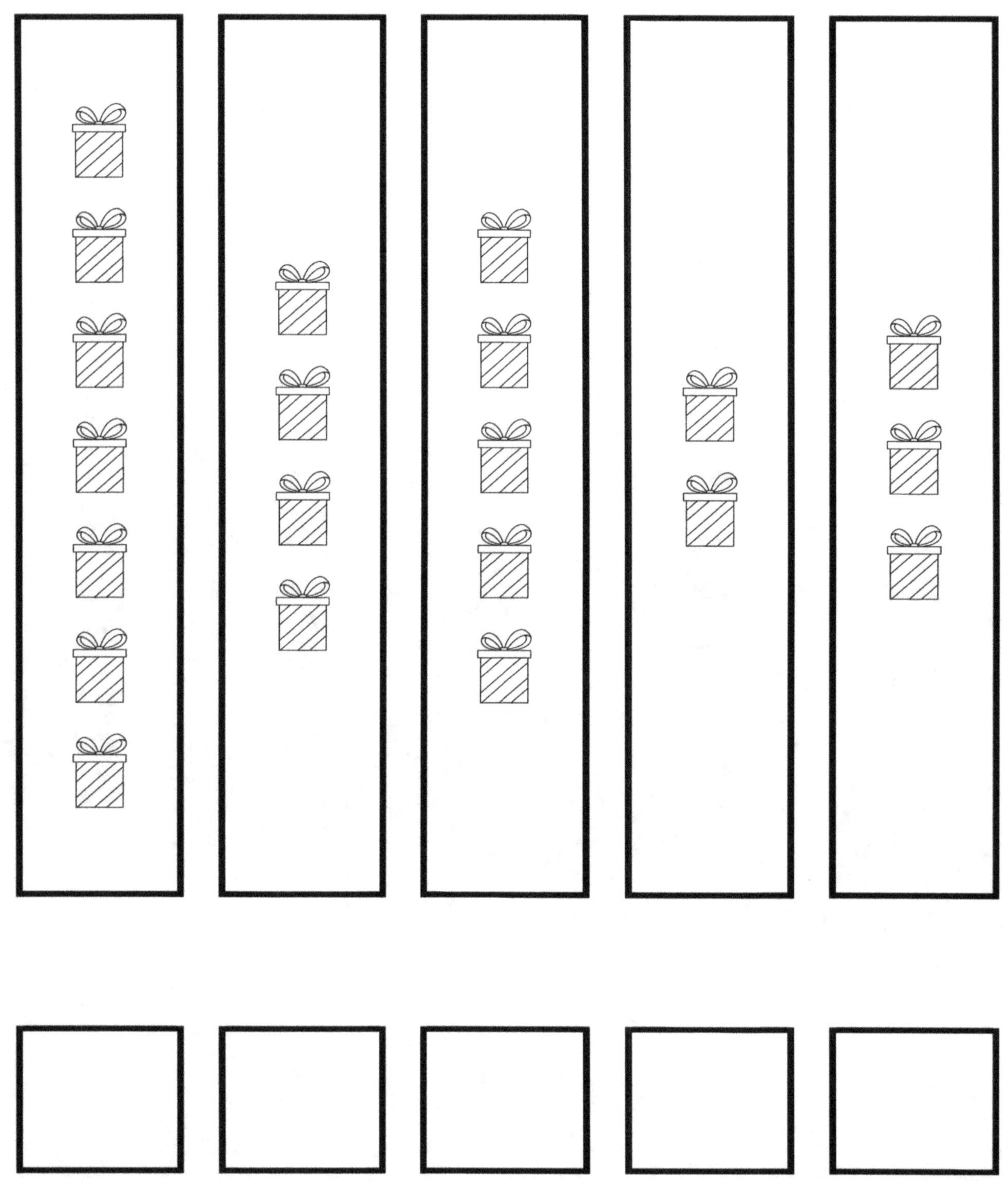

HOW MANY?

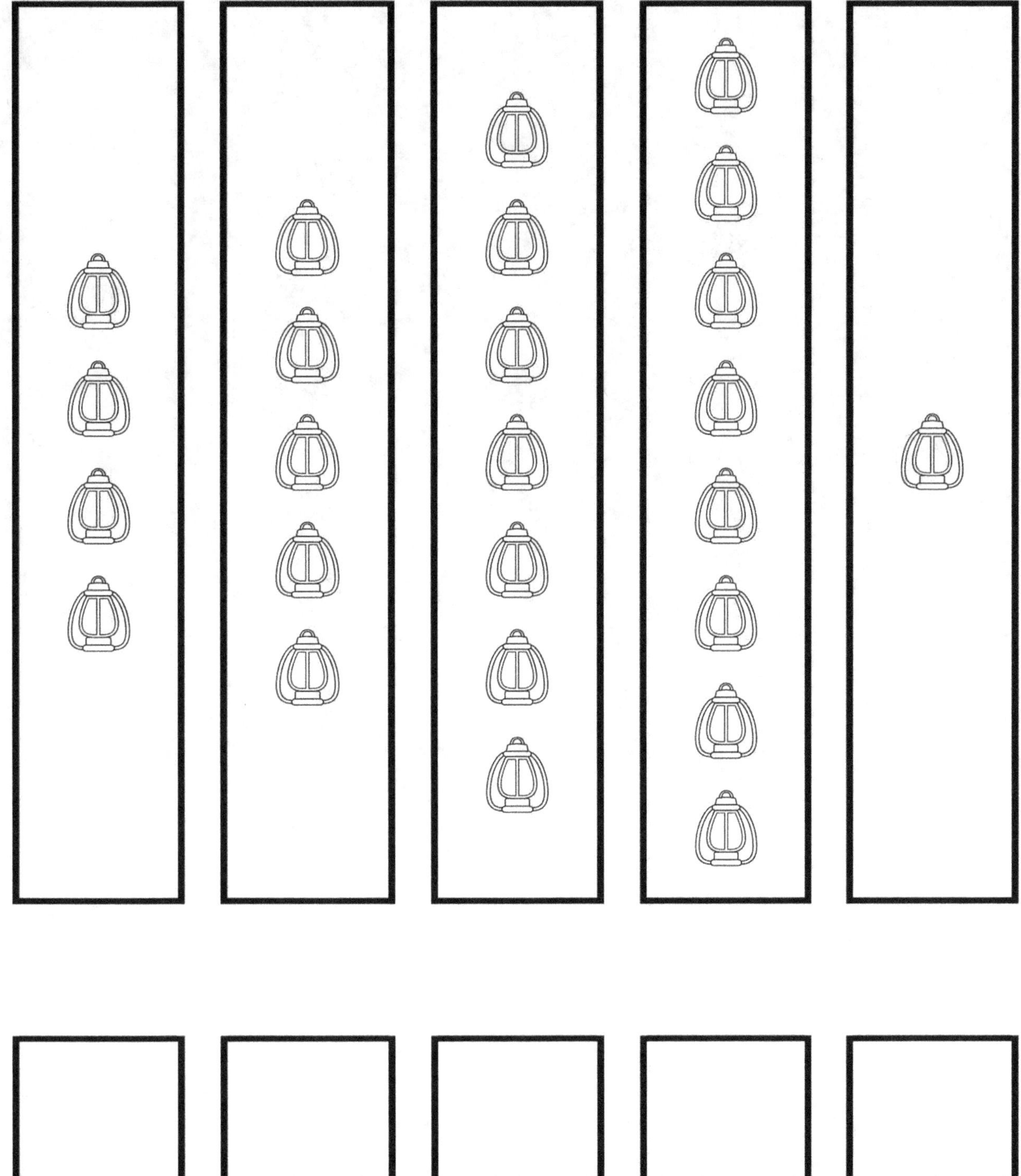

HOW MANY?

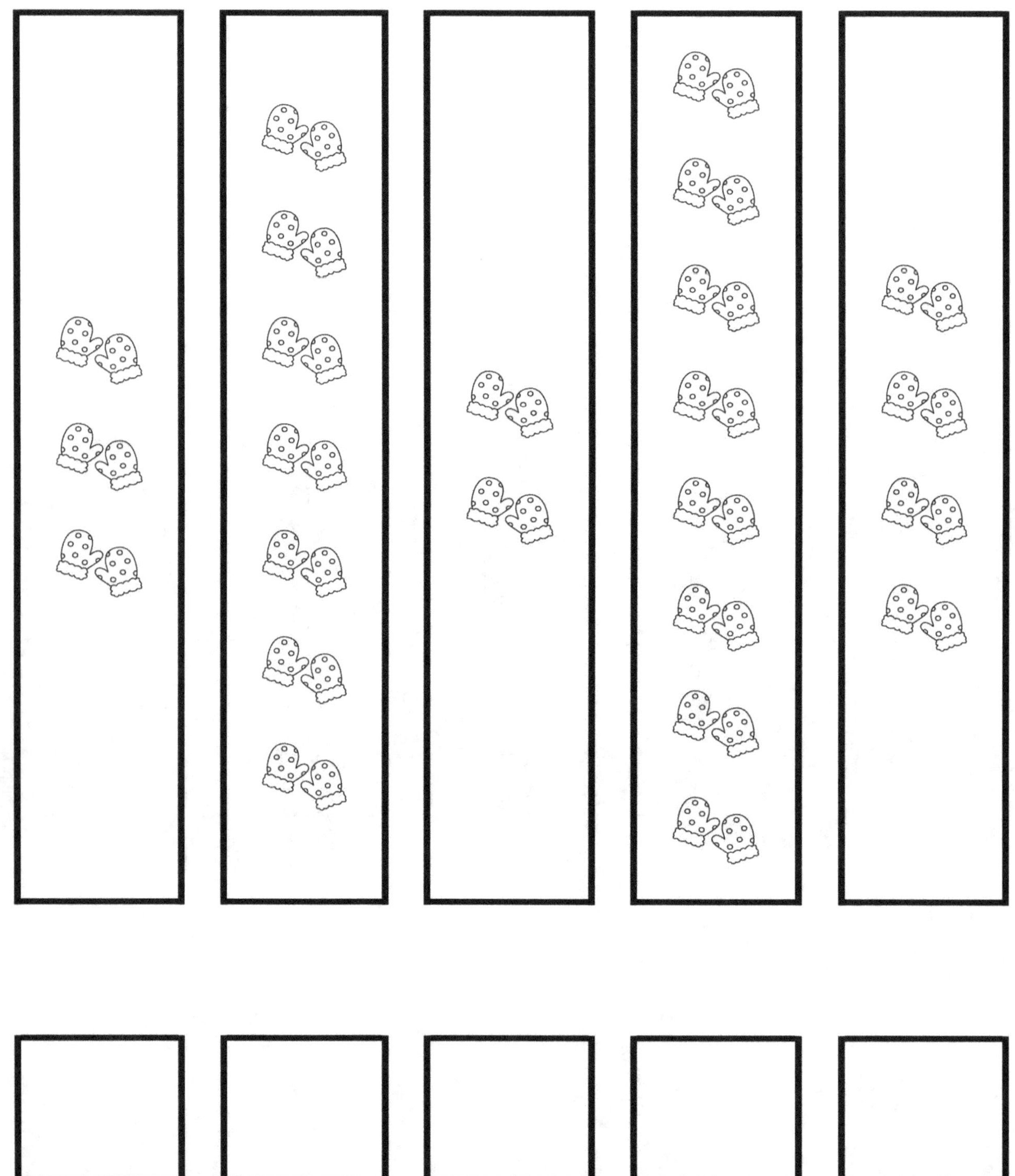

HOW MANY?

HOW MANY?

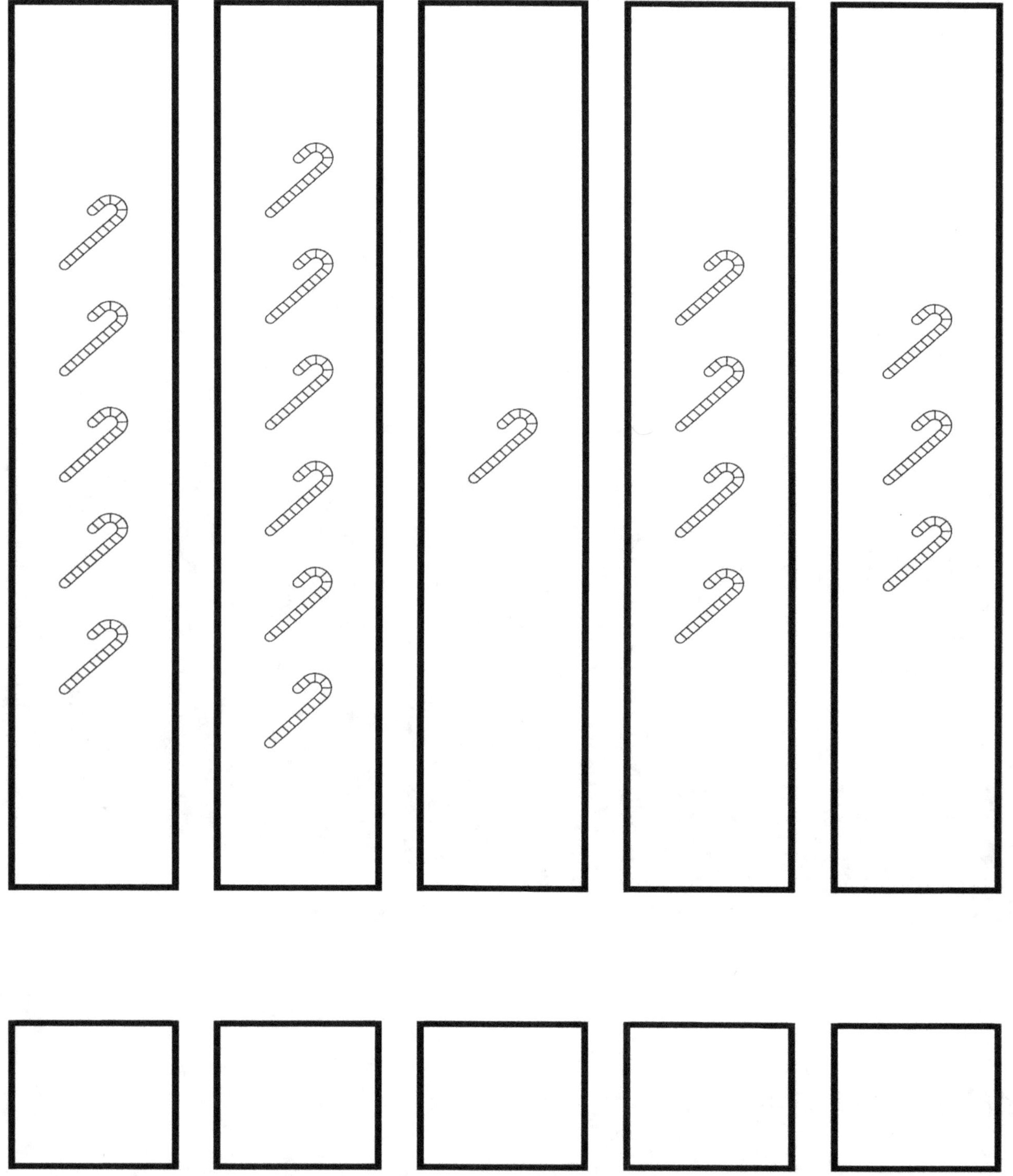

HOW MANY?

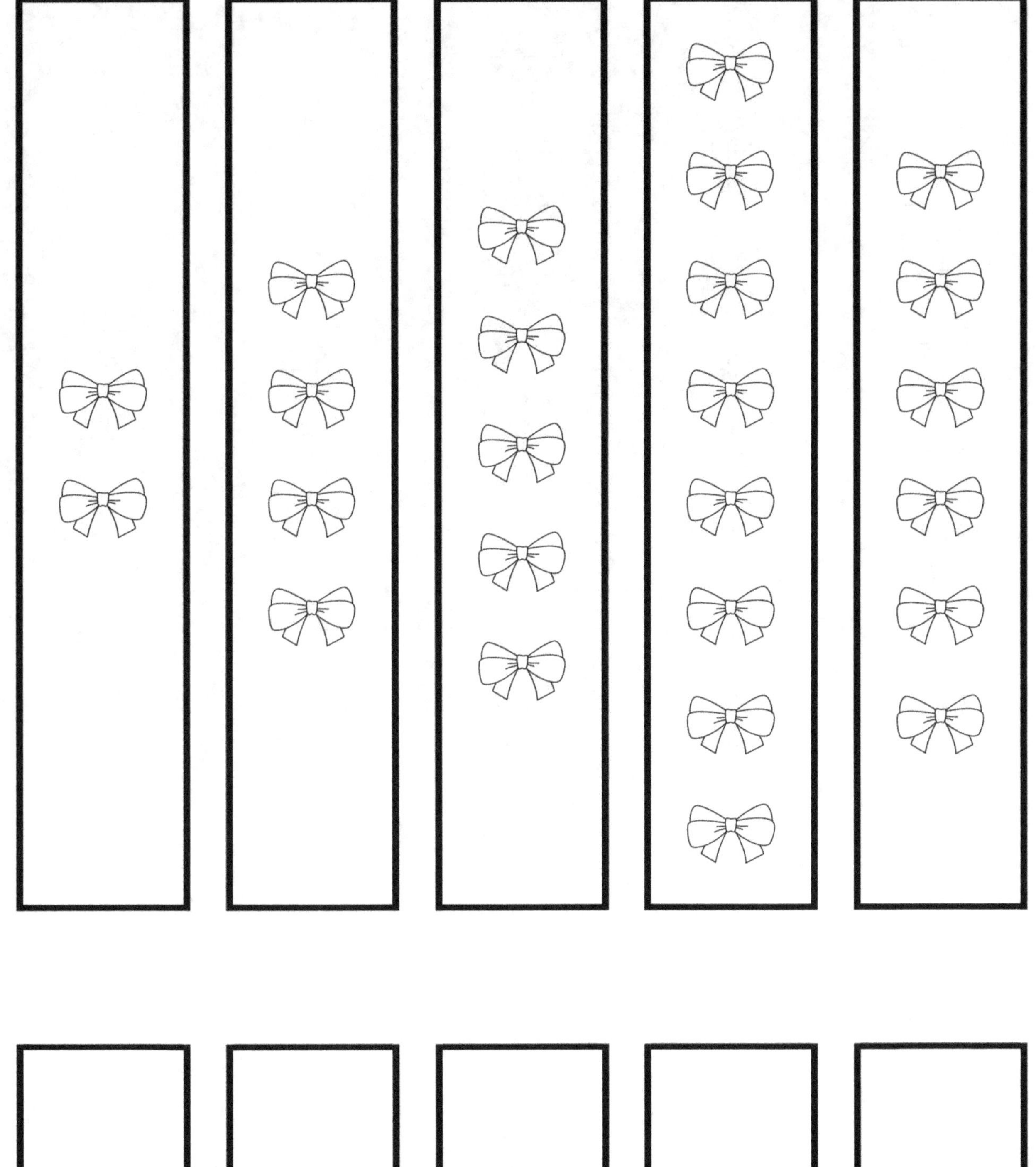

HOW MANY?

HOW MANY?

HOW MANY?

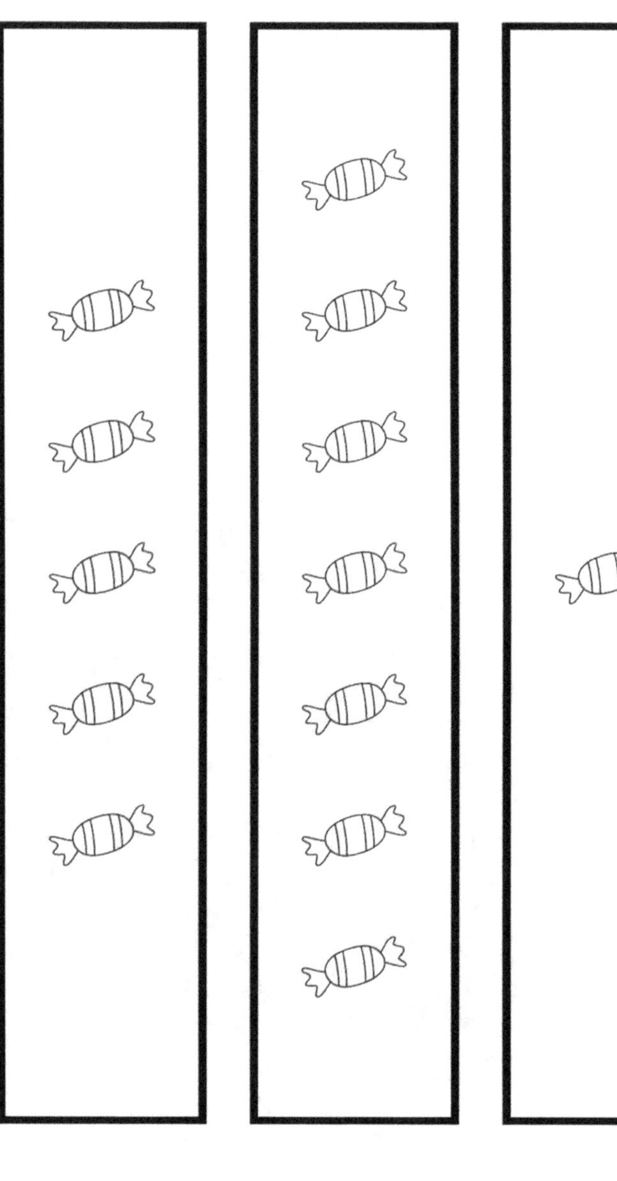

HOW MANY?

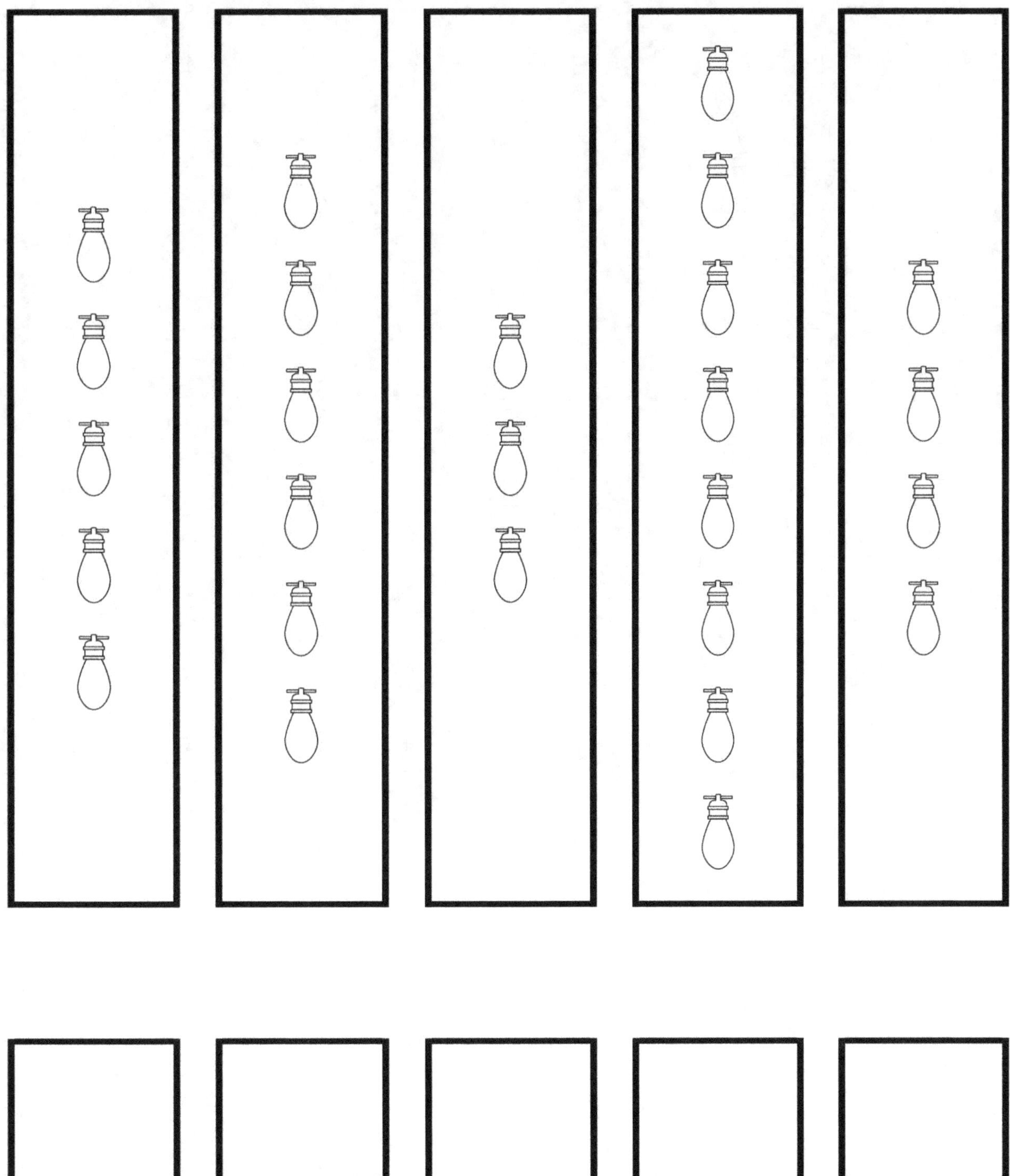

HOW MANY?

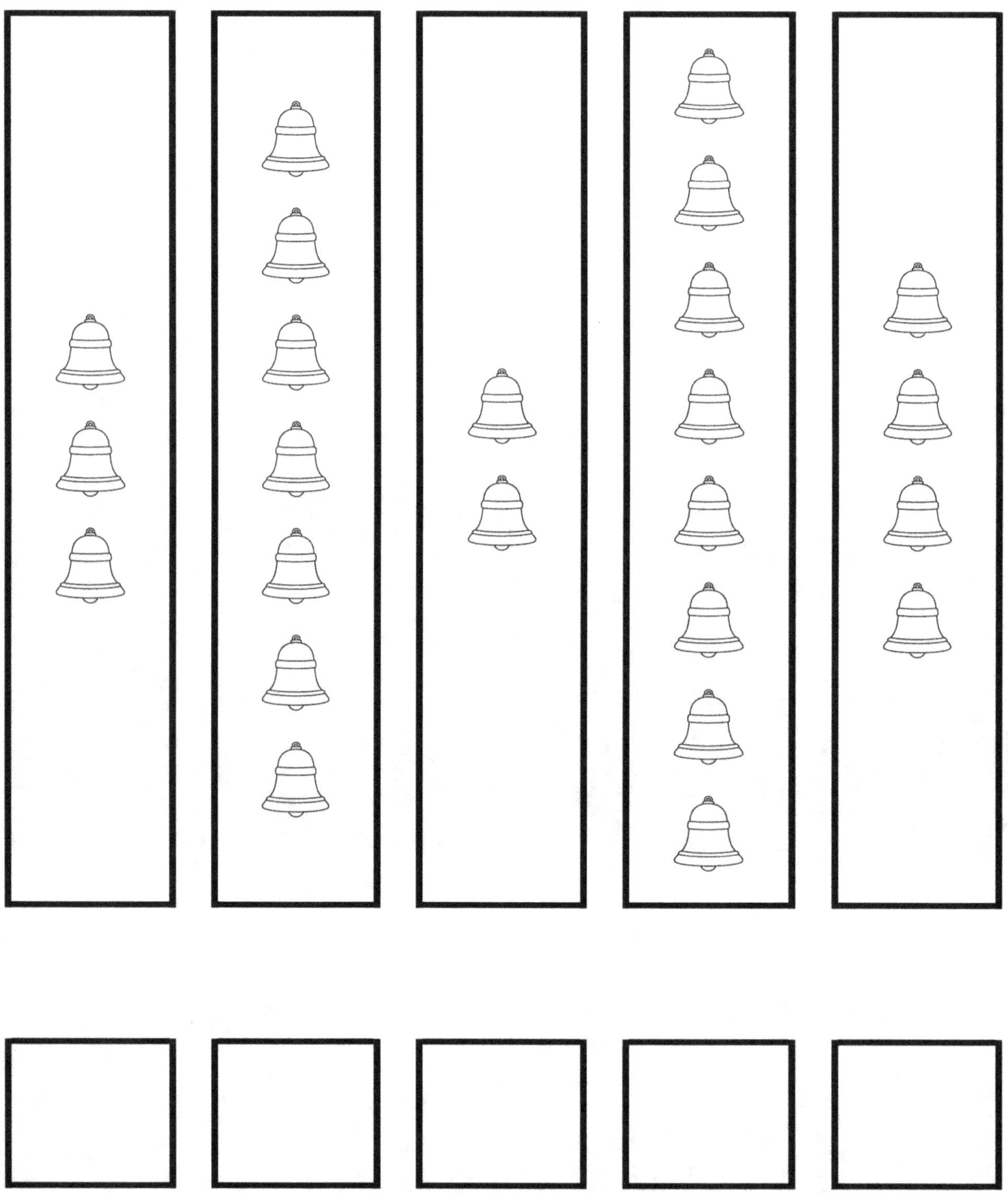

HOW MANY?

HOW MANY?

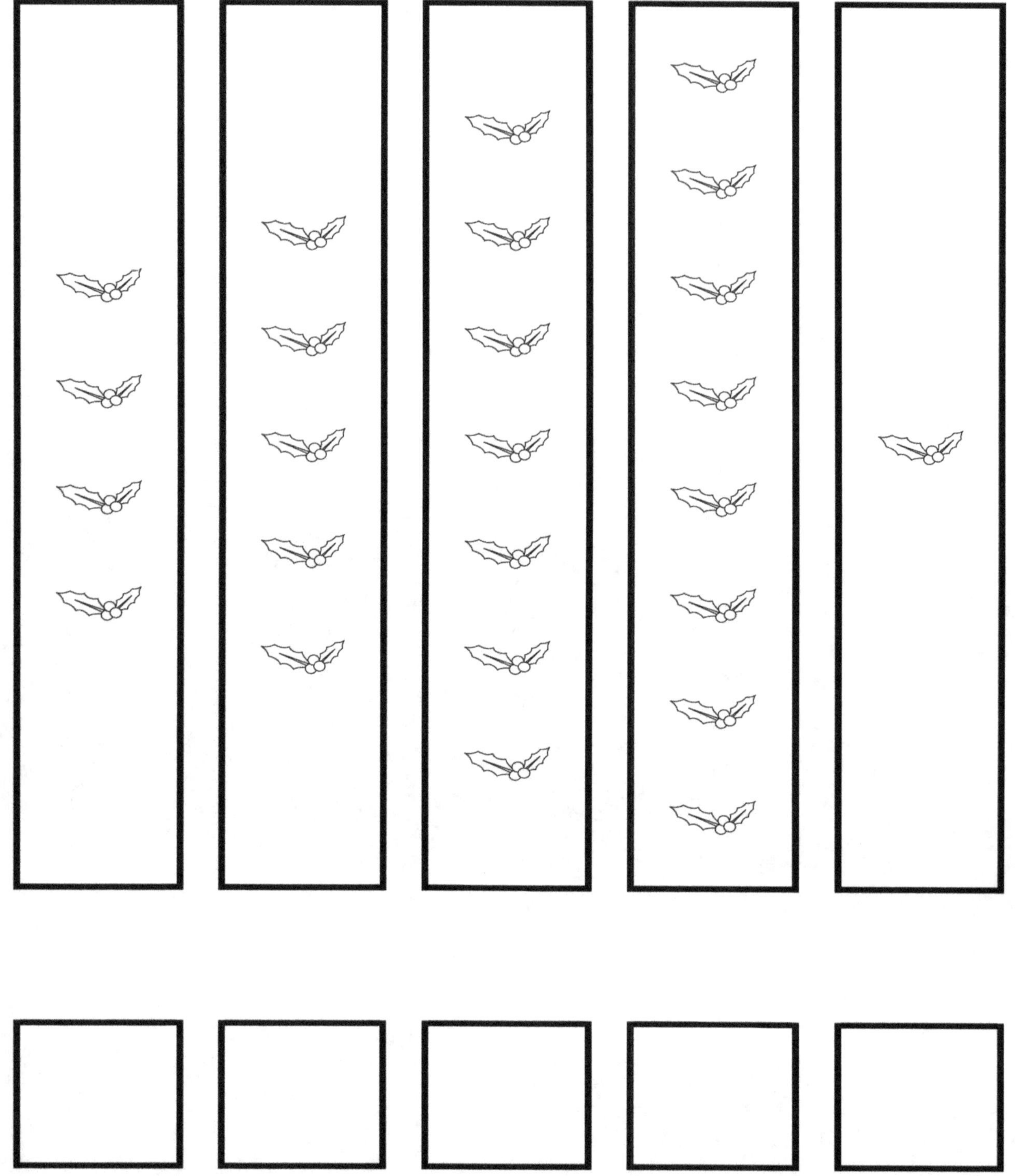

HOW MANY?

HOW MANY?

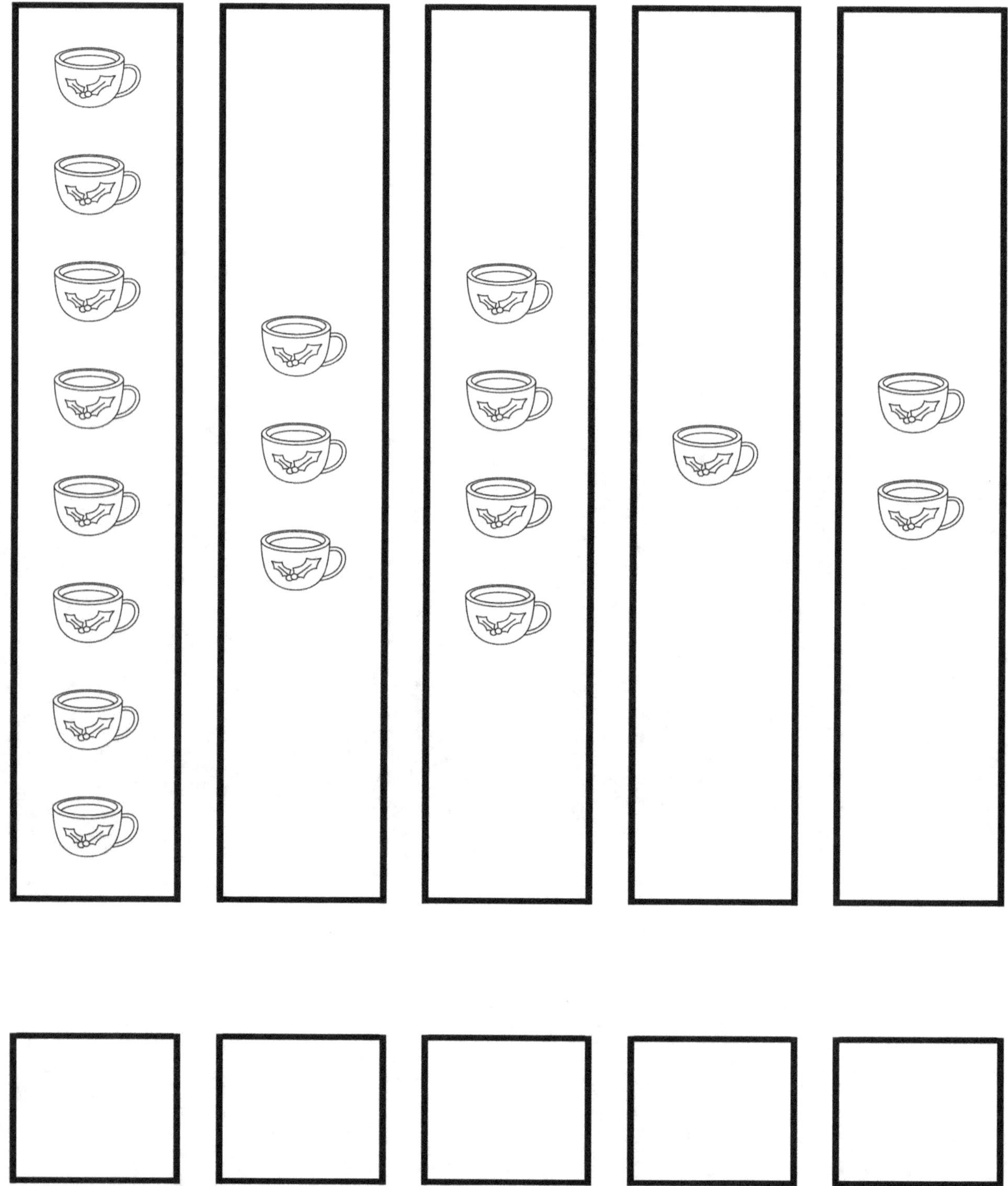

HOW MANY?

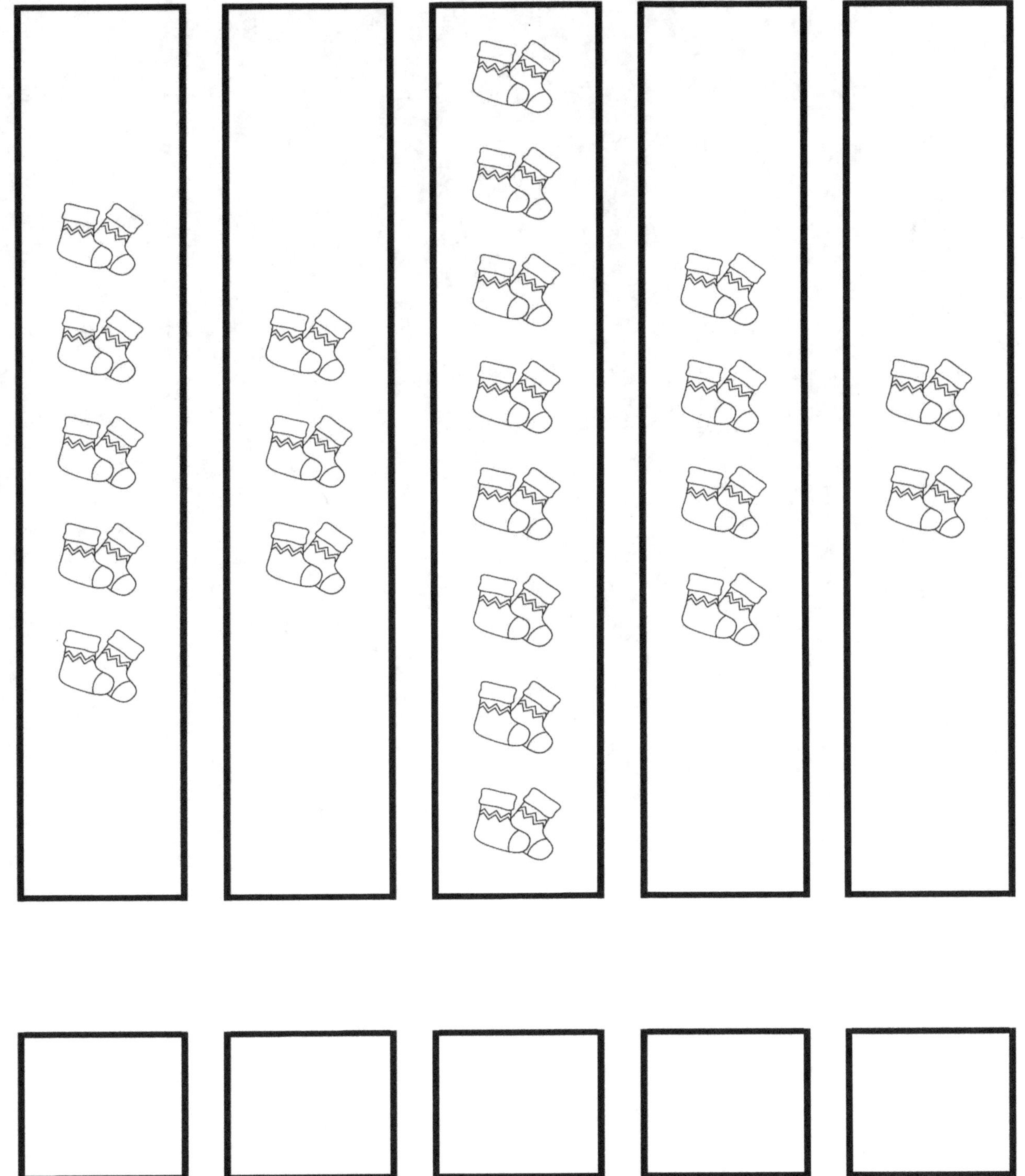

HOW MANY?

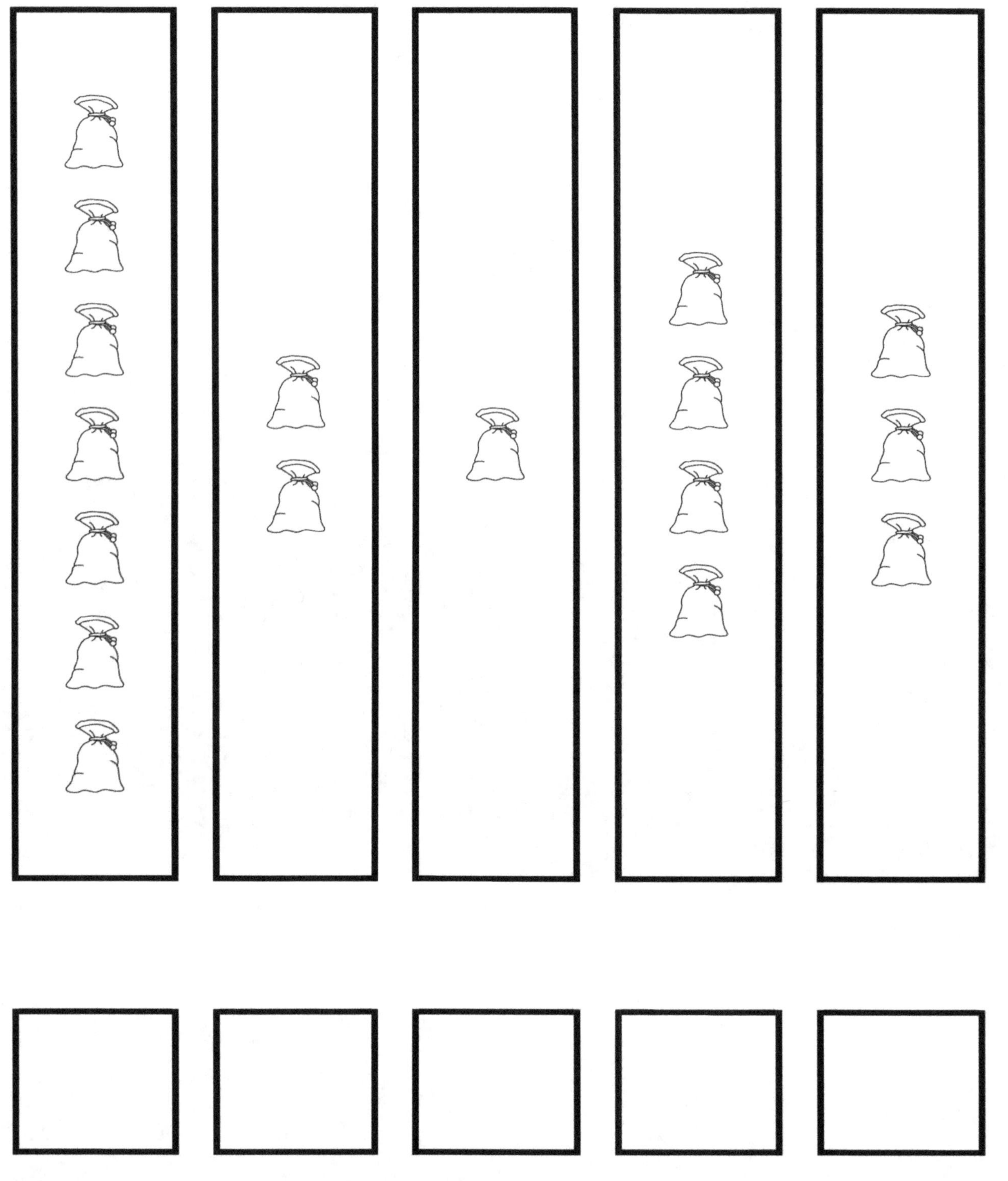

HOW MANY?

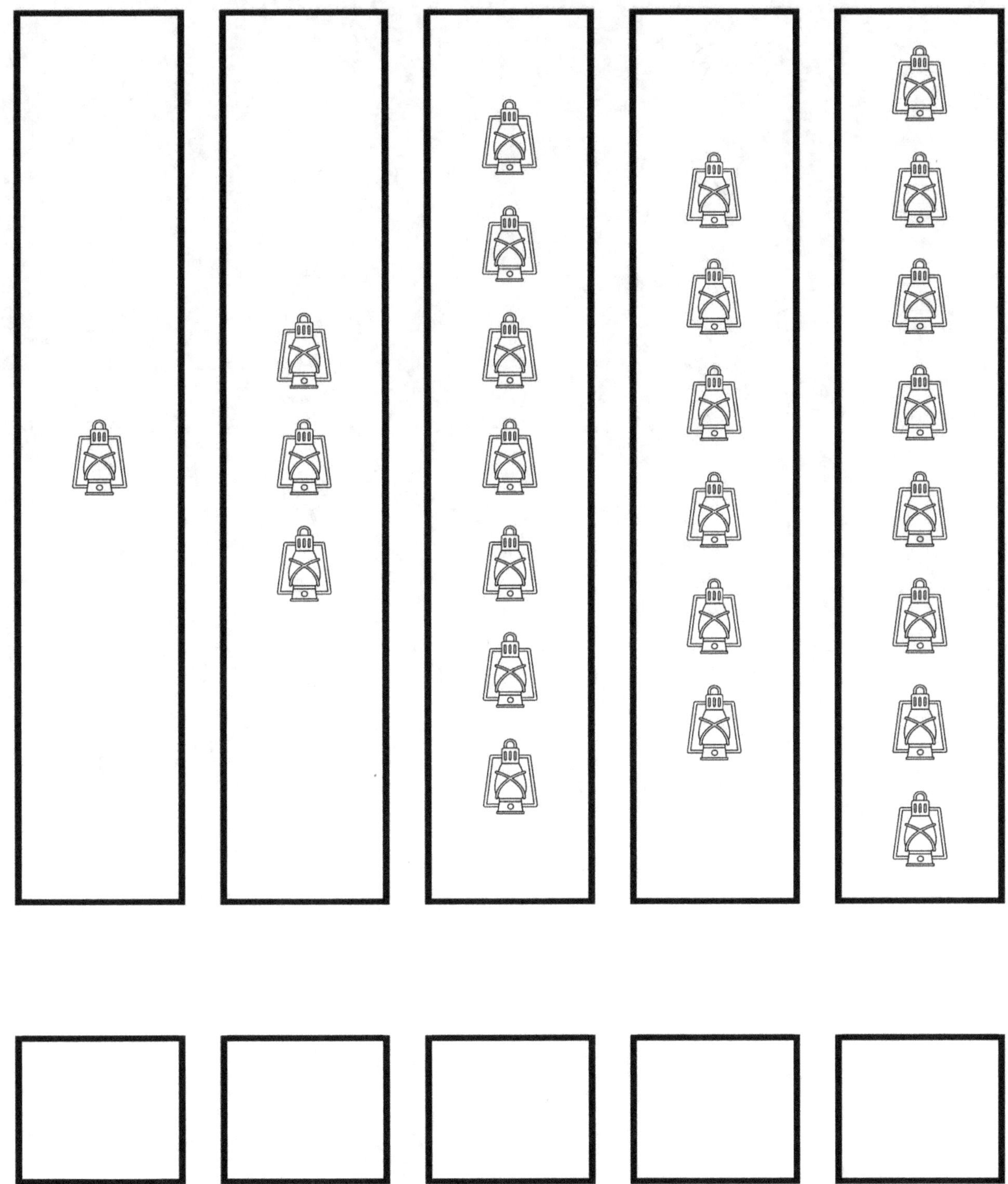

HOW MANY?

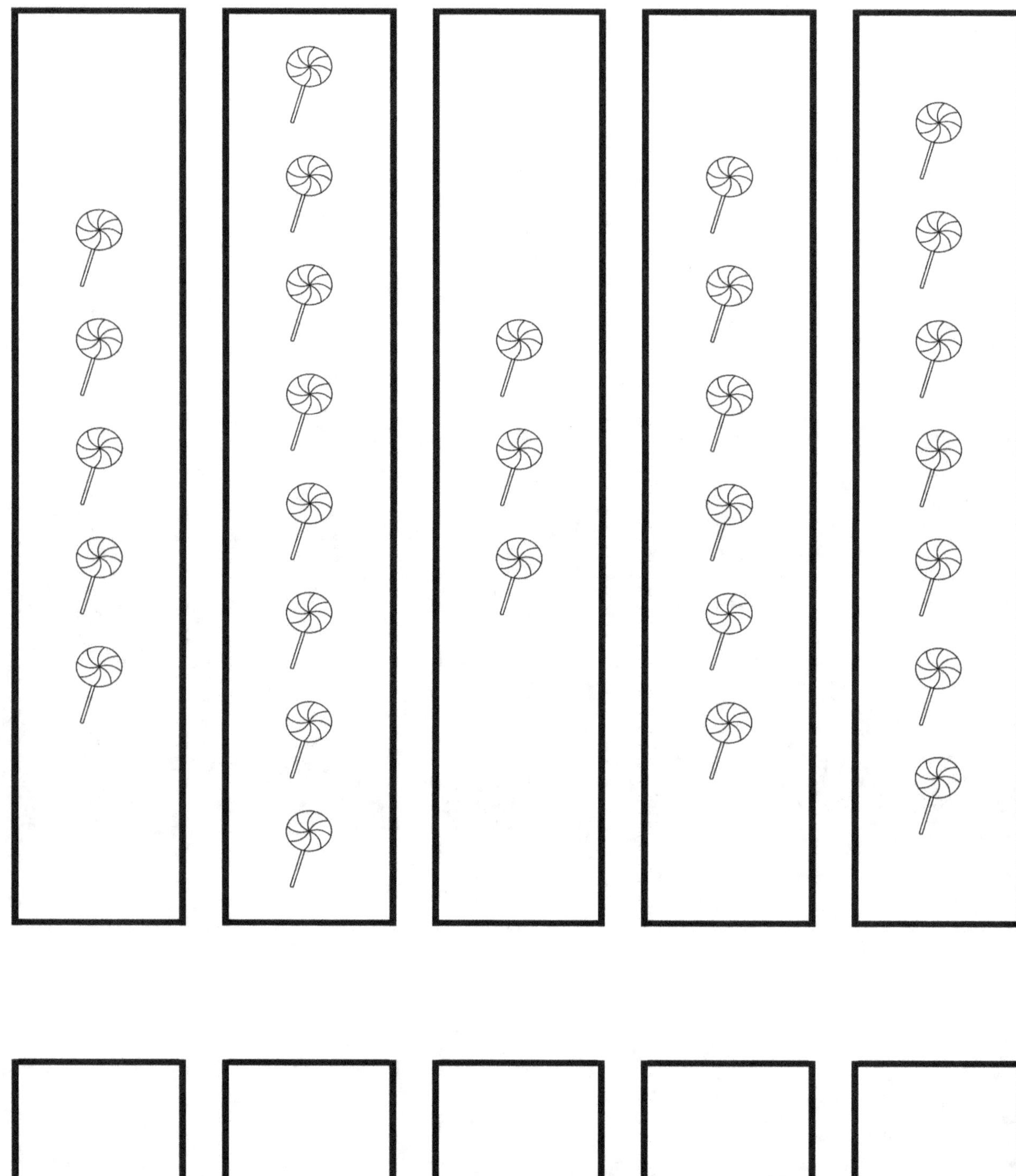

HOW MANY?

HOW MANY?

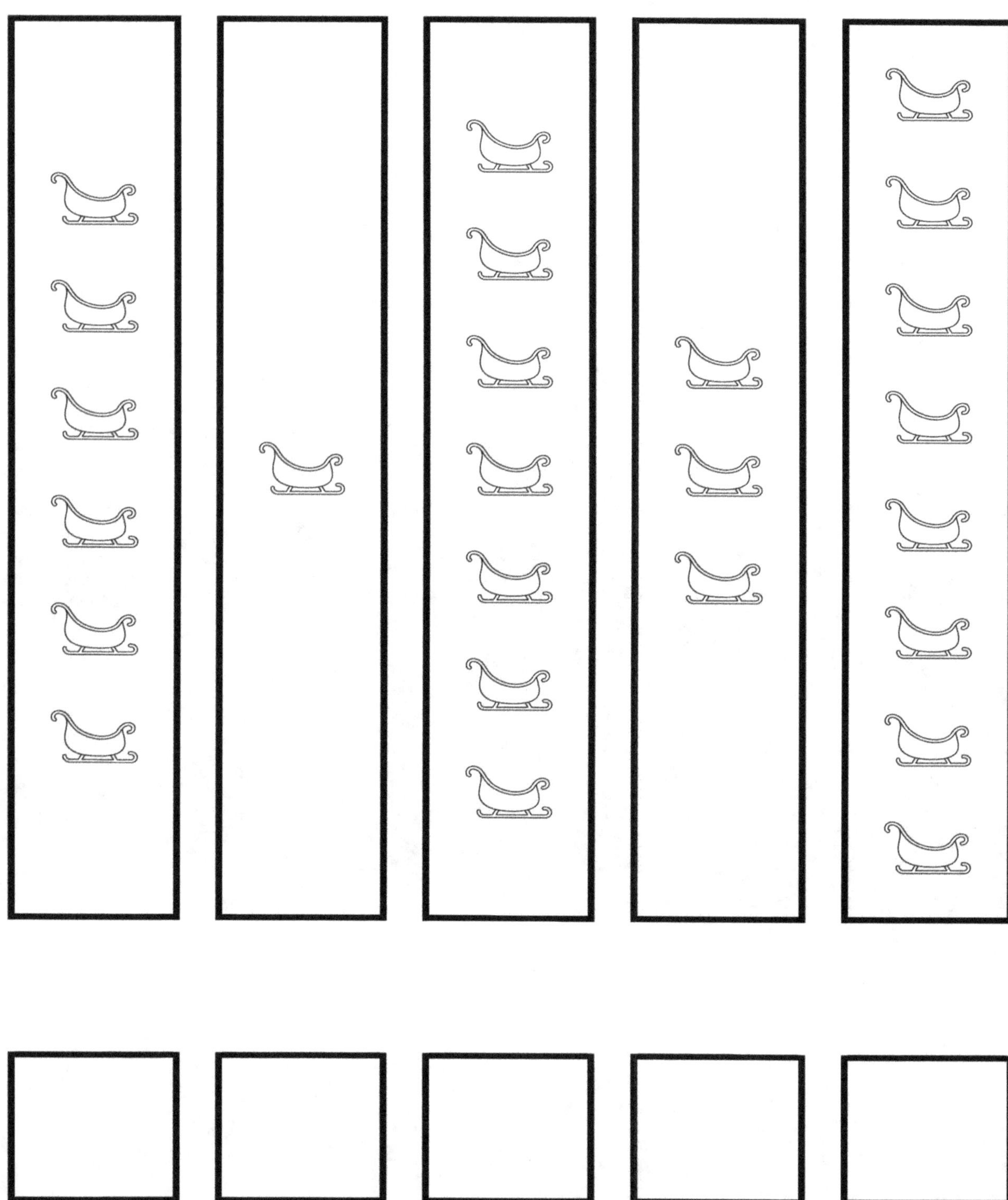

HOW MANY?

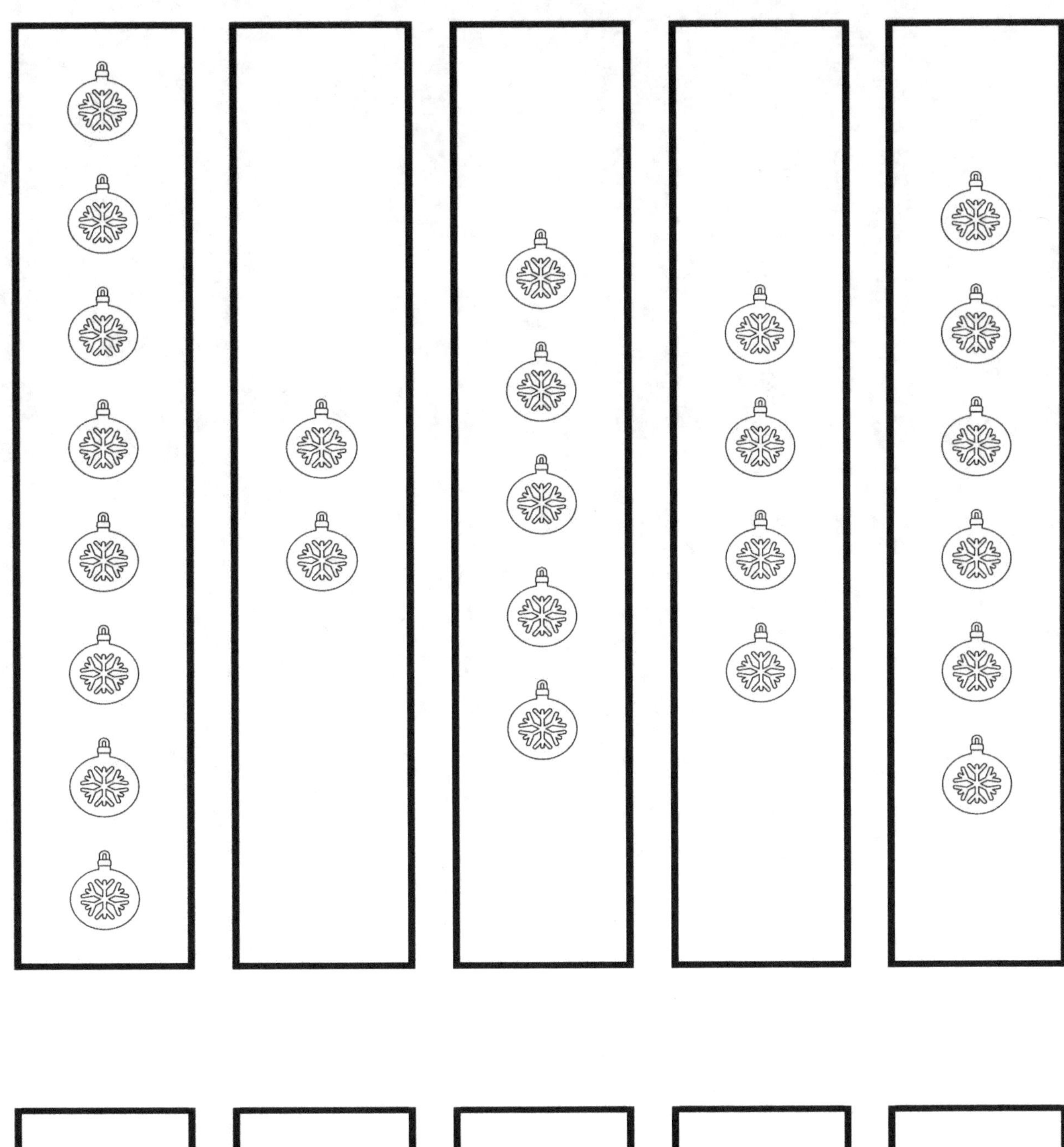

HOW MANY?

HOW MANY?

HOW MANY?

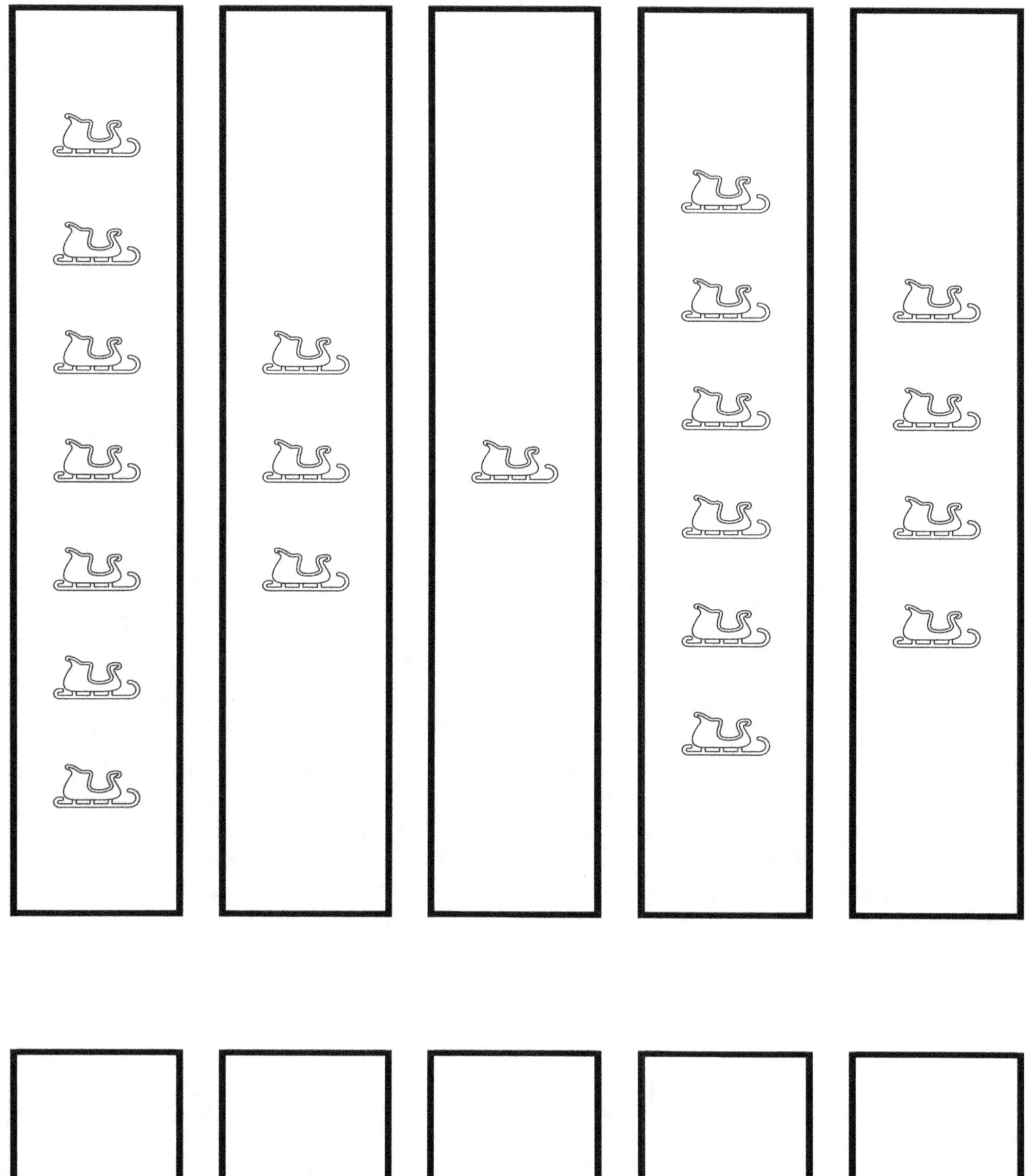

HOW MANY?

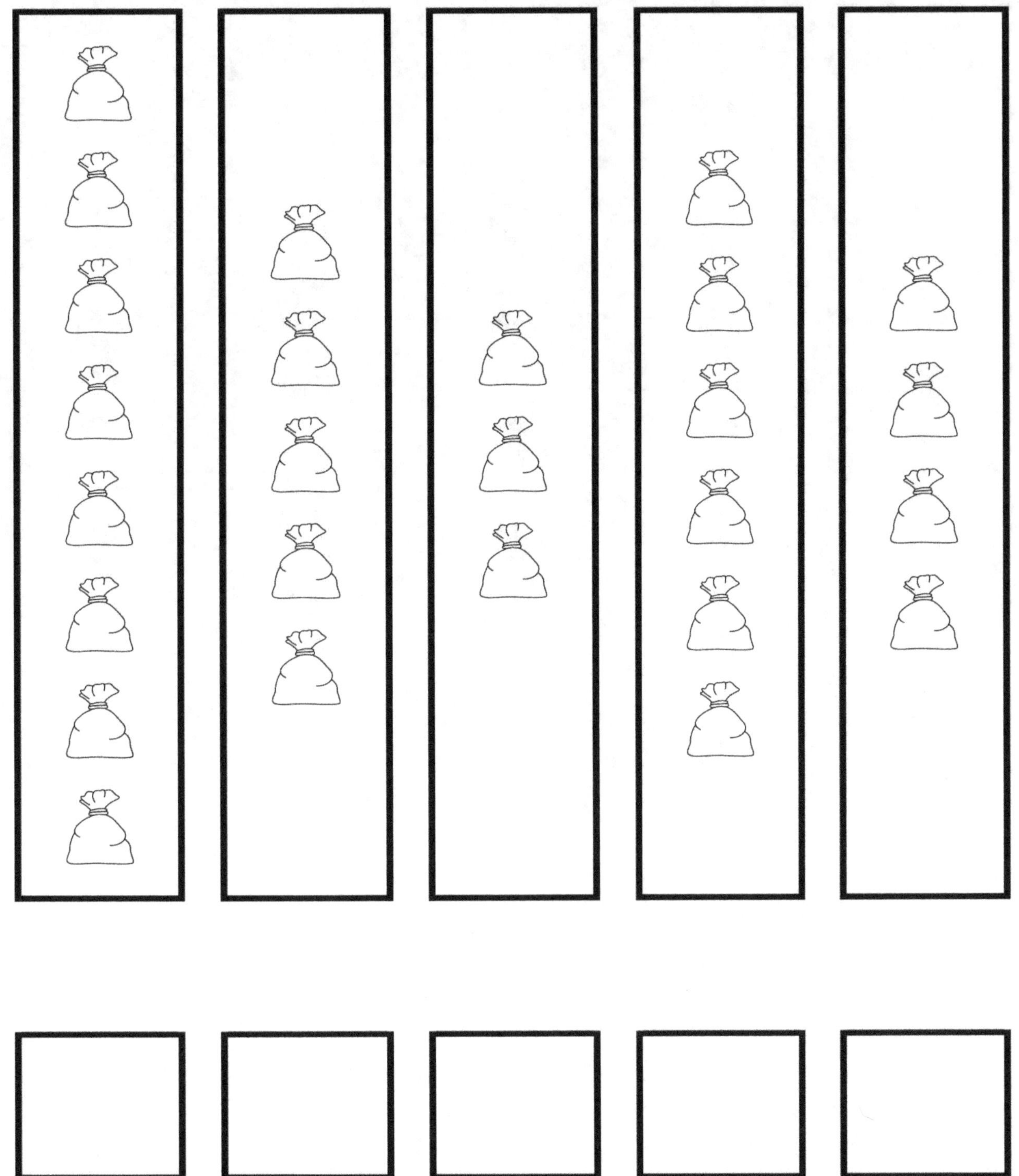

HOW MANY?

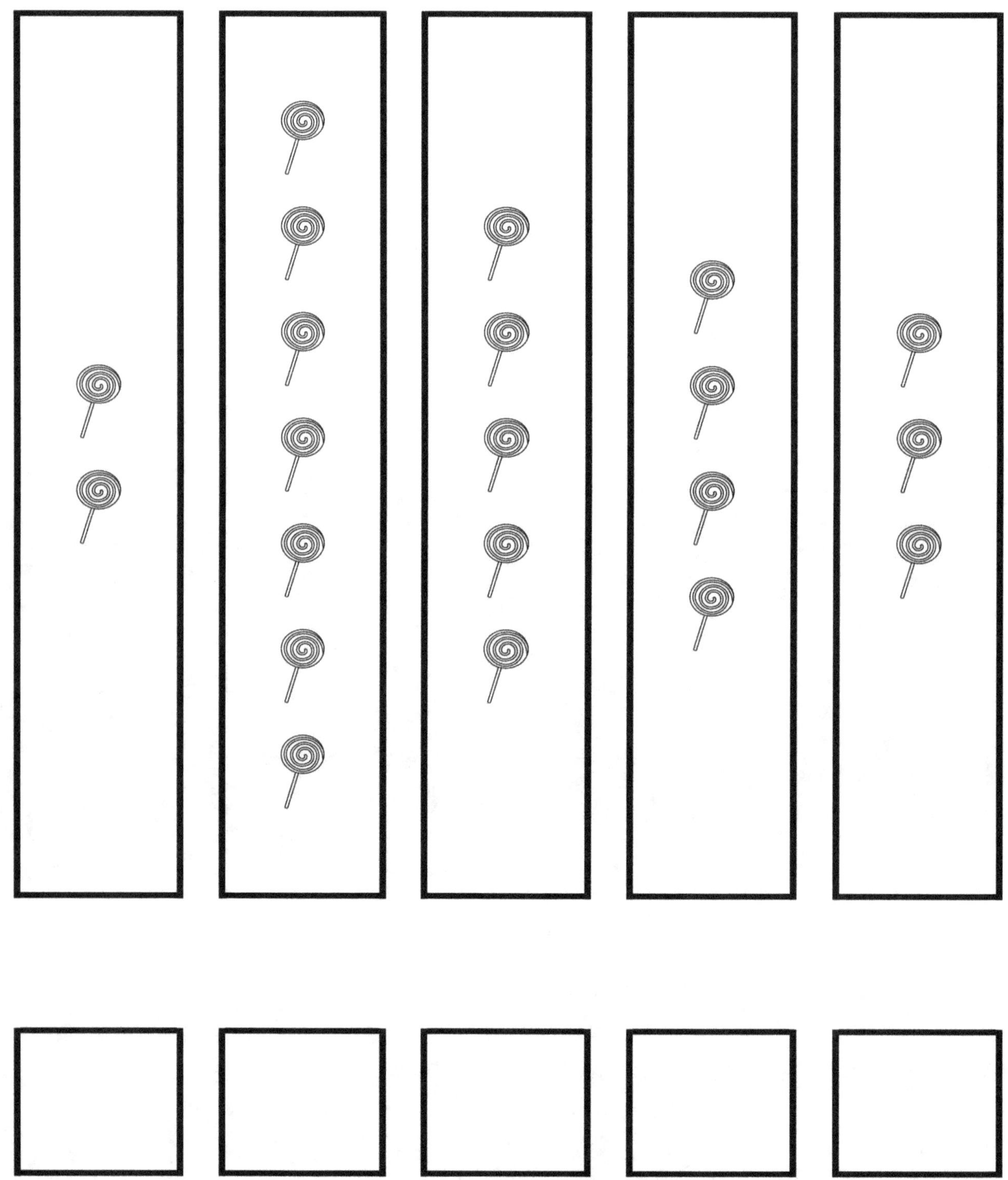

HOW MANY?

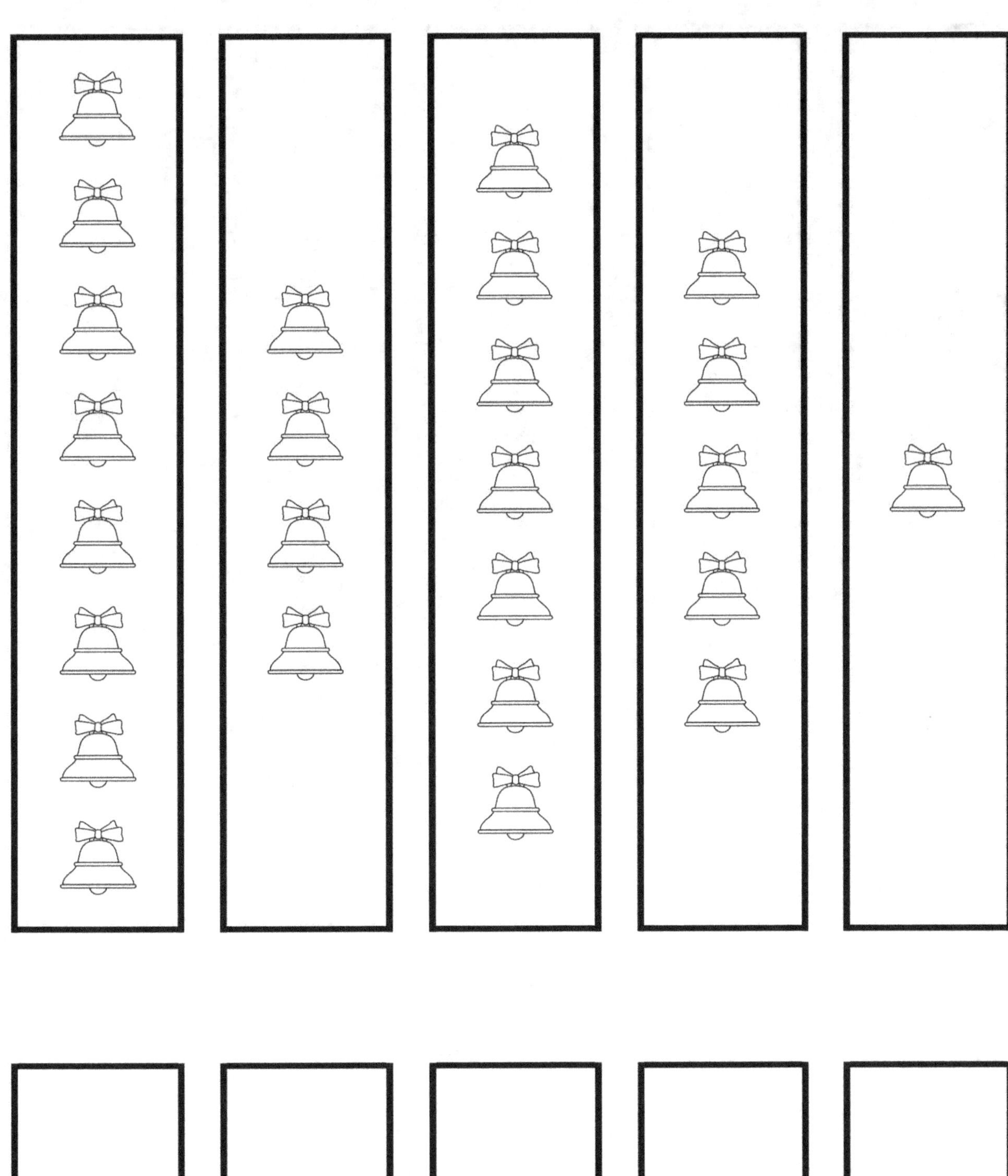

HOW MANY?

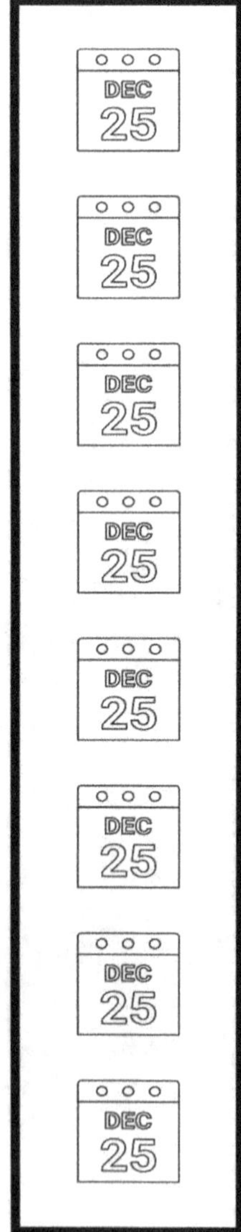

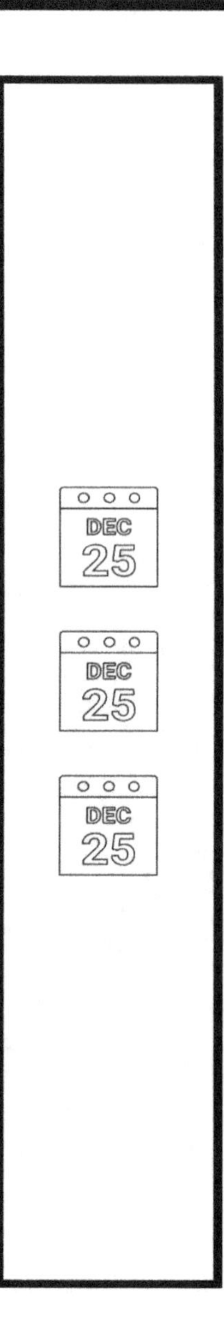

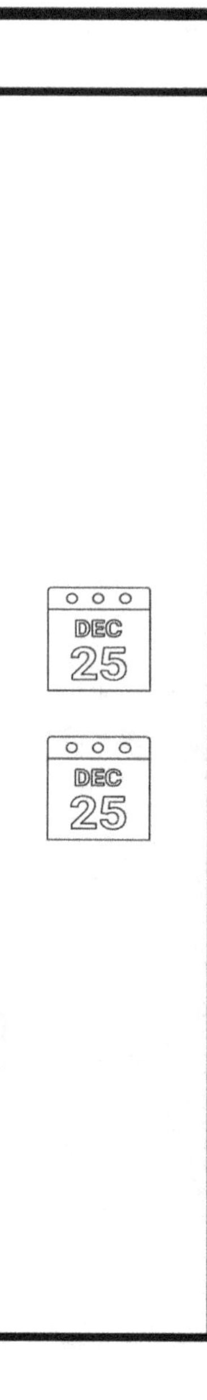

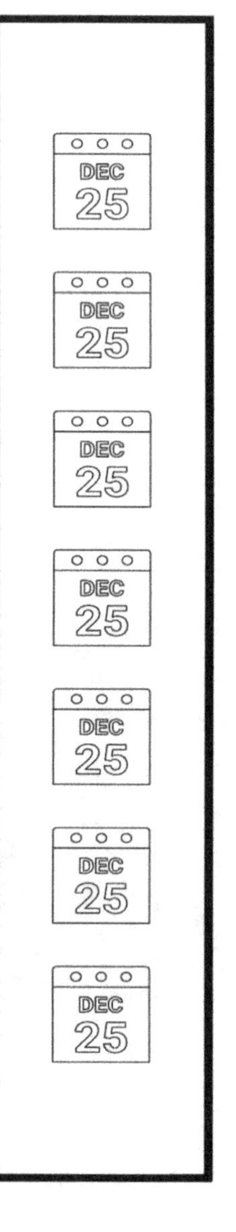

HOW MANY?

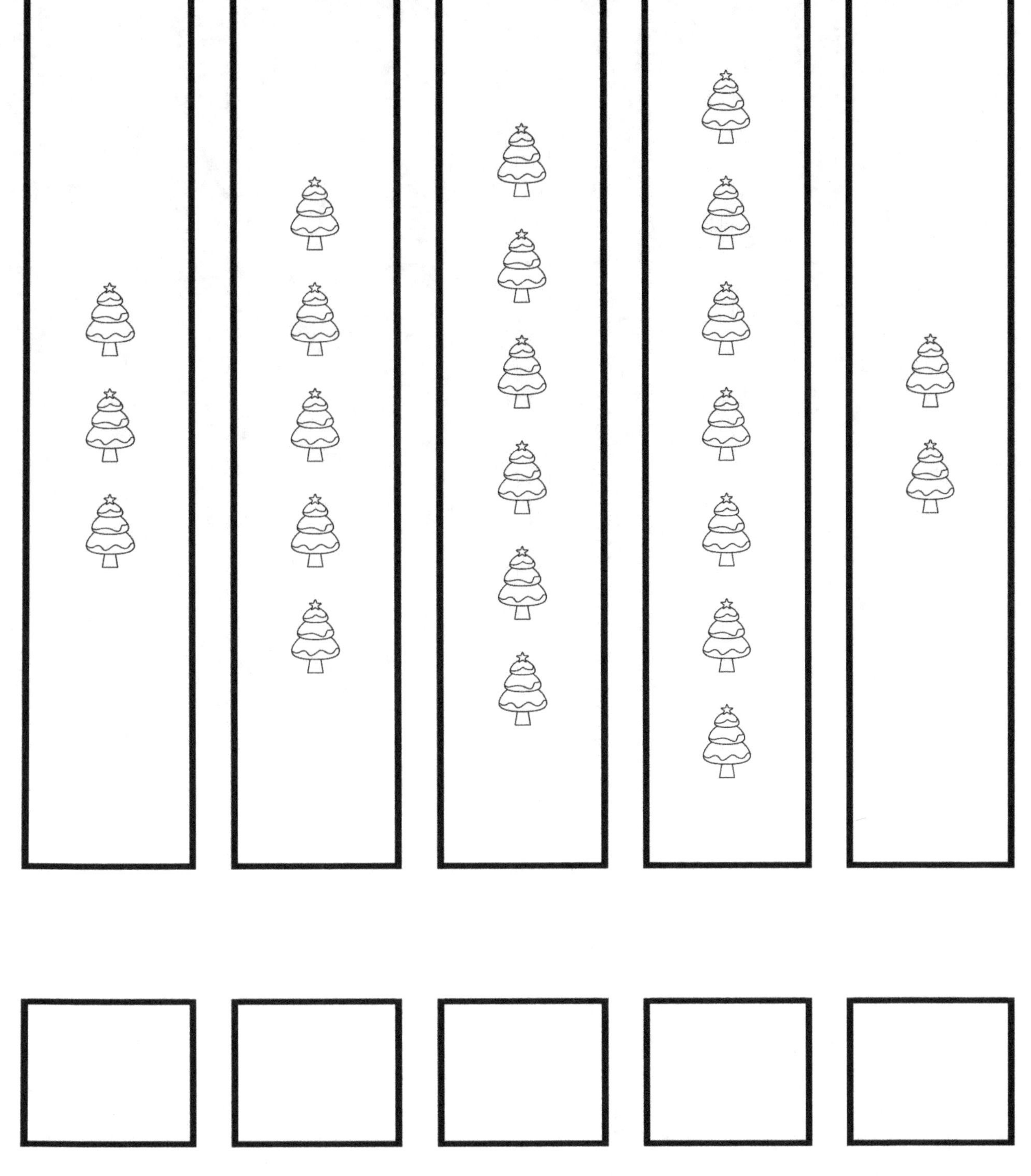

HOW MANY?

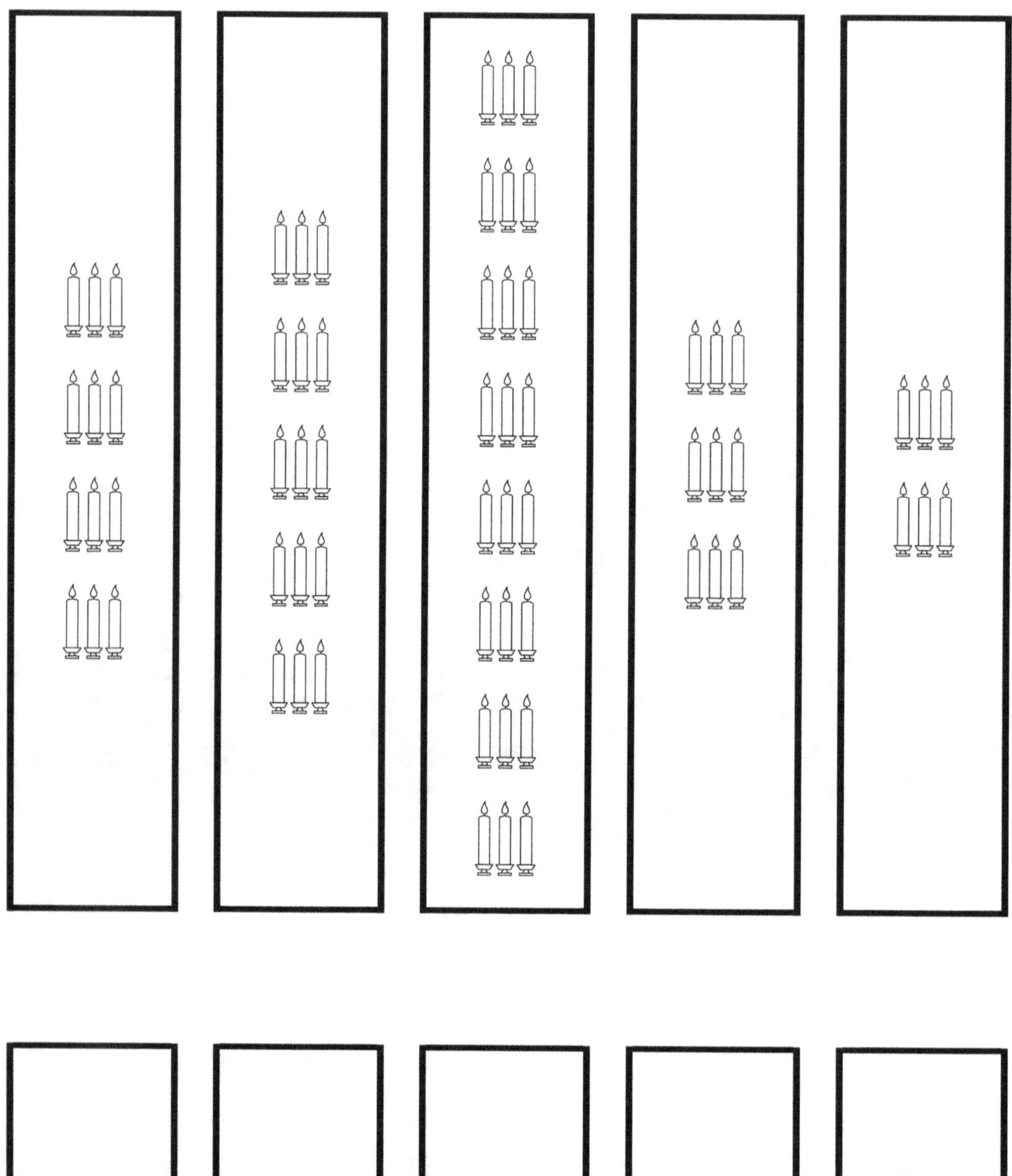

HOW MANY?

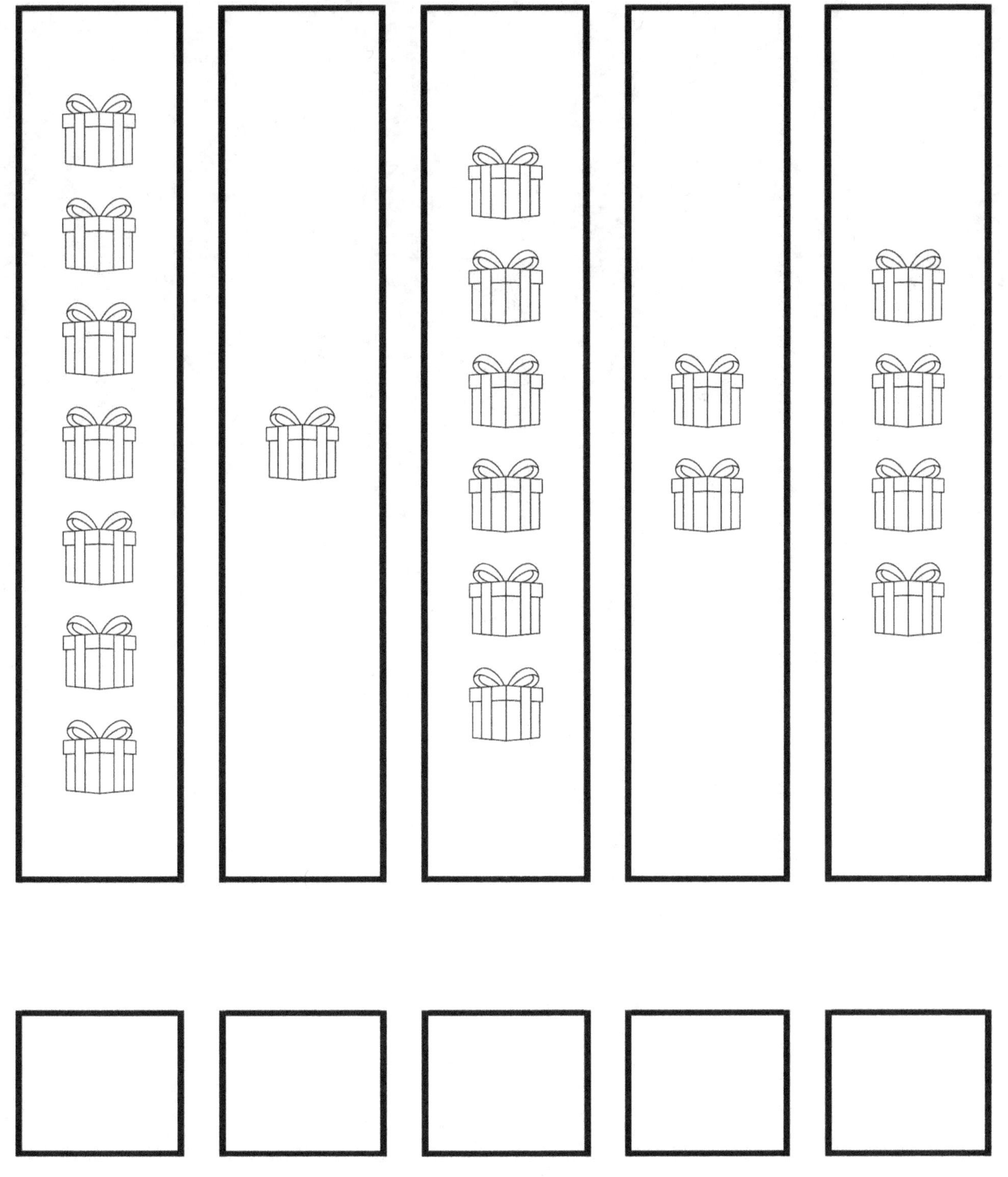

HOW MANY?

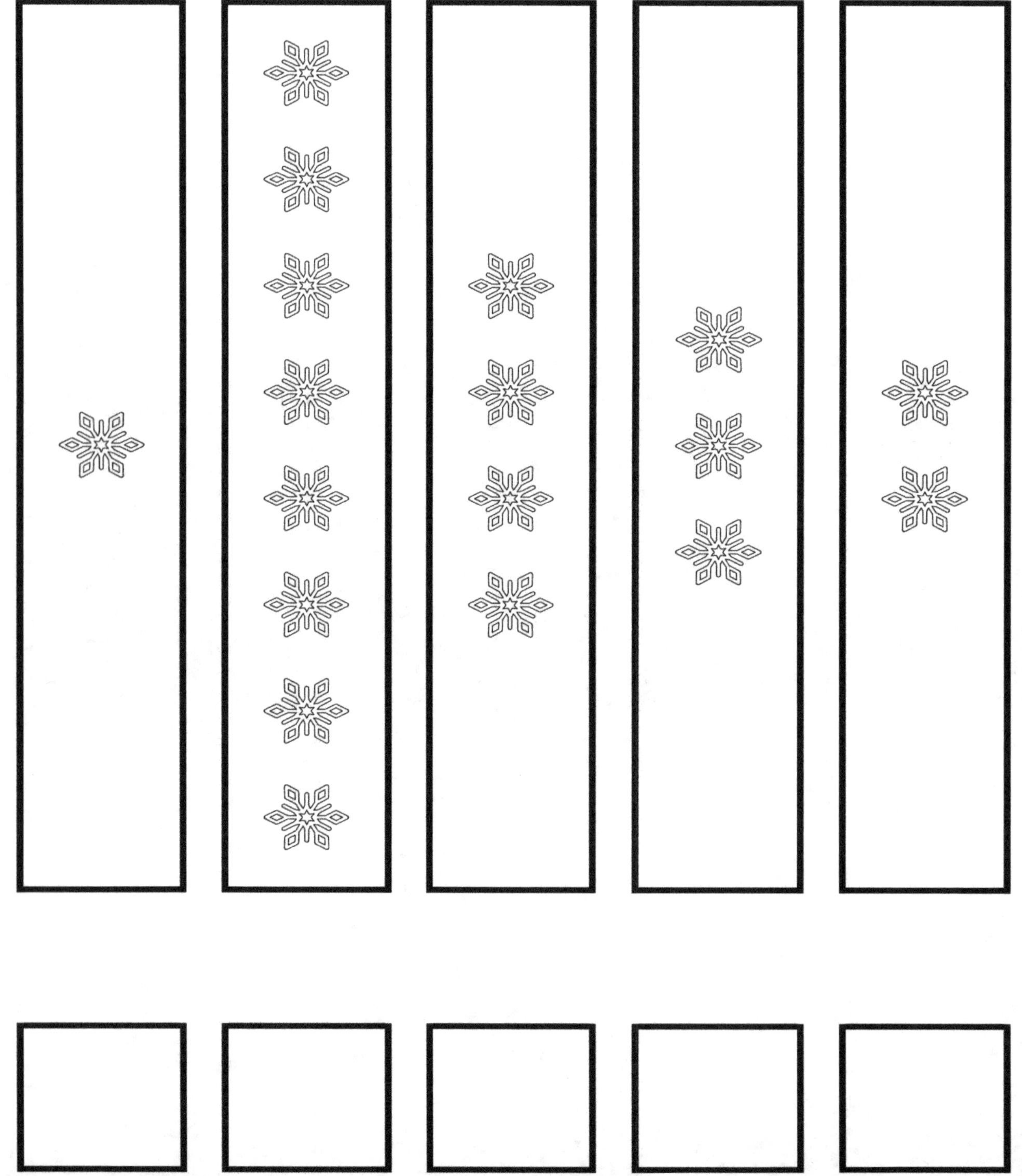

HOW MANY?

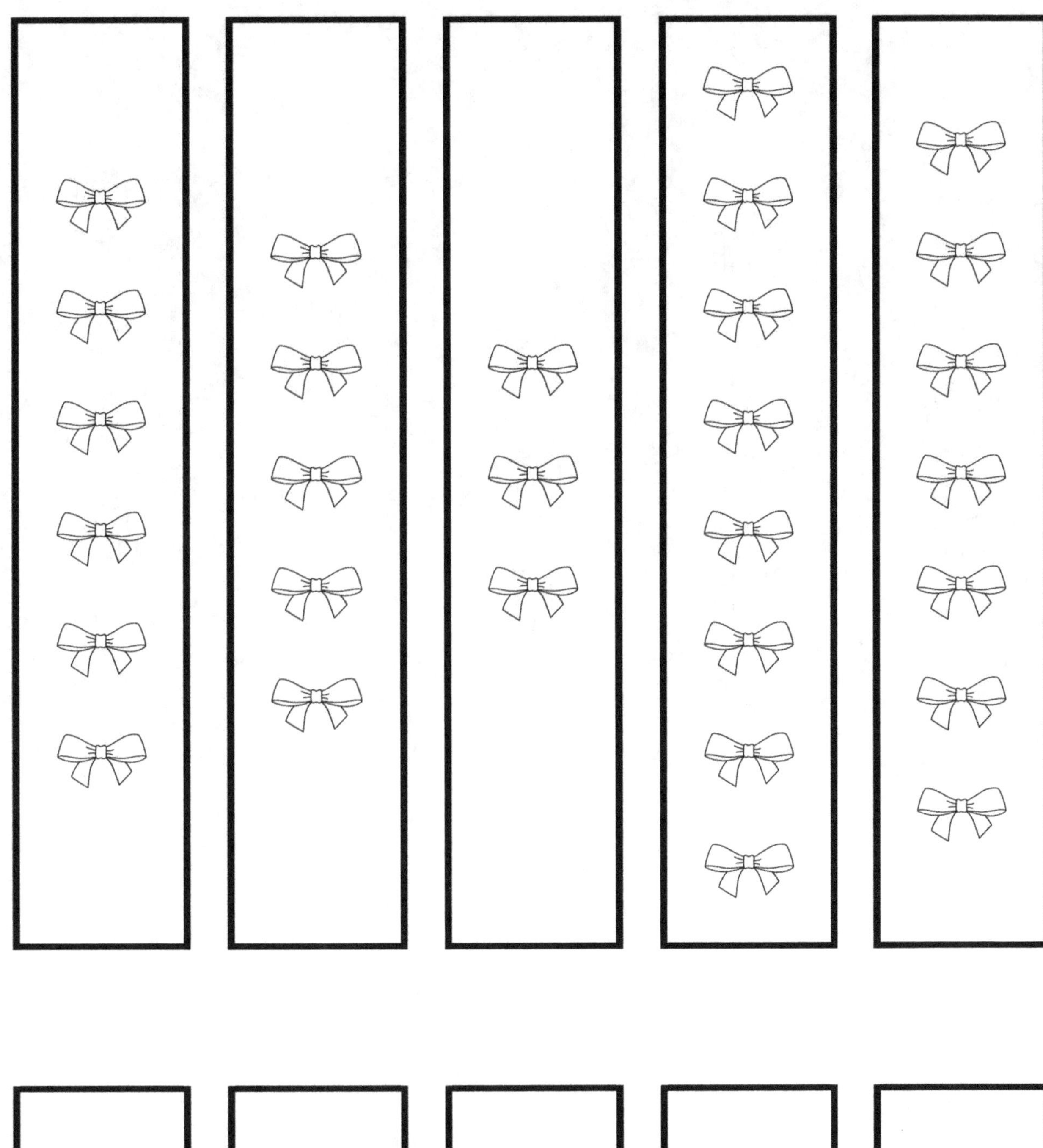

HOW MANY?

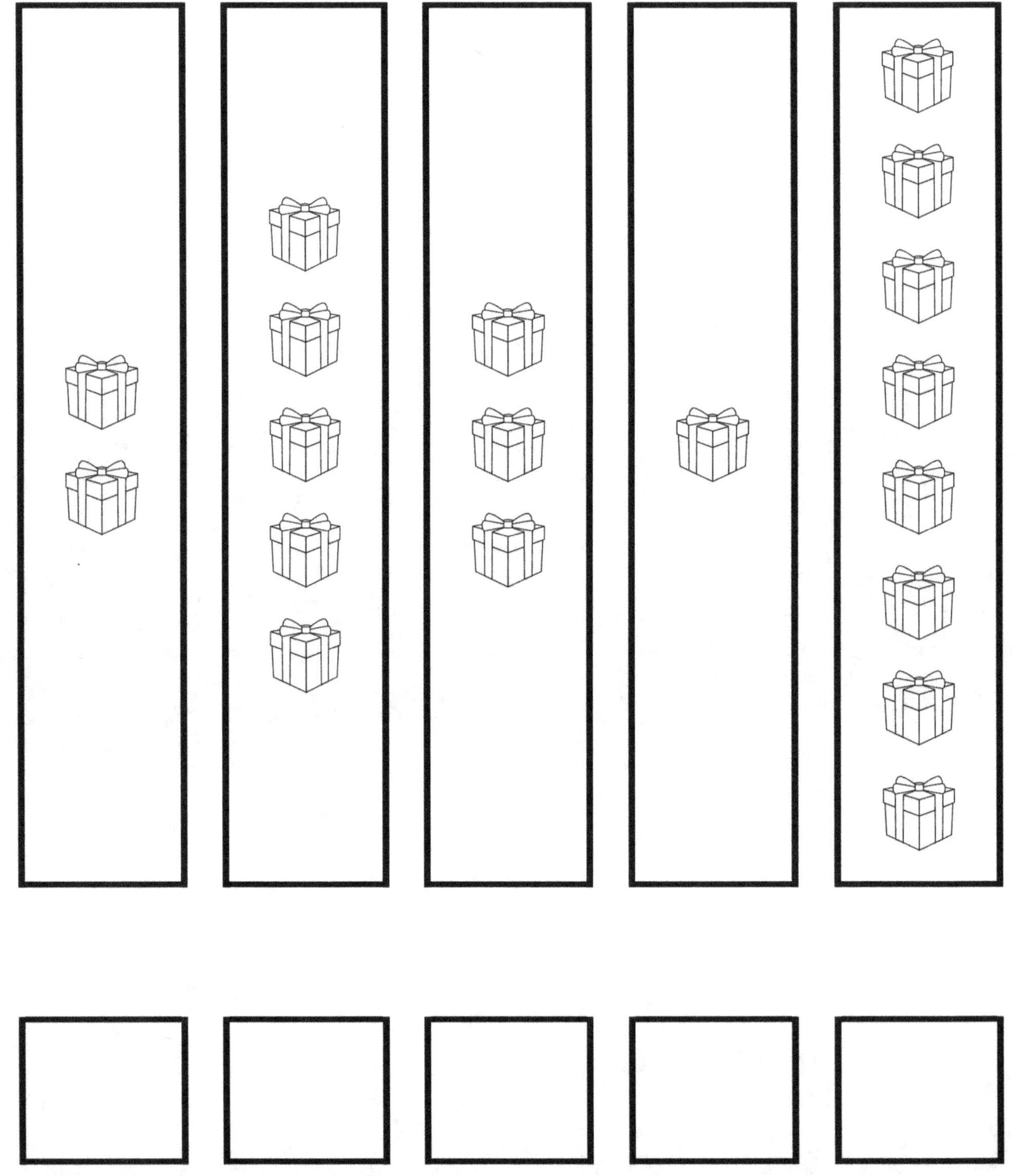

HOW MANY?

HOW MANY?

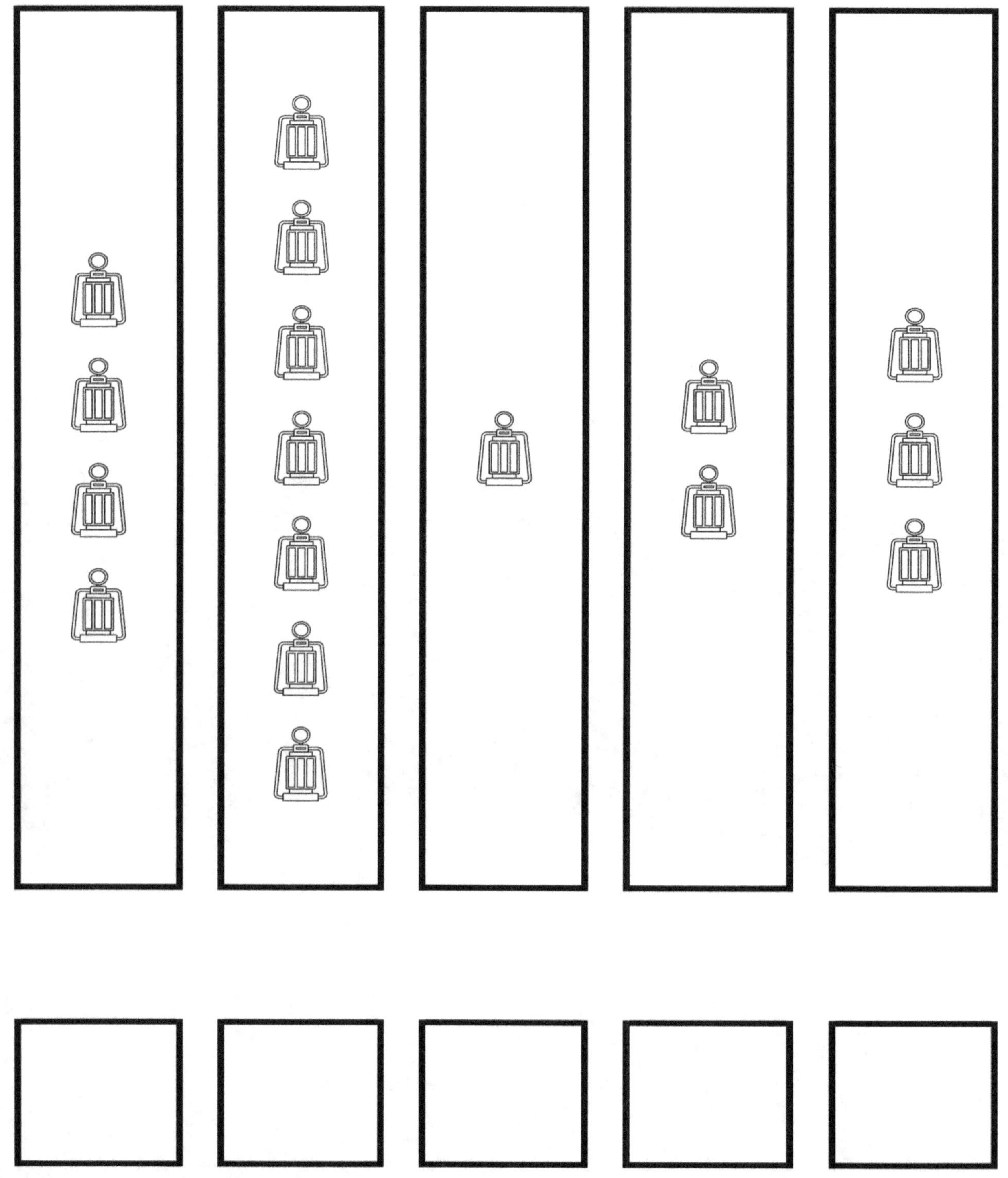

HOW MANY?

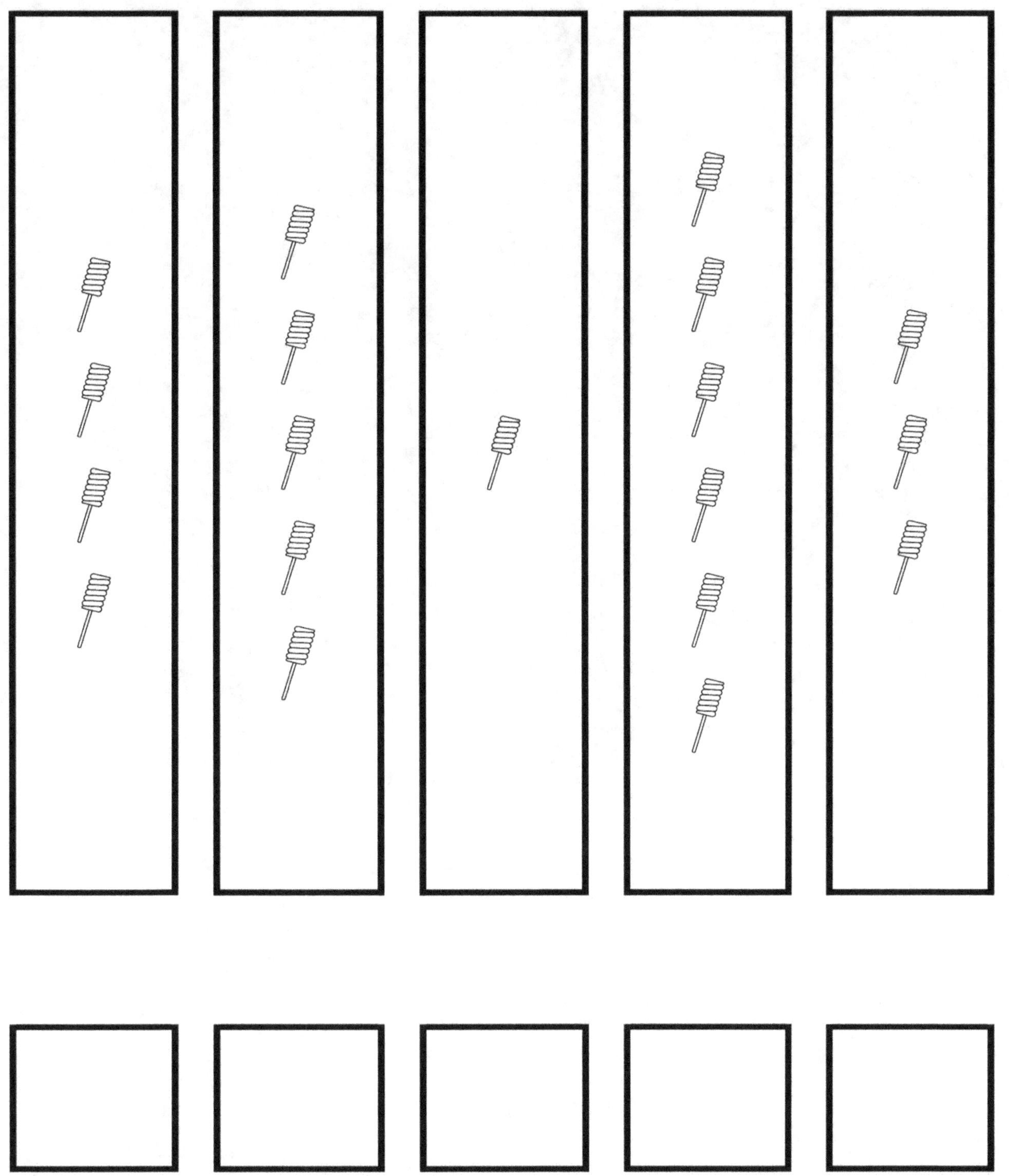

HOW MANY?

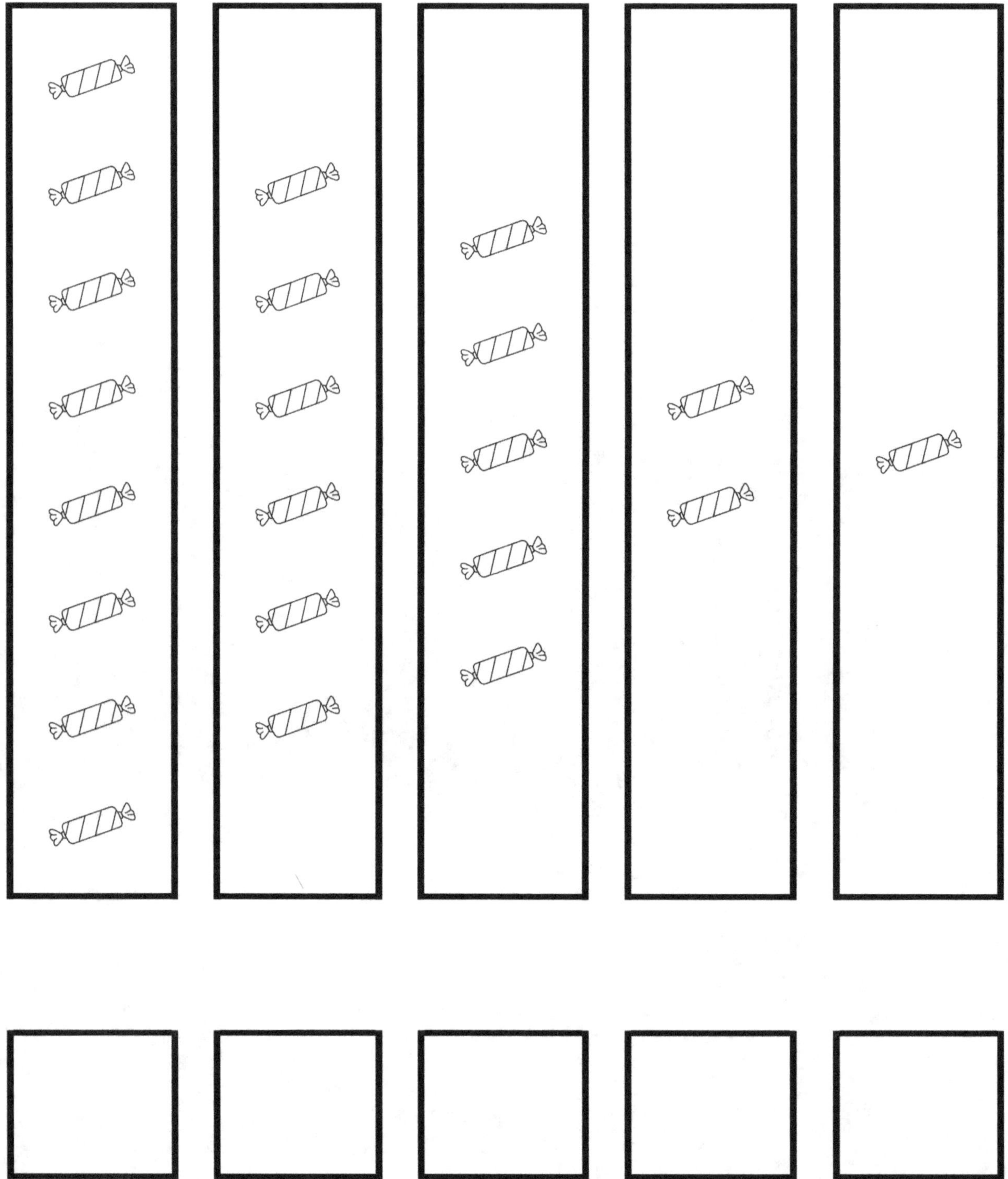

HOW MANY?

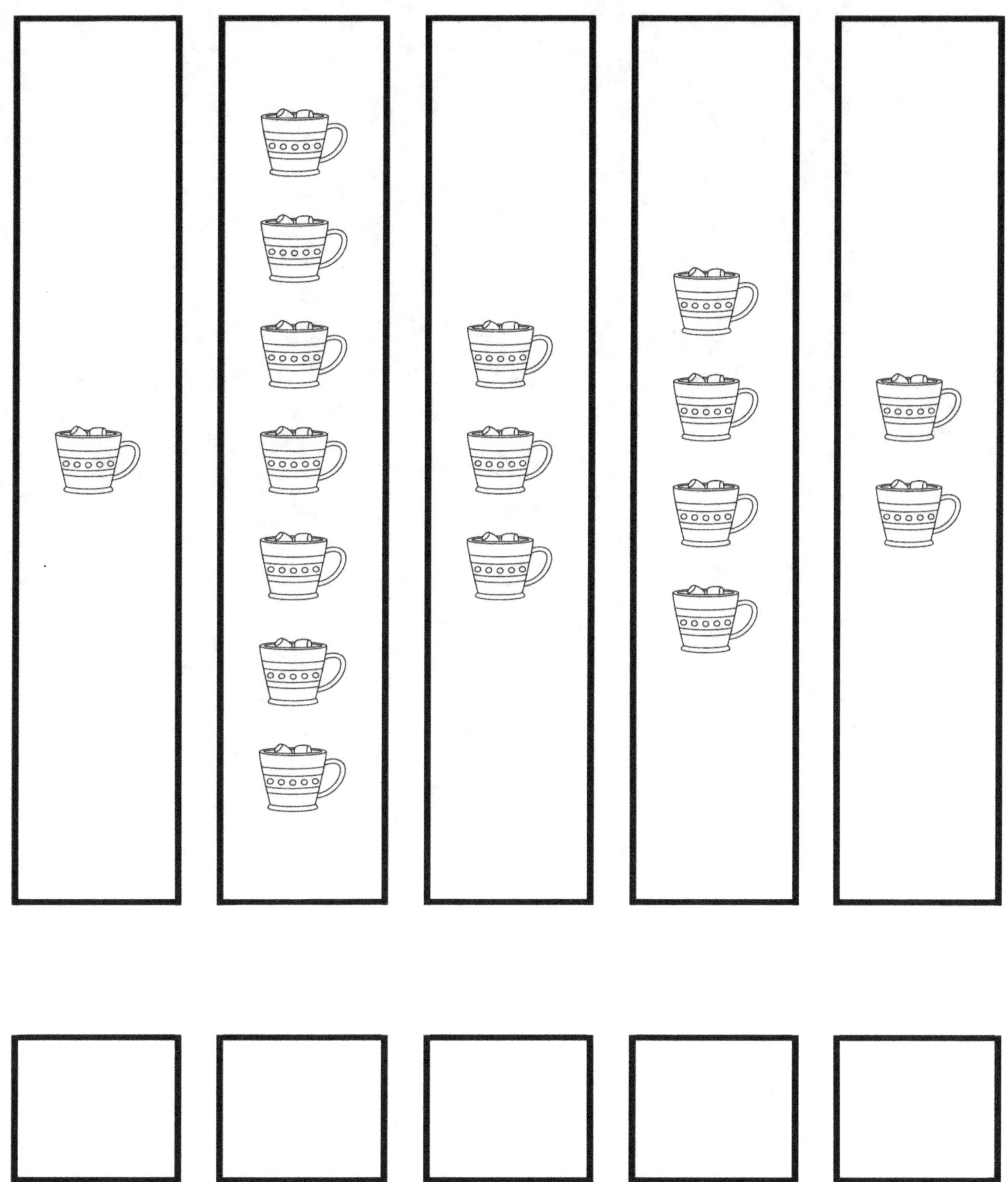

HOW MANY?

HOW MANY?

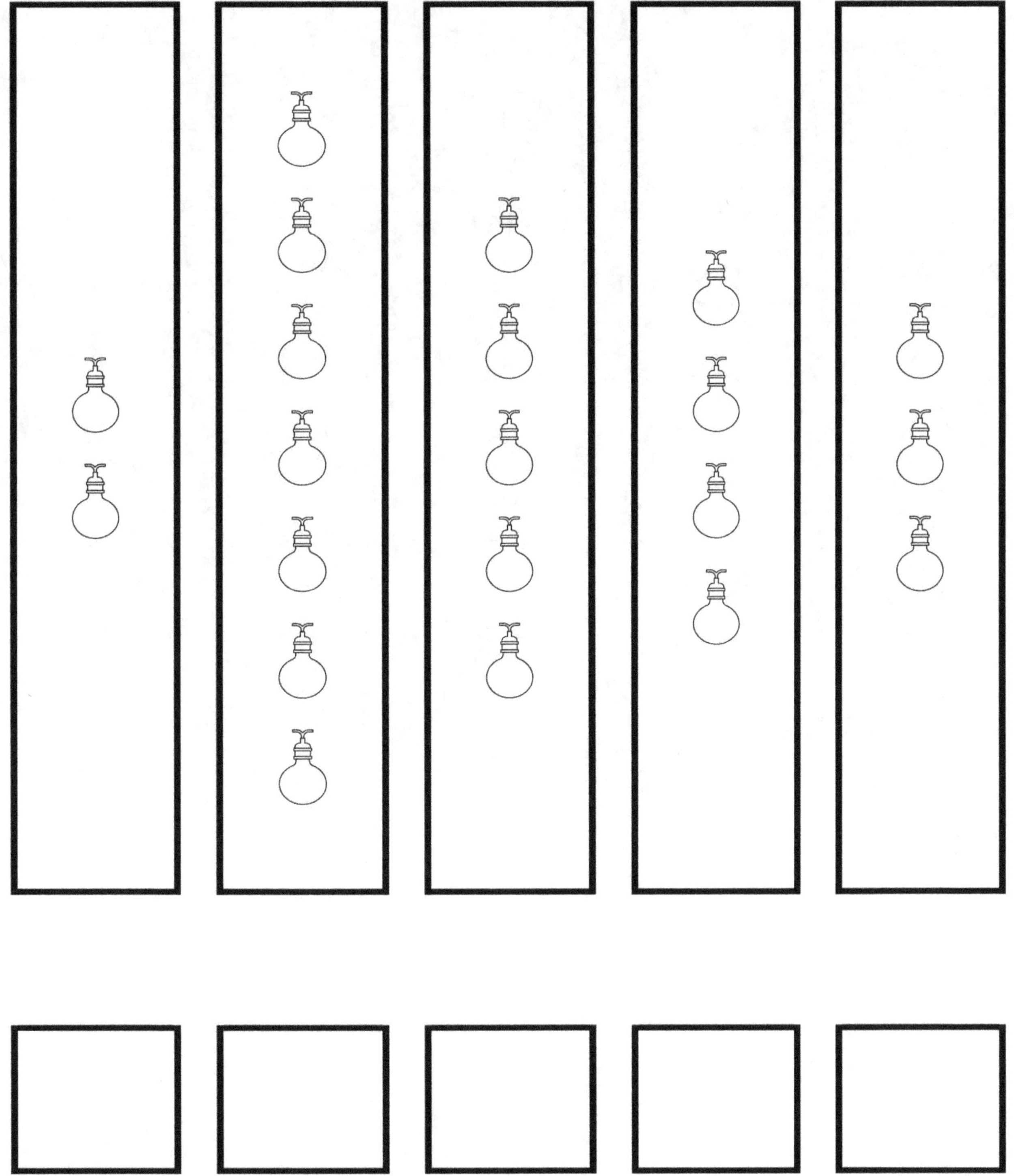

HOW MANY?

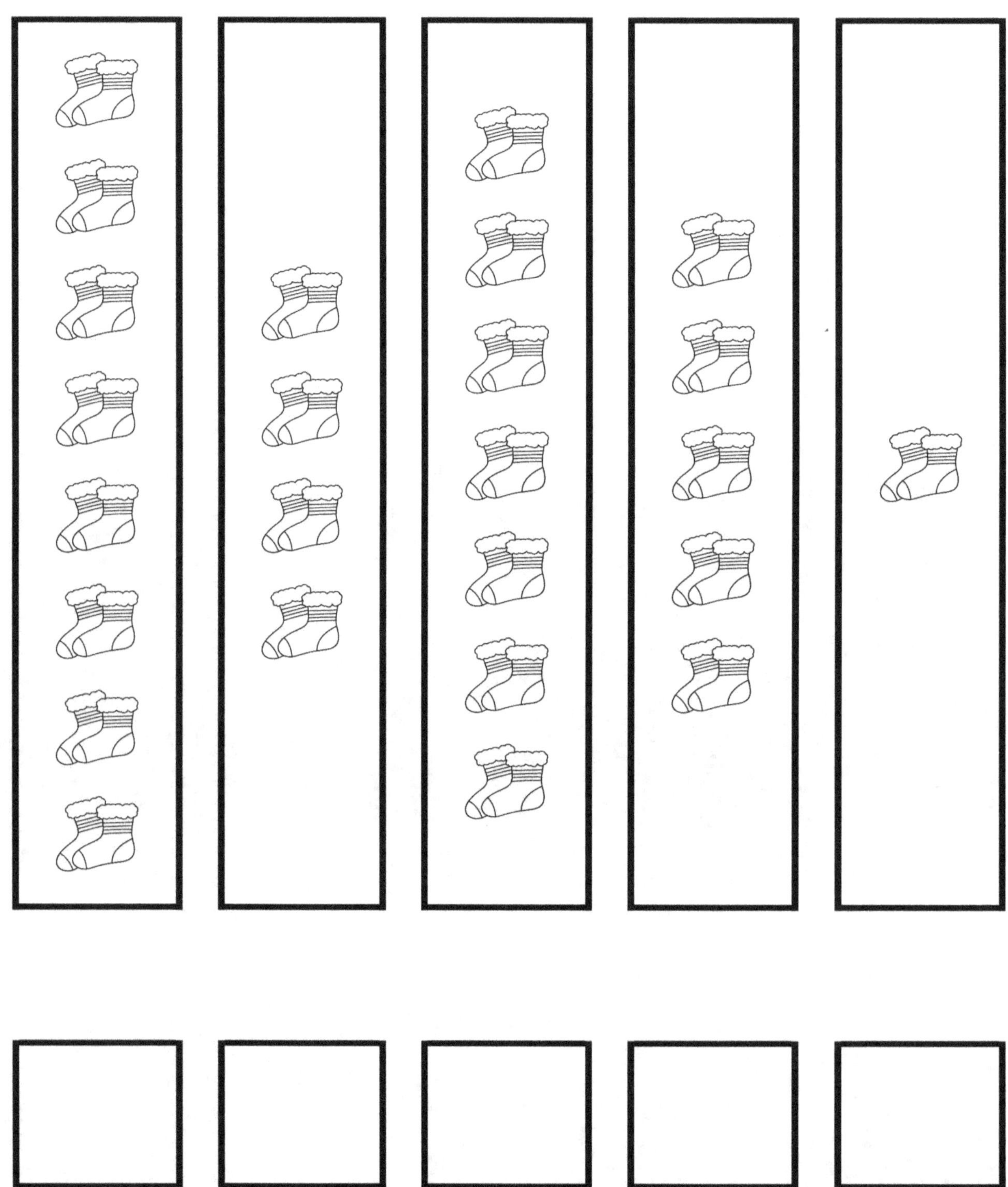

HOW MANY?

HOW MANY?

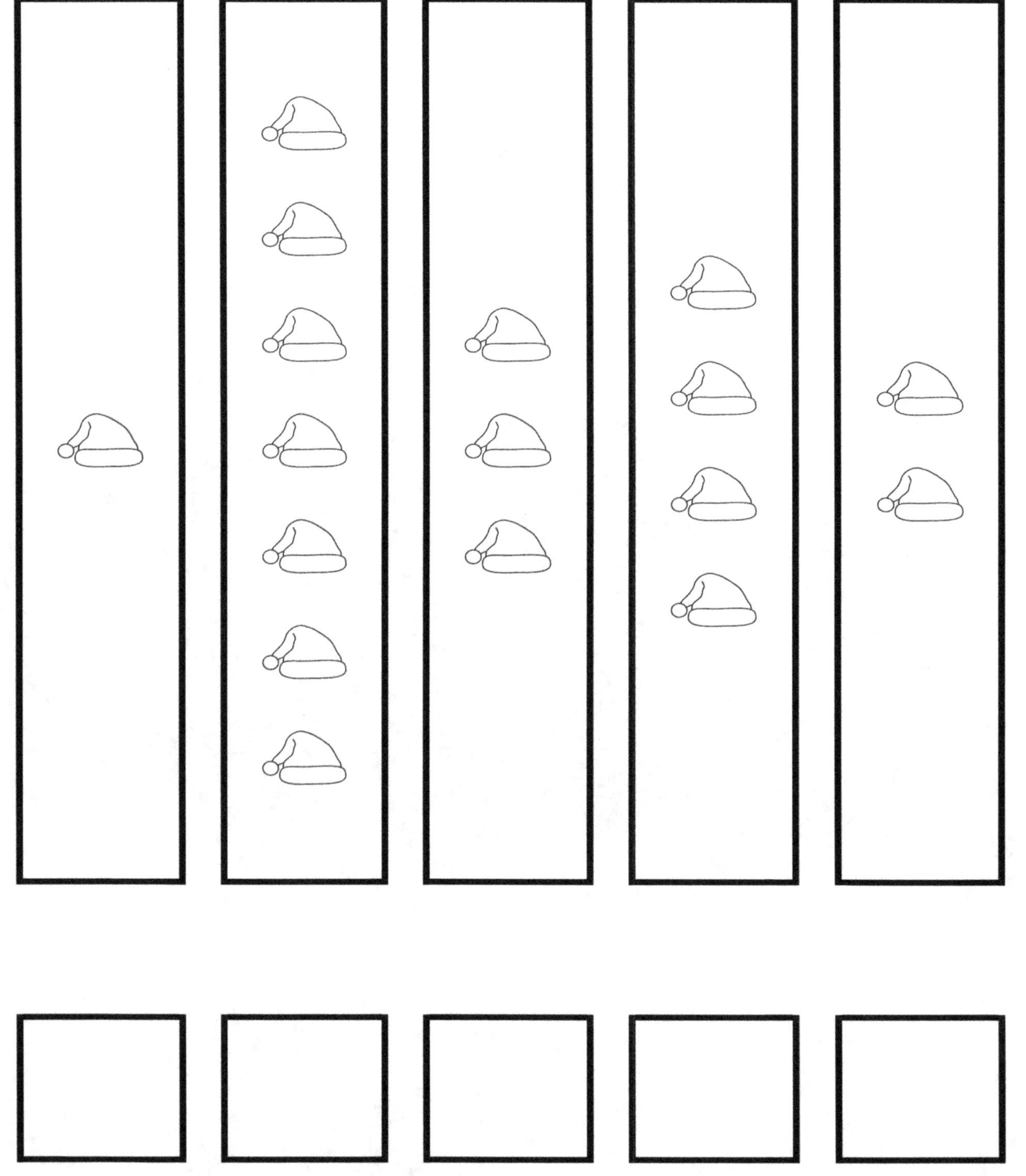

HOW MANY?

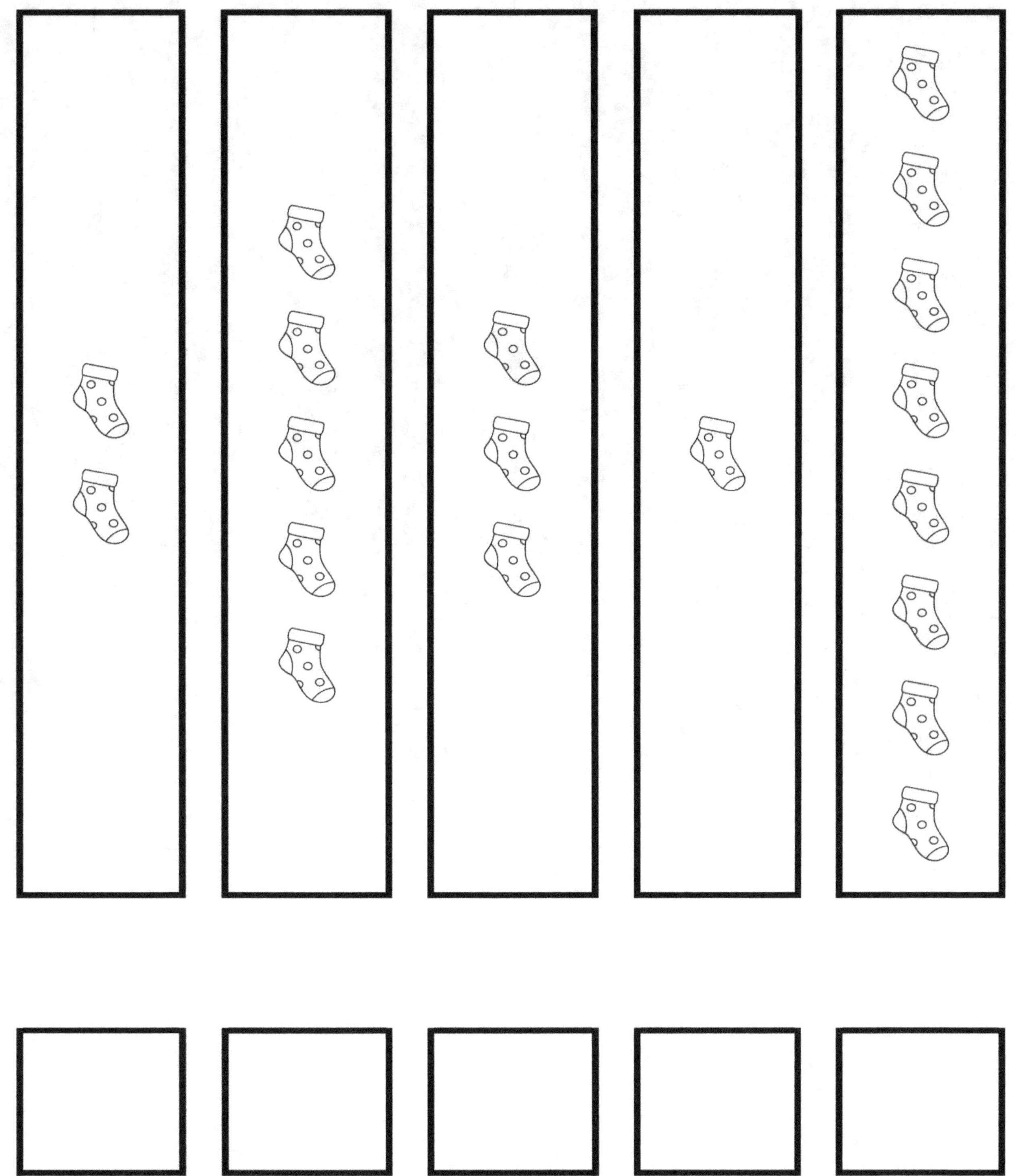

HOW MANY?

HOW MANY?

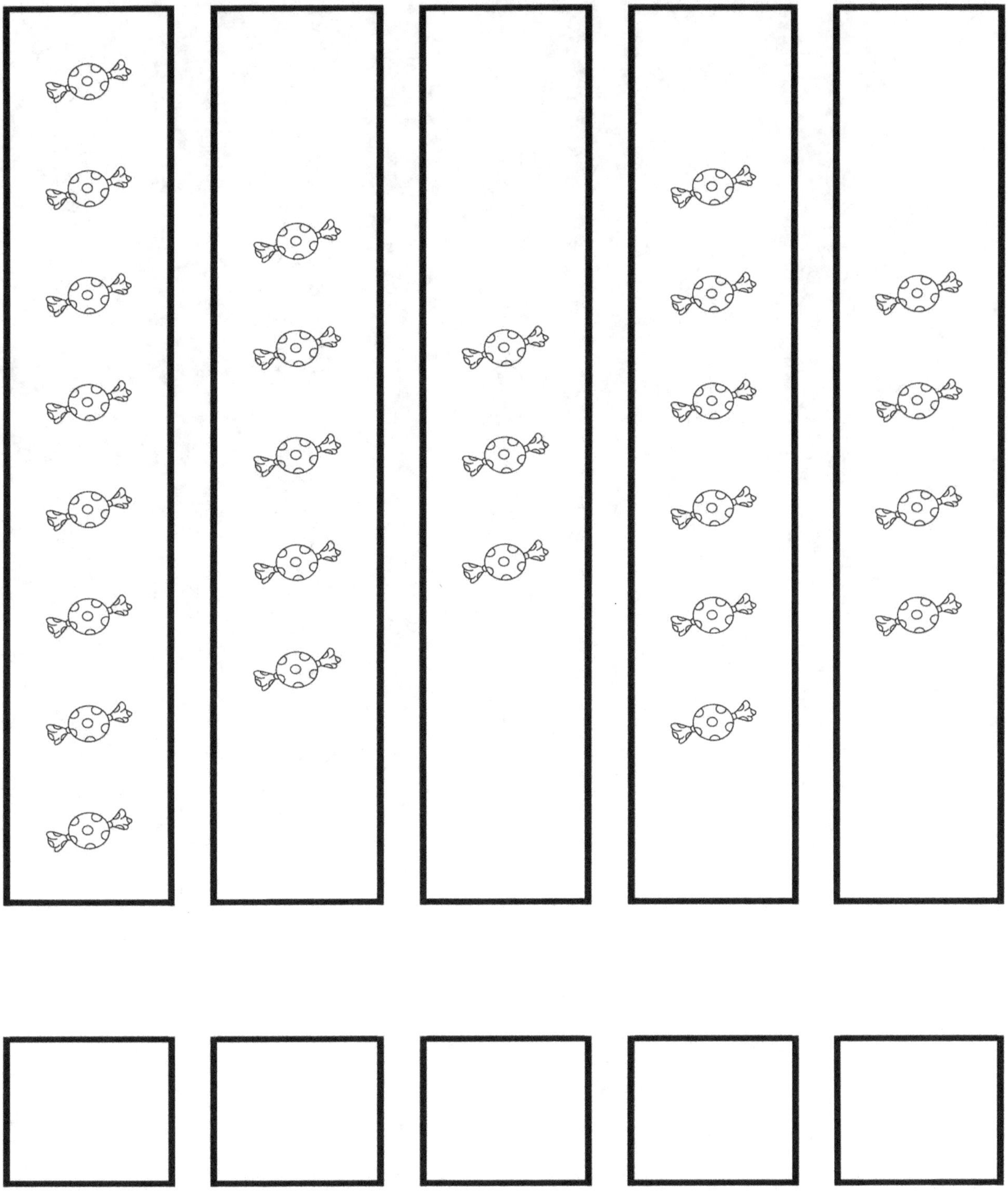

HOW MANY?

HOW MANY?

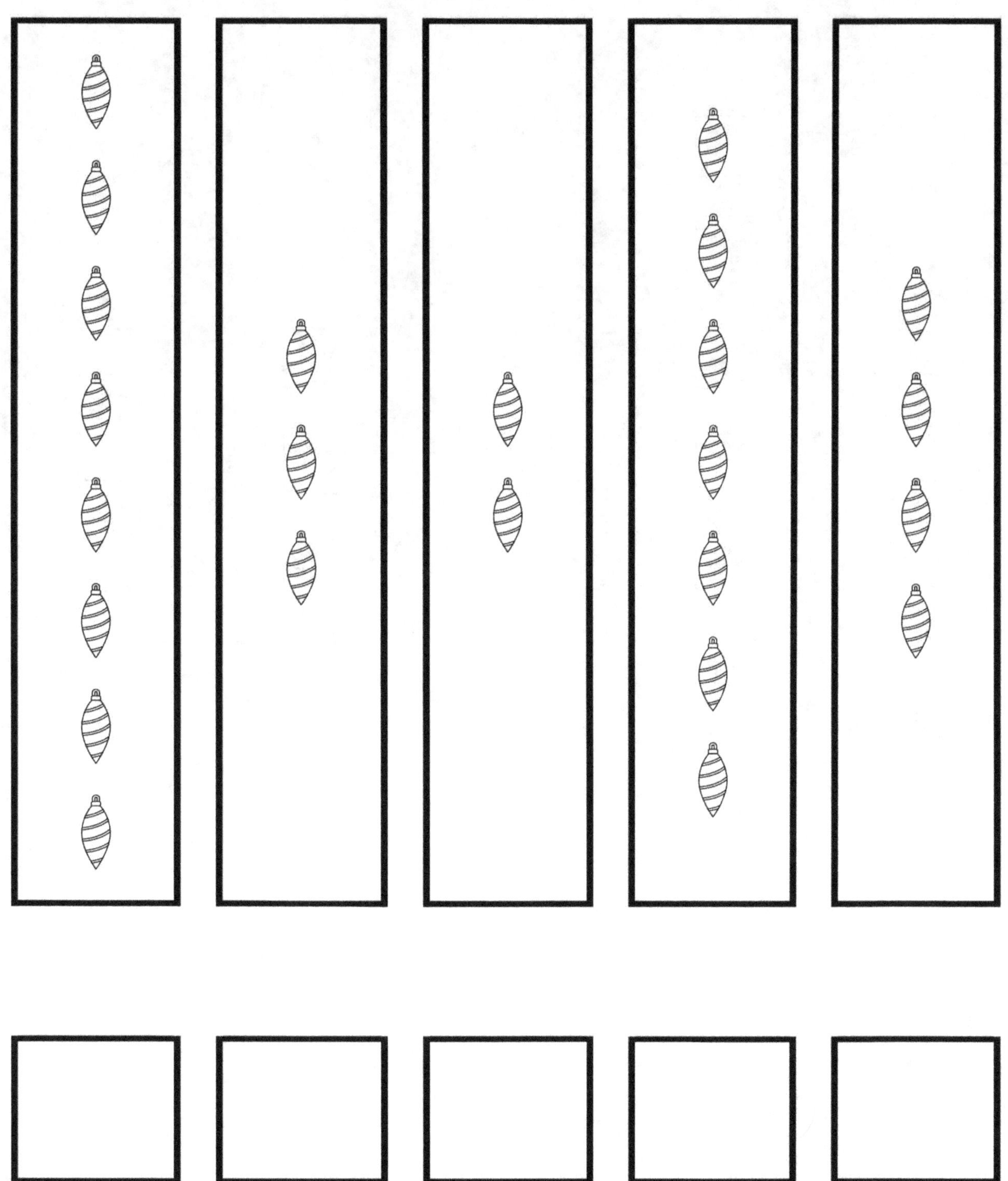

HOW MANY?

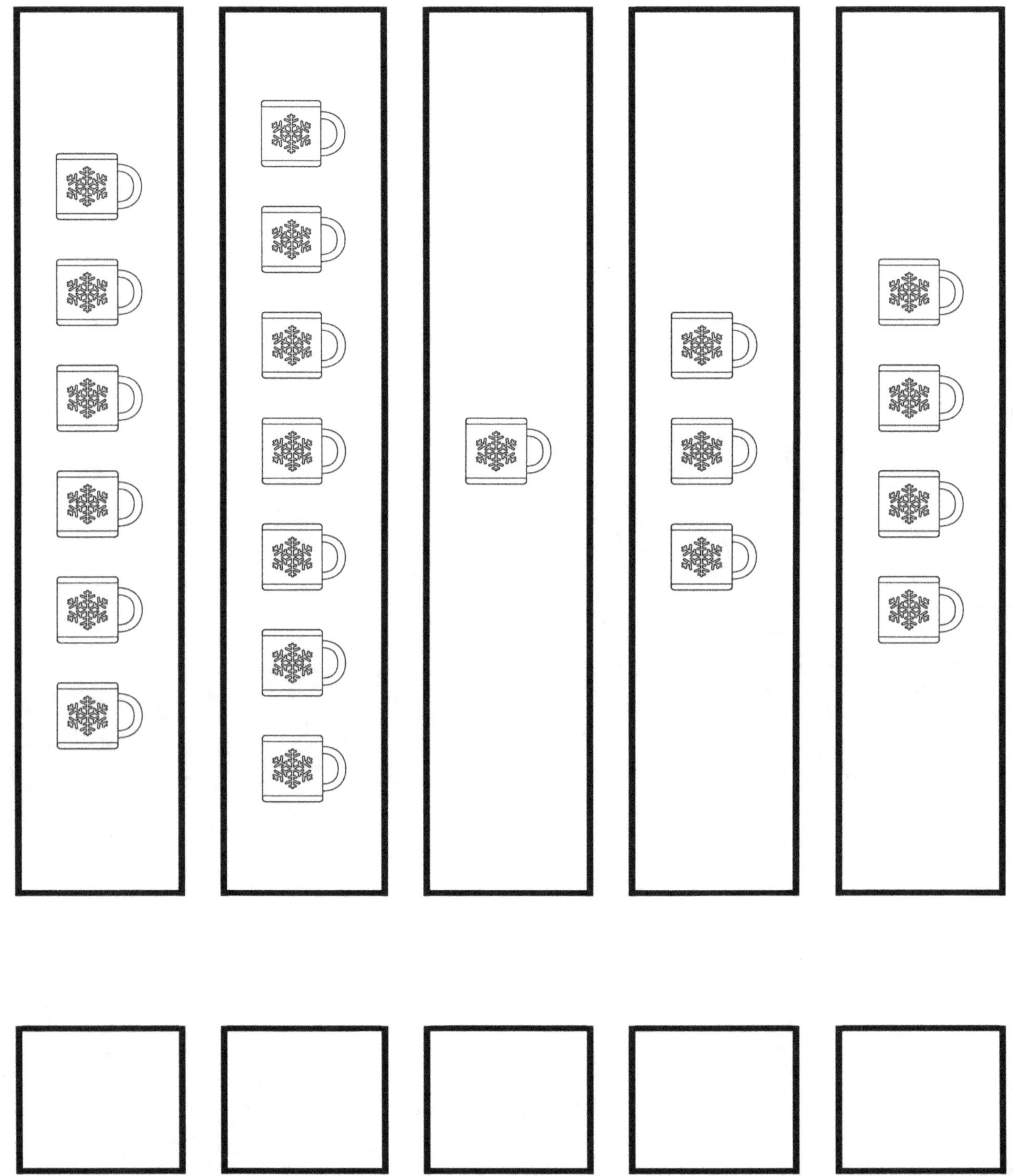

HOW MANY?

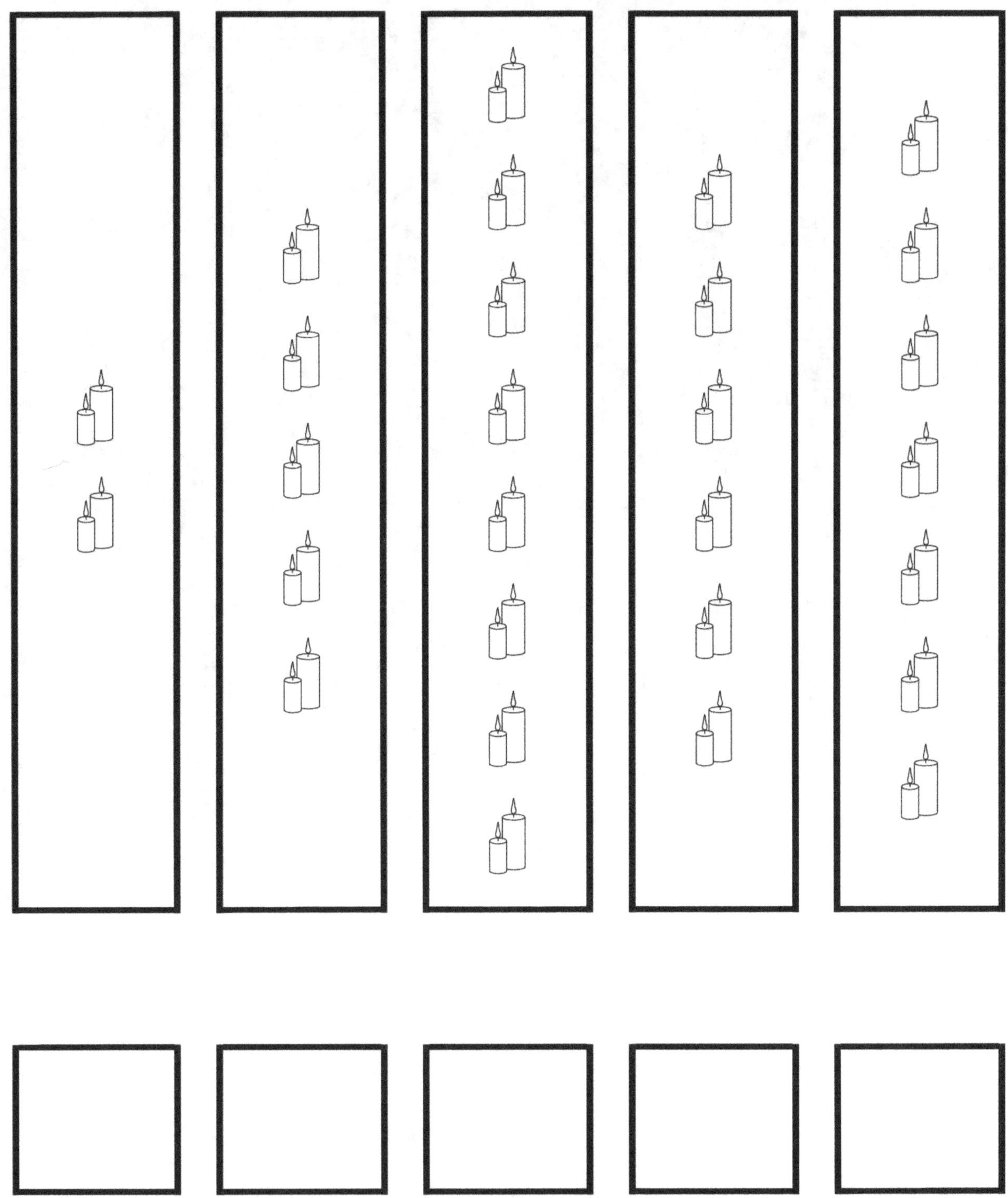

HOW MANY?

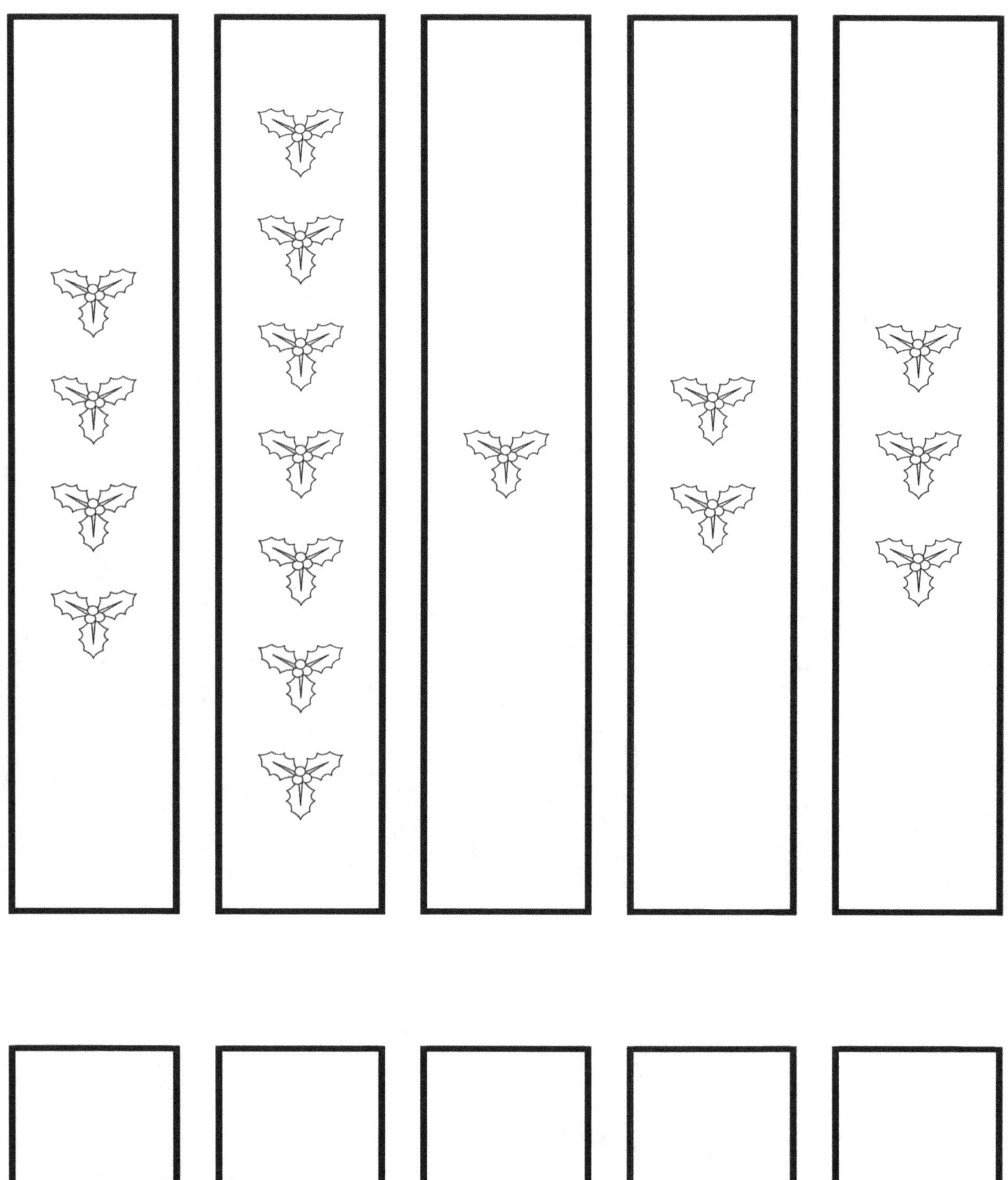

HOW MANY?

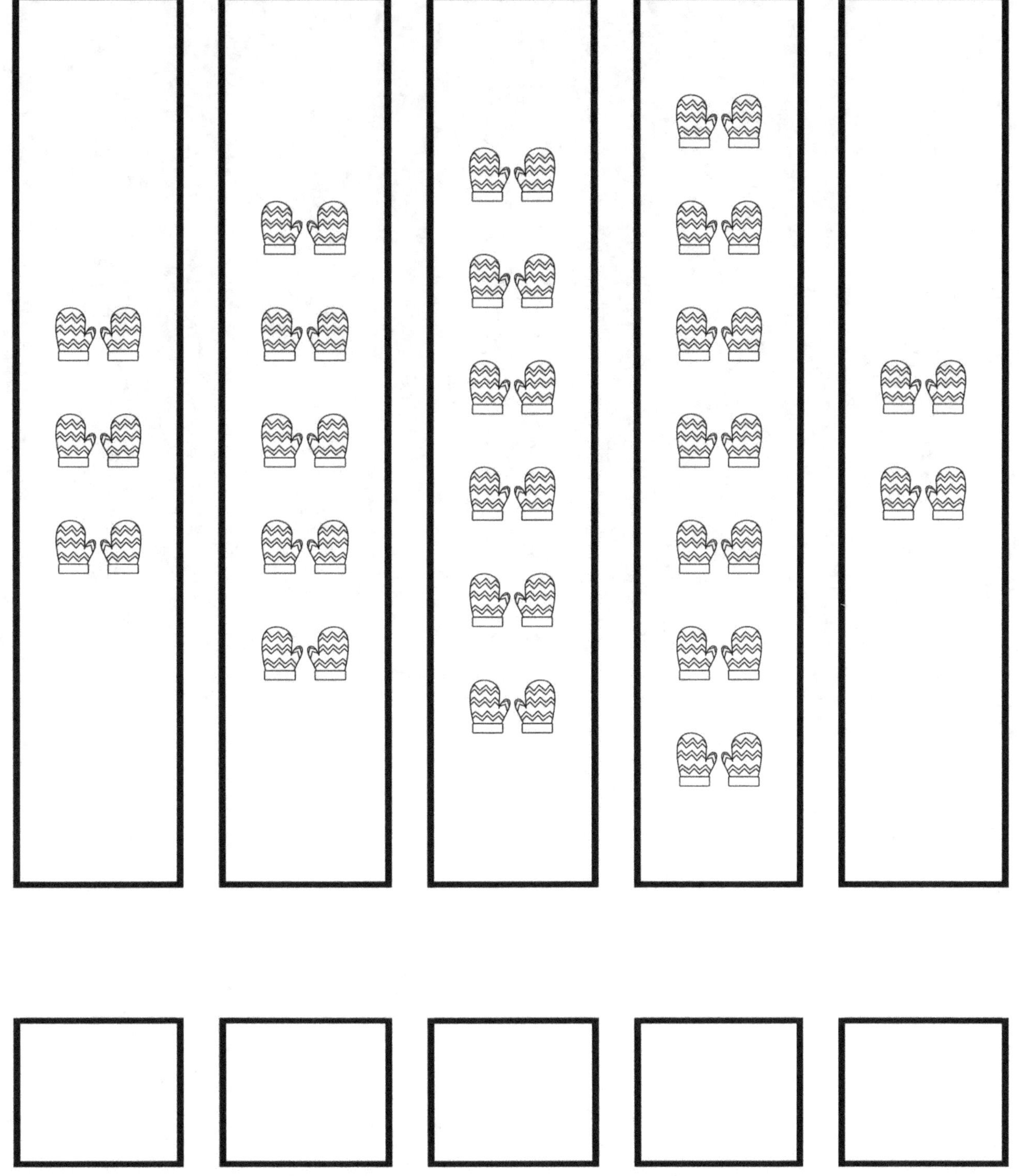

HOW MANY?

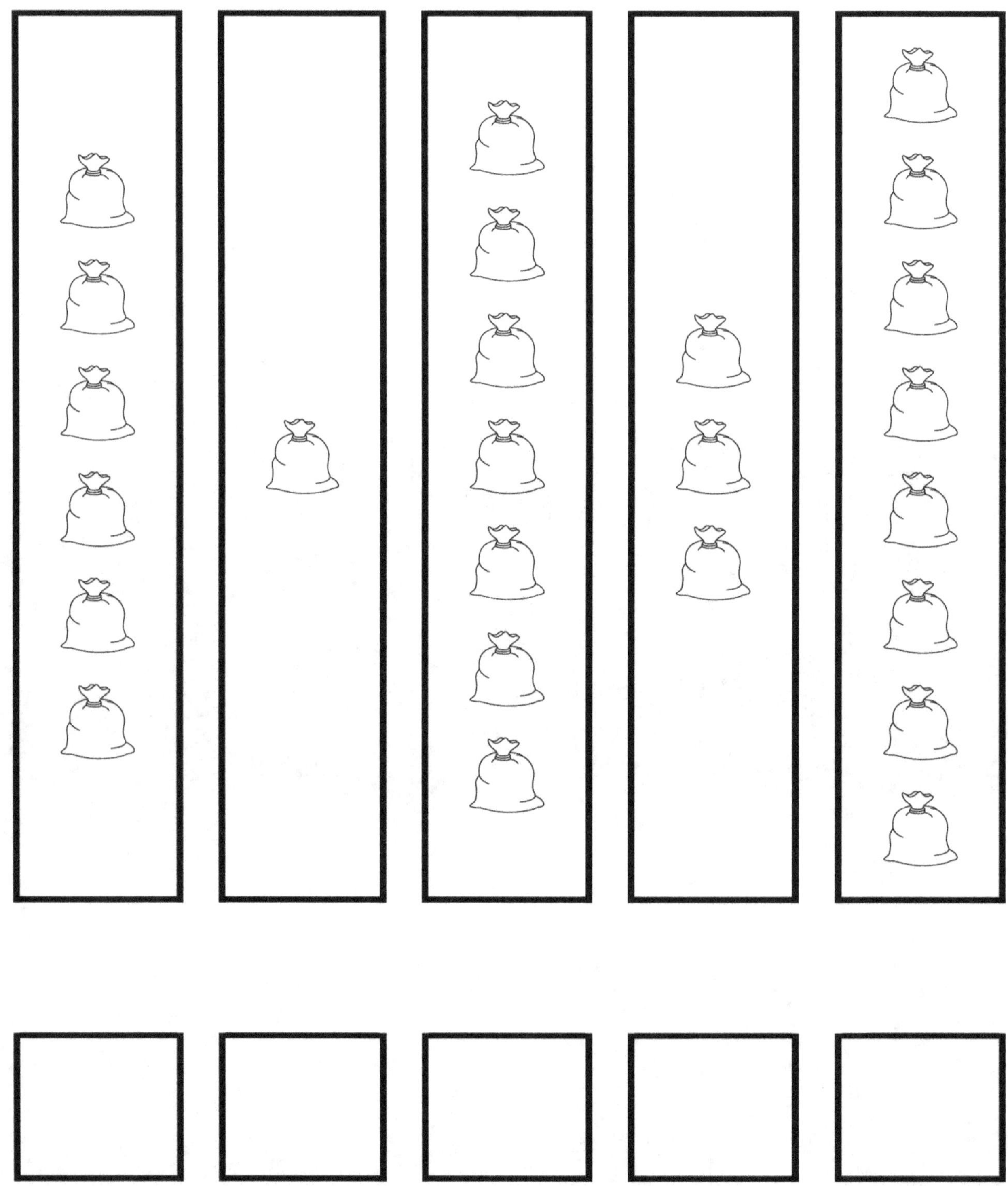

HOW MANY?

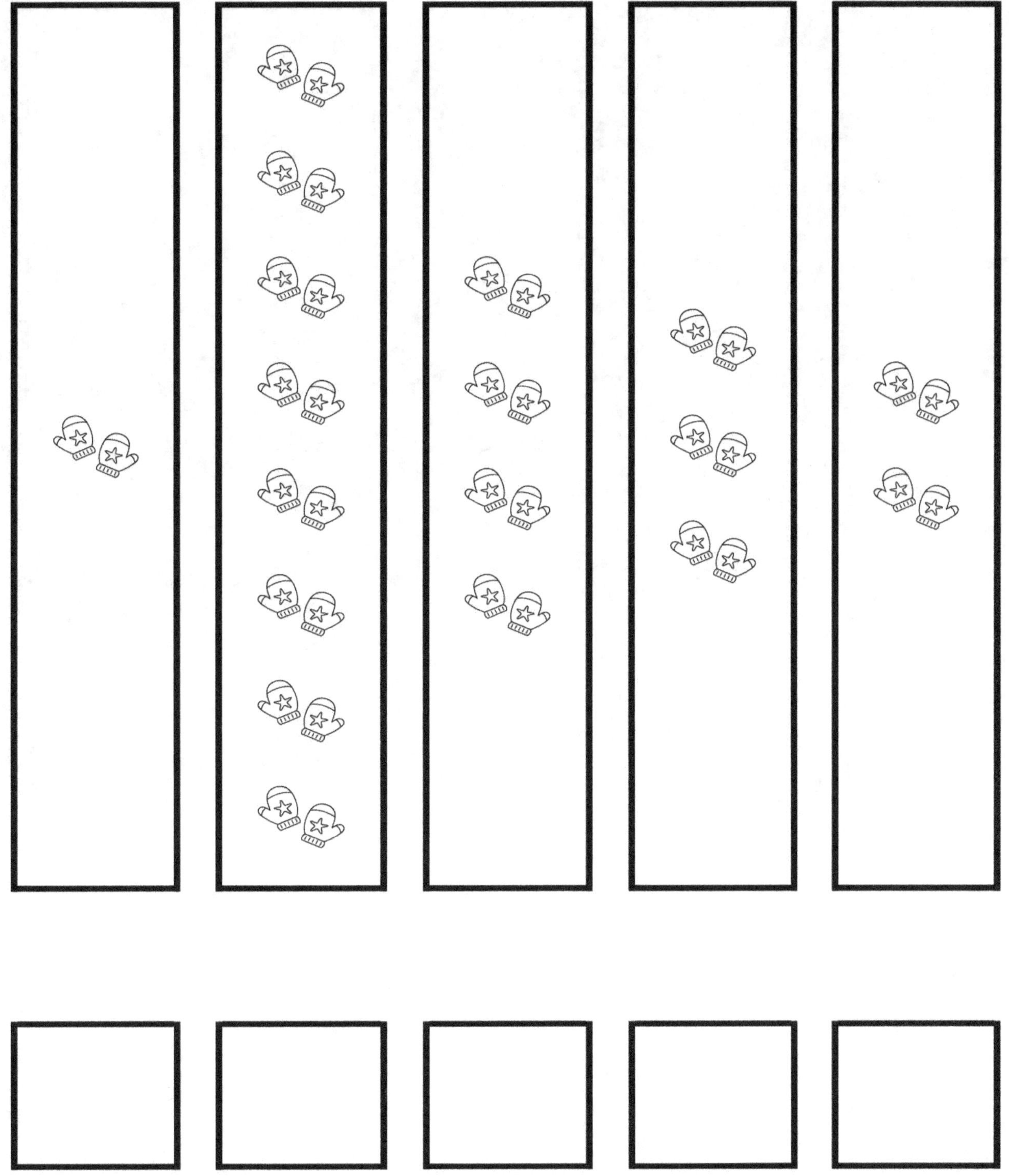

HOW MANY?

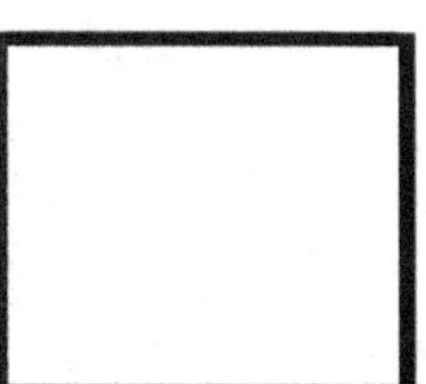
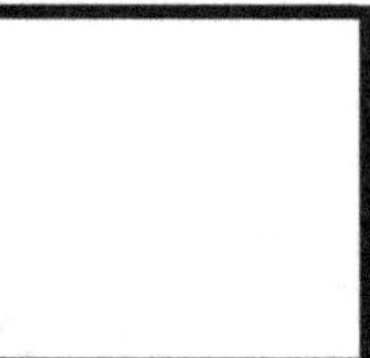

HOW MANY?

HOW MANY?

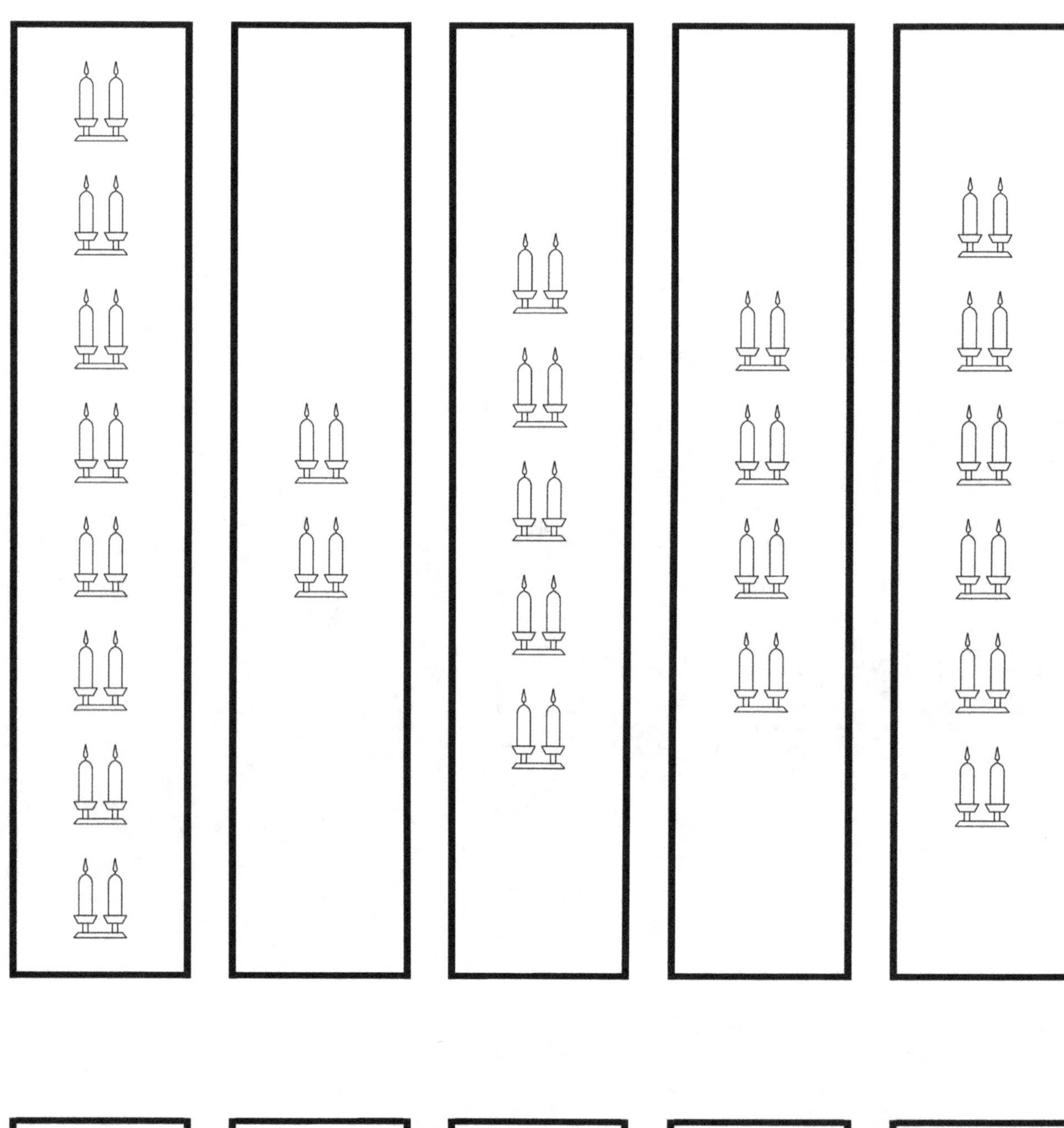